현대 명리학의 이해

현대인이 행복하게 사는 것도 명리학(사주팔자)으로 분석이 가능하고
그로 인해 더 나은 삶이 이어지게 조심할 것들도 예측이 가능합니다.
부족한 것은 미리 알고 조심하며, 채우기 위해 노력하고
넘치는 것은 낭비하지 않게 조심하며, 베풀며 살고
그런 것이 명리학을 공부하는 목적입니다.

서현사

본 교재는 국가평생교육진흥원의 '대학의 평생교육체제 지원사업(LiFE)' 사업비 및 동명대학교의 지원으로 수행되었습니다.

머리말

현대명리학(現代命理學)이란 물성론을 중심으로 간명하는 방법이다. '물상론(物象論)'은 명리를 공부하는 사람이라면 한번쯤 들어보지 않은 사람이 없을 정도로 명리학계에 알려진 통변술 중 하나이다. 물상론은 부산 박도사로 알려진 제산(霽山, 朴宰顯) 선생이 창안한 명리 통변술이다. '물상(物象)'이란 사주팔자를 '사물의 상'으로 바라보는 일종의 명리학의 간명 방법이다. 전통적인 명리학이 격국과 용신, 신살 등을 통해 사주를 해석하는 데 비해 물상론은 자연계의 특정 사물로 사주를 해석한다. 예컨대 갑목은 큰 나무나 대들보, 을목은 화초나 등나무, 병화는 태양, 정화는 별빛이나 등불과 가로등, 무토는 제방이나 들판, 기토는 꽃밭이나 담장, 경금은 큰 칼, 신금은 작은 칼, 임수는 강이나 바다 혹은 호수로, 계수는 우로(雨露)나 구름 등으로 보고, 이를 근거로 사주의 특징을 해석하는 방식이다. 물론 이러한 해석 방법은 제산 선생이 처음 창안한 것은 아니다. 이미 천간을 물상론적 관점으로 해석했던 기록들이 명리 고전에 산재되어 있었다. 그러나 고전에서는 이러한 방식의 해석이 실제 사주를 해석할 때 어떤 방식으로 응용될 수 있는지에 대해서는 상세한 기록이 전하지 않는다. 그럼에도 불구하고 제산 선생은 고전적인 물상론적 해석 방식을 현대에 적합하게 새롭게 재탄생시켰다는 점에서 '물상론의 태두'라 할 만하다.

물상론의 핵심은 천간에 대한 물상적 관점에만 있는 것이 아니라 그러한 물상적 관점을 실제 사주에서 구체적으로 어떻게 적용하고 활용하는가에 있다. 시중에 물상론이라 언급하는 사람들은 천간의 물상에 대해서는 말하고 있지만 여전히 전통적인 용신, 격국, 월령을 벗어나지 못하고 있다. 심지어 『궁통보감』의 내용을 물상론이라고 주장하는 사람들도 있다. 필자가 단언하는 한 물상론은 용신, 격국, 월령, 외격 등을 고려하지 않는다. 만약 누군가가 이러한 내용을 강조하면서 물상론이라고 주장하는 사람들이 있다면 적어도 그것은 제산 선생의 물상론이 아니라고 단언해도 좋다.

이 책의 목차를 보면 알겠지만 물상론은 천간론을 근간으로 특정 사주에 대한 해석이 매우 상세하다. 단순히 길하다, 흉하다의 수준을 훨씬 뛰어넘는 상세함이 물상론의 놀라운 특징이다.

지금까지 자강(自彊) 이석영(李錫暎, 1920~1983)의 『사주첩경(四柱捷徑)』(6권)과 도계(陶溪) 박재완(朴在玩, 1903~1992)의 『명리실관(命理實觀)』 등이 있지만, 이 책들에는 실관에 대한 상세한 내용이 부족하다. 물론 민국시대 서락오(徐樂吾)가 편찬한 『명보(命譜)』라는 실관집이 있지만, 이 책 역시 서락오 자신이 역사적인 인물의 사주를 해설한 것이지 실제 사주를 감정한 자료라 할 수 없다. 현재 국내외 어디를 보더라도 명리이론을 소개한 책은 많지만 실제 사주를 실제 간명한 자료는 찾아보기 힘들다. 그런 점에서 물상론에 근거하여 실제 사주를 간명하는 현대명리학이야말로 명리학을 공부하는 학인들에게 귀중한 교재가 아닐 수 없다.

이 교재를 출간하게 된 것은 명리이론에 기초한 실관 자료가 없다는 사실을 늘 안타까워했기 때문이다. 우리나라에도 전설적인 술사들이 있었지만 그들의 간명 기록이 없어 그 방법이 사장되어 전하지 못한데다 제산 선생의 물상론조차 기록으로 남아있지 않아 그 면모를 알 수 없다는 사실은 명리학의 발전에 막대한 손실이 아닐 수 없다. 이렇게 된 배경에는 스승을 스승으로 인정하지 않는 명리학계의 고질적인 병폐와 관련이 있는 듯하다. 저마다 명리학의 대가라 자처하면서도 제자를 돈벌이 수단으로 일삼았던 부도덕한 스승들이 대다수였으며, 결과적으로 그러한 스승을 자신의 스승으로 인정하지 않는 제자들의 불신에 기인한다. 또한 훌륭한 스승이 있었어도 스승의 지식만 배우고, 돌아서면 스승보다 자기가 낫다는 행동을 보였기 때문이기도 하다. 실제 제산 선생의 제자들 중에 선생이 입적하자 간명지를 훔쳐 고가에 팔아먹은 사람도 있었다고 하니 어찌 제산 선생인들 물상론을 후학들에게 기꺼이 전수하려 했겠는가! 지금도 제산 선생이 인정하지 않았는데도 한동안 그 문호에 출입했다는 것만으로 자칭 제산의 제자라고 말하고 다니는 사람들이 있다. 개탄스러운 일이 아닐 수 없다. 학문이 학문으로 발전하기 위해서는 세 가지 조건이 필요하다. 첫째, 실력 있는 훌륭한 스승이 있어야 한다. 둘째, 스승의 학문을 계승 · 발전시킬 수 있는 제자가 있어야 한다. 셋째, 스승의 이론과 이를 계승 · 발전시킨 학문이 이론적으로 정립되어 있어야 한다. 이 조건이 충족되었을 때 그 학문은 객관적인 평가를 거쳐 최종적으로 학문으로서의 위상을 갖게 되는 것이다.

이 교재는 2020년부터 동명대학교 동양문화학과 학생들에게 강의하기 위하여 실제 경험하고 간명한 내용을 중심으로 문헌을 참고하여 제작하였기 때문에 다소 부족한 면도 있을 것이다. 따라서 명리학에 관심 있는 제현들의 질책을 달게 받고 많은 지도를 당부한다. 지난 3년 동안 발간된 형태의 교재가 없었음에도 묵묵히 학업에 임하고 명리학을 열심히 공부한 동명대학교 동양문화학과 학생들에게 감사의 마음을 전한다. 마지막으로 이 교재를 발간하기 위해 힘써주신 서현사 조재성 사장님과 편집진 여러분께 감사의 마음을 아울러 전한다.

2023. 2.

장종원 謹識

목차

Ⅱ. 부귀 · 길수 · 빈천 · 흉요

Ⅲ. 부모 · 형제 · 처자

I 물상론의 기초

1. 현대명리학의 개요
2. 명리학의 핵심
3. 음양
4. 오행
5. 상생상극
6. 물상 희기의 필요충분조건
7. 천간
8. 천간합
9. 지지
10. 지지의 변화
11. 충
12. 형
13. 방합 · 삼합 · 육합
14. 사주팔자의 구성
15. 육친론

1. 현대명리학의 개요

현대명리학의 대표라 할 수 있는 물상명리학에서는 전통 명리학의 격국, 용신, 월령, 신살을 구시대의 산물로 여기고, 명리학의 근본이 되는 오행이론, 천간지지의 생극제화, 암합이론을 중심으로 새로운 해석법을 제시한다.

고전적 해석방식이 나름 도식적이고 규범화되어 있는 데 비해 물상명리학의 해석방식은 보다 입체적인 사고와 응용력을 요한다는 점에서 난해한 측면이 많다. 즉 전통 명리학에서는 격국을 정하는 원칙과 용신을 정하는 원칙이 비교적 정형화 · 도식화되어 있어 그 규칙을 적용하면 어느 정도 사주를 간명할 수 있다.

그러나 물상명리학에서는 해당 사주가 가장 필요로 하는 오행이나 십신이 무엇인지, 어떤 오행이나 십신을 끌어오는지, 재성이나 관성의 향배가 어떠한지를 알아야 사주를 해석할 수 있다. 이는 사주 전체를 한눈에 파악할 수 있는 안목이 있어야만 가능하다.

물상명리학의 기본 원리를 개략적으로 소개하고, 이어서 물상명리학에서 중시하는 천간의 의미를 '천간론' 편에서 다루게 된다. 이 내용 이외에도 물상명리학 원칙을 이해하기 위해서는 '천간합의 해법', '형충의 해법', '육합 · 삼합 · 방국의 해법' 등이 먼저 이해되어야 한다.

2. 명리학의 핵심

음양 · 오행에 입각한 천간(天干) · 지지(地支) 육십갑자 배열의 합(合) · 충(沖) 등의 변화 일반론에서 가장 중요시하고 있는 월령(月令) 중심의 신강(身强)/신약(身弱), 용신(用神), 격국(格局) 등은 길흉을 판단하는 여러 해석 체계 중 당시의 시대상이 반영된 방법에 불과하다(봉건군주체제, 신분의 계급이 존재, 출신에 따라 사회적 발현의 모습이 다름, 사농공상).

3. 음양(陰陽)

太 陽 曆(큰 것): 天干 ; 甲 乙 丙 丁 戊 己 庚 辛 壬 癸

太 陰 曆(작은 것): 地支 ; 子 丑 寅 卯 辰 巳 午 未 申 酉 戌 亥

陽 : 甲 丙 戊 庚 壬(큰 것 중에 큰 것)

陰 : 乙 丁 己 辛 癸(큰 것 중에 작은 것)

陽 : 子 寅 辰 午 申 戌(작은 것 중에 큰 것)

陰 : 丑 亥 酉 未 巳 卯(작은 것 중에 작은 것)

4. 오행(五行)

木 : 甲 乙　　**木** : 寅 卯

火 : 丙 丁　　**火** : 巳 午

土 : 戊 己　　**土** : 辰 戌 丑 未

金 : 庚 辛　　**金** : 申 酉

水 : 壬 癸　　**水** : 亥 子

육십갑자(六十甲子)는 음양의 결합

양간(陽干)은 양지(陽支)와, 음간(陰干)은 음지(陰支)와 결합하여 육십갑자를 이룬다.

陽 : 甲 → 陽中에 큰 陽

陰 : 子 → 陰中에 큰 陽

甲子	乙丑	丙寅	丁卯	戊辰	己巳	庚午	辛未	壬申	癸酉
木水	木土	火木	火木	土土	土火	金火	金土	水金	水金
甲戌	乙亥	丙子	丁丑	戊寅	己卯	庚辰	辛巳	壬午	癸未
木土	木水	火水	火土	土木	土木	金土	金火	水火	水土
甲申	乙酉	丙戌	丁亥	戊子	己丑	庚寅	辛卯	壬辰	癸巳
木金	木金	火土	火水	土水	土土	金木	金木	水土	水火
甲午	乙未	丙申	丁酉	戊戌	己亥	庚子	辛丑	壬寅	癸卯
木火	木土	火金	火金	土土	土水	金水	金土	水木	水木
甲辰	乙巳	丙午	丁未	戊申	己酉	庚戌	辛亥	壬子	癸丑
木土	木火	火火	火土	土金	土金	金土	金水	水水	水土
甲寅	乙卯	丙辰	丁巳	戊午	己未	庚申	辛酉	壬戌	癸亥
木木	木木	火土	火火	土火	土土	金金	金金	水土	水水

- 천간과 지지는 결코 각각 존재하지 않는다. 육십갑자를 이루어 연월일시 배열로 표현되기 때문에 천간 따로, 지지 따로의 생극제화 여부로는 사주를 올바르게 해석할 수 없다.
- 천간은 태양에 의한 영향력을 나타내는 글자이므로 물상으로 표현할 수 있다. 지지는 여기에 시간과 공간의 의미를 지니게 해준다.

辛(천간 : 지지의 기반 속에서 존재하는 물상으로 파악)

巳(지지 : 시간과 공간으로 파악)

양은 큰 것을 의미하고, 음은 작은 것을 의미한다.

천간(甲乙丙丁戊己庚辛壬癸)은 큰 것이다.

지지(子丑寅卯辰巳午未申酉戌亥)는 작은 것이다.

천간 중에서도 큰 것(甲丙戊庚壬)과 작은 것(乙丁己辛癸)이 있다.

지지 중에서도 큰 것(子寅辰午申戌)과 작은 것(丑亥酉未巳卯)이 있다.

큰 것은 큰 것끼리 만나고, 작은 것은 작은 것끼리 만나서 60갑자를 이룬다. 즉 그릇의 크기(格)가 맞아야 결합한다.

甲乙은 큰 나무와 작은 나무이다.

丙丁은 태양과 별이다. 丁은 때에 따라서 달이나 가로등으로도 논한다.

戊己는 밭과 정원이다.

庚辛은 큰칼과 작은칼이다.

壬癸는 강물과 시냇물이다. 癸는 때에 따라서 샘물이나 이슬로도 논한다.

寅巳申亥는 막 생겨난 것이다. 그러므로 상대적으로 젊은 것을 의미한다. 젊은 것은 움직이기 쉽다. 젊은 것은 또한 부딪쳐 깨지기 쉽다.

子午卯酉는 성장이 극성에 다다른 것이다. 그러므로 중심이 된다. 부딪쳐 깨지기보다는 강하게 끌어당기는 것이다.

辰戌丑未는 쇠퇴한 것이다. 그러므로 상대적으로 움직이기 어렵다. 부딪친다 하더라도 땅이 깨지는 것이 아니므로 땅 속의 것만을 지상으로 표출시킨다.

酉는 입으로 본다. 그러므로 酉와 합을 하는 丑과 巳도 입이다.

예 巳酉丑 : 입이 세 개이다.

辰은 입술이다.

예 脣(입술 순)

卯酉는 입이 깨진 것이다.

丁酉, 巳酉는 입에서 빛이 나는 형국이다.

癸酉는 입에서 물이 샘솟는 형국이다.

戌은 귀신자리로 본다. 귀신자리라는 것은 종교, 철학, 정신세계 등과 인연이 깊은 것을 의미한다.

丙申, 庚申(守庚申) 또한 비슷한 것으로 본다.

5. 상생상극(相生相剋)

生 : 木 → 火 → 土 → 金 → 水

(木生火) 나무는 햇빛을 보아야 꽃을 피운다.

(火生土) 햇빛을 강하게 받는 땅은 단단하다. 잘 붕괴되지 않는다.

(土生金) 땅 속에는 광물이 취결(聚結)된다.

(金生水) 금은 물속에서 놀기를 좋아한다.

(水生木) 물은 나무를 자라게 한다.

剋 : 木 → 土 → 水 → 火 → 金

(木剋土) 나무는 땅에 뿌리를 내려야 한다.

(土剋水) 흙은 물의 제방역할을 한다.

(水剋火) 물은 빛을 띄운다. 반사시킨다.

(火剋金) 광석은 불로 녹여야 불순물이 제거된다.

(金剋木) 나무는 연장으로 다듬어야 사용할 수 있다.

6. 물상 희기(物像 喜忌)의 필요충분조건

우선은 재(財)의 유무이다. 재는 반드시 '돈'을 의미하는 것이 아니다. '결과물'을 의미한다. 그러므로 재가 없다는 것은 결실이 약함을 의미한다. 그 다음은 관(官)의 유무이다. 관은 사회적인 명예를 의미하므로 그 사람이 '사회적인 역량'을 의미한다.

1) 甲(木) : 큰 거목이다.

① 뿌리를 내릴 넓은 땅(土)이 필요하다.

② 적당한 물(水)과 햇빛(火)이 필요하다.

③ 땅 속에는 적당한 자갈(金)이 있어야 큰 나무가 뿌리로서 자갈을 휘감아 쓰러지지 않는다.

- 土가 없으면 결실이 약하다.
- 水가 없으면 성장이 어렵다.
- 火가 없으면 꽃을 피우기 어렵다.
- 金이 없으면 다듬어지기 어렵다.
- 같은 甲이 하나 더 있으면 '갑갑'해진다.

2) 乙(木) : 꽃나무이다.

① 정원(土)이 필요하다.

② 적당한 물(水)과 햇빛(火)이 필요하다.

③ 정원의 꽃나무는 전지가위(金)로 다듬어줄 경우 더욱 아름다워진다.

- 土가 없으면 결실이 약하다.
- 水가 없으면 성장이 어렵다.
- 火가 없으면 꽃을 피우기 어렵다.
- 金이 없으면 아름다워지기 어렵다.
- 같은 乙이 하나 더 있으면 어느 정도 자란 후에 성장이 멈춘다.

3) 丙(火) : 태양이다. 그러므로 현실세계를 의미한다.

① 낮 시간에 빛난다(巳午未).

② 재(金), 관(水)이 필요하다.

③ 丙丙, 丙丁에서는 목이 필요하다.

④ 설기(泄氣, 土)가 지나치면 '화토중탕(火土重湯)'이 된다.

- 밤 시간에는 빛을 발휘하기 어렵다.
- 같은 丙이 하나 더 있으면 더욱 밝아지는 것이 아니라 오히려 어두워진다. 세상의 태양은 하나이므로 그러하다.

4) 丁(火) : 달, 별, 가로등과 같다. 그러므로 이상세계를 의미한다.

① 밤 시간에 빛난다(亥子丑).

② 재(金), 관(水)이 필요하다.

③ 丙丙, 丙丁에서는 목이 필요하다.

④ 설기(土)가 지나치면 '화토중탕'이 된다.

- 낮 시간에는 빛을 발휘하기 어렵다.
- 같은 丁이 하나 더 오면 본인의 밝기가 줄어든다.
- 원국에 水가 없으면 가로등으로 논한다.
- 원국에 壬과 합을 하고 있으면 달로 논한다.

5) 戊(土) : 밭과 같다.

① 밭에는 나무(木)가 심어져 있어야 한다(나무란 곡식이나 식물의 총칭).

② 적당한 물(水)과 햇빛(火)이 필요하다.

③ 곡식이 다 익은 후에는 식물을 벨 수 있는 도구(金)가 필요하다.

- 木이 없으면 황무지와 같다.
- 水가 없으면 땅이 갈라진다.
- 火가 없으면 곡식이 익지 않는다.

- 金이 없으면 수확할 도구가 없는 형국이다.
- 戊戊는 넓은 평야지대가 되는 것이다.

6) 己(土) : 정원과 같다.

① 꽃나무(木)가 심어져 있어야 한다.
② 적당한 물(水)과 햇빛(火)이 필요하다.
③ 정원의 꽃나무는 전지가위(金)로 다듬어 줄 경우 더욱 아름다워진다.

- 木이 없으면 정원에 꽃나무가 심어져 있지 않는 형국이다.
- 水가 없으면 정원에 꽃나무가 성장하지 못한다.
- 火가 없으면 정원에 꽃나무가 꽃을 피우지 못한다.
- 金이 없으면 정원의 꽃나무가 다듬어지지 않으므로 산에 있는 꽃나무와 다를 바가 없다.
- 己가 하나 더 있으면 집안이 두 개인 형국이다.

7) 庚(金) : 큰칼과 같다.

① 큰 자루(木)가 있어야 한다.
② 불(火)은 필요 없다.
③ 불이 있을 경우에는 불을 제거하는 물(水)이 필요하다.
④ 흙(土)은 일단 필요가 없다.

- 木이 없으면 칼을 휘두르지 못한다.
- 火가 있으면 칼날이 무뎌지거나 칼자루가 불에 탄다.
- 水가 있으면 숙살지권(肅殺之權)을 지니게 된다.
- 土가 너무 많으면 칼이 묻혀버린다.
- 같은 庚이 하나 더 있으면 칼이 두 개인 형국이므로 칼의 자루도 두 개가 있어야 한다.

8) 辛(金) : 작은칼과 같다.

① 작은 자루(木)가 있어야 한다.

② 불(火)은 필요 없다.

③ 불이 있을 경우에는 불을 제거하는 물(水)이 필요하다.

④ 흙(土)은 일단 필요가 없다.

- 木이 없으면 칼을 휘두르지 못한다.
- 火가 있으면 칼날이 무뎌지거나 칼자루가 불에 탄다.
- 水가 있으면 숙살지권을 지니게 된다.
- 土가 너무 많으면 칼이 묻혀버린다.
- 같은 辛이 하나 더 있으면 칼이 두 개인 형국이므로 칼의 자루도 두 개가 있어야 한다. 만약 자루가 하나일 경우에는 가위의 형태로 변하기도 한다.

9) 壬(水) : 큰 강물이나 호수와 같다.

① 제방(土)이 있어야 제대로 흘러갈 수 있다.

② 주변에는 적당한 나무(木)가 있어야 한다.

③ 너무 습하면 안 되므로 햇빛(火) 또한 필요하다.

④ 물이 유입되는 근원지(金)가 있을 경우 마르지 않는다.

- 土가 없으면 어느 곳으로 흘러갈지 알 수 없다. 또는 범람한다.
- 木이 없으면 수량의 조절이 되지 않는 것이다.
- 火가 없으면 결실이 약한 것이다.
- 金이 없으면 오랫동안 흘러가지 못한다.

10) 癸(水) : 시냇물이나 샘물과 같다.

① 제방(土)이 있어야 제대로 흘러갈 수 있다. 단 샘물일 경우에는 제방이 흙으로 되어 있기보다는 돌로 되어 있어야 한다.

② 주변에는 적당한 나무(木)가 있어야 한다.

③ 너무 습하면 안 되므로 햇빛(火) 또한 필요하다.

④ 물이 유입되는 근원지(金)가 있을 경우 마르지 않는다.

- 土가 없으면 어느 곳으로 흘러갈지 알 수 없다. 다만 지나치면 안 된다.
- 木이 없으면 수량의 조절이 되지 않는 것이다.
- 火가 없으면 결실이 약한 것이다.
- 金이 없으면 오랫동안 흘러가지 못한다.

11) 천간의 우선 조건

甲乙은 뿌리를 내릴 땅이 우선이다.
丙은 낮 시간이 우선이다.
丁은 밤 시간이 우선이다.
戊己는 식물을 자라게 하는 조건 배양이 우선이다.
庚辛은 칼자루가 우선이다.
壬癸는 제방의 의한 물의 청탁(淸濁)이 우선이다.

春 → 기운의 발전 → **夏**
秋 → 기운의 쇠퇴 → **冬**

寅 : 1월 - 입춘	**卯** : 2월 - 경칩	**辰** : 3월 - 청명
巳 : 4월 - 입하	**午** : 5월 - 망종	**未** : 6월 - 소서
申 : 7월 - 입추	**酉** : 8월 - 백로	**戌** : 9월 - 한로
亥 : 10월 - 입동	**子** : 11월 - 대설	**丑** : 12월 - 소한

7. 천간(天干)

甲 乙 丙 丁 戊	己 庚 辛 壬 癸
→ 1차 완성	→ 2차 완성

천간 : 하늘에서 땅으로 내려오는 10가지 속성을 말한다.

지지 : 땅에서 하늘을 가늠하기 위한 12가지 나눔을 말한다.

甲(3) : 씨앗이 땅 속에서 뿌리를 내린 모습이다.

( ) 속 숫자는 오행수를 나타낸다.

乙(8) : 땅 속에서 지상으로 나오기 위한 고생스러운 모습이다.

예 을을하다(마냥 고생스럽다), 을씨년스럽다, 軋(삐걱거릴 알)

丙(2) : 지상에 드러나 태양을 받는 모습이다.

丁(7) : 우뚝하게 자란 모습이다.

戊(5) : 우뚝한 후에는 속으로 무성해져야 한다. 그러기 위해서는 꼬챙이로 속아주어야 한다.

예 茂(무성할 무)

己(10) : 무성하게 된 후에야 자신을 안다. 곡식이 익어 고개를 숙이는 모습이다.

庚(4) : 广(창고에) + 入(들이다) + 手(손으로), 다 익은 것은 끄집어내어 창고에 들여놓아야 한다. 다시 한 번 크기 때문에 '클 경'이라 한다.

예 庚(크게) + 用(쓰다) = 용(庸), 중용(中庸)(떳떳하고 크게 쓰는 것)
庚 + 口 = 唐(클당, 당나라 당, 황당할 당)
糖(엿당)

辛(9) : 익으면 맛이 난다. 맛 중에서 가장 대표적인 맛은 매운맛

壬(1) : 맛이 들면 다른 종자로 변이되어야 한다. 오뚝할 임

예 荏(깨임 : 종자 중에서 가장 통통한 것), 흑임자(黑荏子)
妊(아이벨 임 : 여자의 배가 오뚝하다)
任(등질 임 : 남자가 오뚝하면), 任 + 貝 = 賃(임금 임)

癸(6) : 사방에서 화살이 날아와 끝내는 죽다. 화살은 살상기구 외에도 길이를 제는 척도로서 사용된다. 즉, 癸는 헤아린다는 뜻이 있다.

예 揆(헤아릴 규), 葵(해바라기 규)
단(短) = 矢(화살시) + 豆(고대에는 제기(祭器)를 의미함), 화살보다 작으면 짧은 것, 전쟁 시 군에서는 화살과 재기가 길이를 재는 수단으로 사용되었다.
⇒ 천간은 하늘의 부호를 의미한다. 그렇지만 그 물상은 지상에 존재하는 것을 가지고 논하고 있다. 즉, 식물의 변천과정이다. 하늘을 설명하자면 태양에 의하여 영향 받는 지상의 식물로 설명해야 하기 때문이다. 태양이 뜨는 낮 시간에 하늘을 관찰할 수 없다.

비교 지지는 땅의 부호인데도 불구하고 하늘의 별자리로서 설명되어진다. 방위는 밤하늘의 별자리에 따라 정해지기 때문이다. 땅을 의미하는 지지를 설명하기 위해서는 하늘의 별자리로서 설명한 것이다.

木 : 위로 성장하는 것, 나무, 목재, 섬유, 교육, 인재, 사람, 건축물

- 甲 ; 거목, 우두머리, 대장, 장남, 대학교육, 고층건물
- 乙 ; 일년생 나무, 꽃나무, 화초, 차남, 작은 교육, 저층건물

火 : 불, 밝히는 것, 확산하는 것, 예술세계, 아름다운 것, 보이는 것, 정신세계, 종교

- 丙 ; 태양(현실세계), 우두머리, 국가권력, 최고, 국가, 일본
- 丁 ; 달, 별(이상세계), 정신적인 지도자, 가로등, 불꽃

土 : 흙, 부동산(땅), 터전, 조상, 고향, 토속적인 것, 길러내는 것

- 戊 ; 넓은 땅, 평원, 운동장
- 己 ; 작은 땅, 밭, 문전옥답, 채전, 정원 · 뜰(개인적인 것)

金 : 거두어들이는 것, 감추는 것(수장收藏), 마무리, 금속성, 권위 · 권력, 깎고 다듬는 것, 서양

┌ 庚 ; 큰칼, 완금(원광석), 금강석, 큰 보석, 반사경
└ 辛 ; 작은 칼, 문방구용 칼, 찌르는 것, 보석

水 : 물, 흐르는 것, 움직이는 것, 스며드는 것, 해외

┌ 壬 ; 바다, 강물, 저수지, 호수
└ 癸 ; 샘물, 개울물, 비, 이슬, 서리, 눈

8. 천간합(天干合)

합(合)은 일반적으로 '부부유정(夫婦有情)의 상(象)'이라 논한다. 양간 하나와 음간 하나가 짝을 이루어 합하기 때문이다. 합에는 '합'과 '불합'이 있다고 하나 사실은 '합'과 '합화(合化)'가 존재하는 것이다. 일반적으로 이론상에는 '합화격(合化格)'이라는 것이 있으나 '물상론'에는 일주의 합화는 이루어지지 않는다고 본다. '합'은 좋은 의미로 생각되기 쉬우나 대부분이 '묶이는 것'이므로 경우에 따라 길흉(吉凶)이 다르다.

양간(陽干)의 입장에서 볼 때는 재에 묶임(甲己, 丙辛, 戊癸, 庚乙, 壬丁)
음간(陰干)의 입장에서 볼 때는 관에 묶임(己甲, 辛丙, 癸戊, 乙庚, 丁壬)

合을 하면 원래의 五行이 약해진다.

木　土　土
甲 + 己 ≒ 土 [중정지합 中正之合]
└40%┘　└ 60%

木　金　金
乙 + 庚 ≒ 金 [인의지합 仁義之合]

火　金　水
丙 + 辛 ≒ 水 [위엄지합 威嚴之合]

土　水　火
戊 + 癸 ≒ 火 [무정지합 無情之合]

火　水　木
丁 + 壬 ≒ 木 [인수지합 人壽之合]

9. 지지

子 11월, 일양이 시생(始生), 종자(種子)가 입태된다.

子 : 작다, 새끼를 치다.

예 仔 : 자세할 자
孱 : 작을 잔
潺 : 물결 작을 잔

丑 12월, 손을 묶고 소와 사람이 논다.

예 紐 : 묶을 뉴
杻 : 싸리나무 뉴
羞 : 반찬 수, 부끄러울 수(양의 입장에서 묶여 있기 때문이다)
佯 : 거짓 양(사람이 양처럼 보인다)

寅 1월, 시생(始生)했던 일양(一陽)이 밖으로 나오려 한다.

띠풀 → 벌레집 → 개구리 → 뱀의 순서로 나온다.

예 演 : 나올 연

卯 2월, 농사 활동을 시작하기 위하여 '門'을 여는 모습이다.

辰 3월, 아지랑이가 피어오르는 모습이다, 꿈틀거리다.

예 農 : 농사 농

豊 : 풍년 풍(曲 : 큰 제사그릇 + 豆 : 작은 제사그릇)

藥 : 먹어서 즐거운 것 비교 樂

辱 : 욕될 욕, 辰(농사를 짓지 않으면) + 寸(손봐주게 되어 있다)

비교 耐 : 참을 내, 턱수염을 손봐주는 것, 옛 형벌의 이름

娠 : 임신할 신(여자의 배 안에서 꿈틀거리다)

巳 4월, 뱀이 나온다.

午 5월, (人 + 十) 사람의 농사 활동이 가장 왕성한 시기이다.

未 6월, 木(초목)이 아직 미숙하다.

예 未 : 아닐 미

申 7월, 완숙으로 가려면 벼락이나 번개로 혼이 나야한다(특히 밭작물).

예 電 : 번개 전(雨 + 申)

伸 : 펼 신

酉 8월, 작은 제사를 위하여 햇곡식으로 술을 빚는다.

酉 : 호리병에 술을 담은 모습이다.

예 酒 : 술 주 비교 酎 : 진한 술 주

醬 : 젓갈 장

戌 9월, 큰제사를 위하여 도끼로 희생물을 잡는 시기

戌 : 人(사람이) + 戈(창으로 찌르다)

亥 10월, 끝나다(남녀가 합궁合宮을 하면 서로의 개상個象이 끝난다).

亥(女 + 人) 끝날 때는 '해해해' 웃는다.

비교 반려(伴侶, 사람), 빈모(牝牡, 짐승), 자웅(雌雄, 조류)

예 核 : 씨 핵(식물일 때)

孩 : 어린 아이 해(동물일 때)

駭 : 해괴할 해

刻 : 조각할 각

→ 女(음) + 人(양) + 刂(刀) : 칼로 음각과 양각을 나누다.

10. 지지의 변화

- 방합(方合, 세력조직) 삼합(三合, 결성조직)

寅卯辰 −東方木 亥卯未 −木局

巳午未 −南方火 寅午戌 −火局

申酉戌 −西方金 巳酉丑 −金局

亥子丑 −北方水 申子辰 −水局

(六合)

┌┐
↓

丑 子 −土로 변함, 그냥 토극수의 관계로 논함

↓ ↑

寅 亥 −木으로 변함, 수생목의 관계이므로 사용 가능

↓ ↑

卯 戌 −火로 변함, 그냥 목극토의 관계로 논함

↓ ↑

辰 酉 –金으로 변함, 토생금의 관계이므로 사용 가능

↓ ↑

巳 申 –水로 변함, 화극금의 관계로 논함

↓ ↑

午 未 –타 오행으로 변하지 않음, 화생토의 관계로 논함

└┘↑

11. 충(冲, 沖, 衝)

寅申冲　巳亥冲
子午冲　卯酉冲
辰戌冲　丑未冲

충은 무조건 '부딪혀 깨지는 것' 또는 '좋지 않은 것'이라는 편견을 버려야 한다. 충도 역시 경우에 따라 길흉이 다르다. 다만 寅申巳亥, 子午卯酉, 辰戌丑未의 충에는 차이가 있다.

특히 자오충은 강하게 끌어오는 것이다.

12. 형(刑)

지세지형(持勢之刑) – 寅巳申
무은지형(無恩之刑) – 丑戌未
무례지형(無禮之刑) – 子卯
자형(自刑) – 辰辰, 午午, 酉酉, 亥亥

※ 실재 적용은 亥를 첨가하여 寅巳申亥만을 본다.

※ (辰)戌丑未하면 한 가지 일을 오래 못한다.

13. 방합 · 삼합 · 육합

방합(方合) 〉 삼합(三合) 〉 육합(六合)은 사주의 영향력의 크기를 나타낸 부호이다.

방합 : 거의 사용하지 않는다.

육합 : 거의 사용하지 않는다.

삼합 : 매우 중요하다.

삼합 중 반합(半合)은 子午卯酉를 기준으로 결합한다.

예 申子(가장 완전), 子辰(때에 따라서는 흙탕물) : 수국水局
申辰 : 수국으로 변하려는 개연성은 강하지만 그냥 토생금의 관계로 논한다.

※ 충은 합을 저해하고 합은 충을 저해한다.

예 충

申辰子午

합(水) ; 합이 불완전, 또는 합과 충의 작용을 동시에 한다.

寅子戌午

三合 ; 합이 불완전 그래도 오술이 회국하여 인을 끌어들이는 힘이 강하다.

亥 寅 申 子

木局 沖 水局 ; 충의 효력이 약함

※ 천간 : 드러난 모습(물상으로 설명 가능)

지지 : 지향성, 방향성(물상으로 일부만 설명 가능)

- 천간은 생극(生剋), 합하는 작용만 있지만 지지는 합 · 충 · 형을 하기 때문에 변화가 심하다.
- 천간은 반드시 지지를 기반으로 지니고 모습을 드러낸다.

14. 사주팔자의 구성

(實)時 자손	(花)日 부부	(苗)月 형제	(根)年 부모
아랫사람	일주(자신) 배우자(가정)	사회성의 자리	집안, 고향

15. 육친론(六親論)

일간을 위주로 한 타 간지를 인간관계의 용어로서 표현한 것이다.
반드시 대조의 대상이 되는 '나'에 의하여 결정되어진다.

'**나**(일주)'

관귀(官鬼) : 나를 극하는 존재 ≒ 정관(正官), 편관(偏官, 七煞)
부모(父母) : 나를 생하는 존재 ≒ 인수(印綬, 正印), 편인(偏印, 梟神)
형제(兄弟) : 나와 동일한 존재 ≒ 비견(比肩), 겁재(劫財)
자손(子孫) : 내가 생하는 존재 ≒ 식신(식신), 상관(傷官)
처재(妻財) : 내가 극하는 존재 ≒ 정재(正財), 편재(偏財)
→ 육친이 일주의 음양에 따라 십신(十神)으로 변화한다.

예 일주가 木일 경우
일주를 생하는 것 → 水(부모)
일주가 생하는 것 → 火(자손)
일주가 극하는 것 → 土(처재)
일주를 극하는 것 → 金(관귀)
일주와 동일한 것 → 木(형제)
일주가 木이지만 음양을 구분하면

甲(양목)

甲을 생하는 것 → 壬(편인), 癸(인수)
甲이 생하는 것 → 丙(식신), 丁(상관)
甲이 극하는 것 → 戊(편재), 己(정재)
甲을 극하는 것 → 庚(편관), 辛(정관)
甲과 동일한 것 → 甲(비견), 乙(겁재)

乙(음목)

乙을 생하는 것 → 壬(인수), 癸(편인)

乙이 생하는 것 → 丙(상관), 丁(식신)

乙이 극하는 것 → 戊(정재), 己(편재)

乙을 극하는 것 → 庚(정관), 辛(편관)

乙과 동일한 것 → 甲(겁재), 乙(비견)

기타 천간도 동일한 원리로 적용

지지도 음양오행으로 구분할 수 있으므로 동일하게 적용

실재 물상론에서는 재(財)·관(官)만이 중요하다.

육친(六親)의 생극(生剋)

생(生) : 일주(日主) → 식(食)·상(傷) → 재(財) → 관(官) → 인(印) → 비(比)·겁(劫)

극(剋) : 일주(日主) → 재(財) → 인(印) → 식(食)·상(傷) → 관(官) → 비(比)·겁(劫)

Ⅱ

부귀(富貴) · 길흉(吉凶) 빈천(貧賤) · 수요(壽夭)

1. 선천의 명국을 보는 방법
2. 후천의 세운을 보는 방법
3. 제현들의 의논
4. 청탁론
5. 진가론
6. 부귀
7. 빈턴
8. 길흉
9. 수요
10. 부귀 · 빈천 · 길흉 · 수요의 견해에 대한 종합
11. 부귀 · 빈천 · 길흉 · 수요의 사례

1. 선천(先天)의 명국(命局)을 보는 방법

격국(格局)과 용신(用神)의 배합

▸ 유정(有情) · 유력(有力), 순수(順遂) · 정수(精粹)
 ⇒ 부귀길수(富貴吉壽)

▸ 무정(無情) · 무력(無力), 괴패(乖悖) · 혼란(混亂) ⇒ 빈천흉요(貧賤凶夭)

☆ 순수(順遂, 순조로운 것) ↔ 정수(精粹, 정미하고 순수한 것)

☆ 괴패(乖悖, 어그러지고 거스른 것) ↔ 혼란(混亂, 질서가 없이 뒤섞인 것)

2. 후천의 세운을 보는 방법

후천(後天)의 세운(歲運)을 보는 방법에는 격국과 용신이 높은 경우와 낮은 경우가 있다.

1) 격국과 용신이 높을 경우

- 세운(歲運)의 희용(喜用)이 순(順) : 부귀 · 길수가 된다.
- 세운의 희용이 역(逆) : 부귀한 집안에 태어나도 흉요하다.

2) 격국과 용신이 낮을 경우

- 세운의 희용이 순 : 가난한 집안에 태어나도 일시적인 향용(享用)을 얻음
- 세운의 희용이 역 : 흉요 · 빈천으로 일생을 마치게 된다.

선천 명국의 배합(配合)과 후천 세운의 추이(推移)와 변천(變遷), 팔자구성 및 세운 간지간의 차이로 인하여 부귀 · 길수 · 빈천 · 흉요에 차별이 있고, 대부 · 대귀 · 대빈 · 대천, 혹은 부귀하지만 흉요하거나, 빈천하지만 장수하게 되는 등의 서로 다른

현상이 생긴다.

이밖에도 일종의 보통의 명운(命運)이 있으니 이러한 종류의 사람은 극도의 가난에 시달리는 사람은 아니고, 그렇다고 큰 부와 거대한 성(城)을 지니고 있는 것도 아니지만 일생 입고 먹는 것에 대한 부족함이 없이 평범하다. 사람들 중에 가장 많이 보이는 집단으로 근대에는 급료(給料)로서 일가(一家)가 생활을 유지하는 중·하급의 공무원과 교원 및 회사, 상점, 공장, 광산에서 일하는 보통직원, 자영업자 등이 모두 이러한 종류의 사람들이다.

명운의 부귀·길흉·빈천·수요를 보는 방법에 있어서 부귀하다고 반드시 길수하는 것은 아니고, 빈천하다 하여 반드시 흉요하는 것은 아니며, 또한 부자가 반드시 귀한 것은 아니고, 귀하다 하여 반드시 부유한 것도 아니며, 가난하다 하여 반드시 천한 것은 아니고, 천하다 하여 반드시 가난한 것은 아닌 등등의 같지 않은 현상이 있기 때문에 이러한 것이 명을 논하는 데 있어서 일대 과제이다.

3. 제현(諸賢)들의 의논(議論)

1) 만육오(萬育吾)

명은 태어날 때 음양으로부터 받은 것이어서 옮길 수 있는 바가 아니며, 그리하는 것이 없이 그리되는 것으로서 나 스스로가 기필(期必)할 수 있는 것도 아니다. 이에 날 때부터 부유하거나 귀한 사람, 그리고 날 때부터 오래 살도록 정해졌거나 요절하도록 정해진 사람, 그리고 날 때부터 가난하거나 천하게 태어난 사람, 그리고 날 때부터 부유함과 귀함 두 가지를 갖춘 상등(上等)의 사람, 그리고 날 때부터 가난함과 천함을 같이 갖추고 태어난 하등(下等)의 사람, 그리고 날 때부터 마땅히 오래 살도록 정해졌지만 도리어 요절하는 사람, 날 때부터 요절하도록 정해졌지만 반대로 오랜 세월을 사는 사람 등이 있다.

이것은 축적한 바(인명의 후천적 작위(作爲)에 의하여 이루어지는 것인가?

아니면 본성(인명의 선천적 품부(稟賦)에 의하여 이루어지는 것인가?

타고난 본성에 의하여 이루어지는 것으로 말하자면 부귀한 사람은 끝까지 부귀하고, 빈천한 사람은 끝까지 빈천하며, 오래 살고 일찍 죽는 것도 정해지는 것이니 옛말에 '명은 움직일 수 없다'라고 하였다.
축적한 바에 의하여 이루어지는 것으로 설명하면 명(命)이 – 사람을 – 마음대로 하기 어렵고, 본성에 의하여 이루어지는 것으로 설명하면 사람이 명을 마음대로 하기 어렵다. 축적된 바에 의하여 이루어진다는 것에 부여하면 명에 품부 받은 바를 알지 못하니 부귀, 수요, 빈천은 어떻게 되는 것인가?
본성에 의하여 이루어진다는 것에 부여하면 부귀 · 수요 · 빈천은 가히 앉아서 기다리는 수밖에 없겠는가?
사람이 천지 가운데 태어나 오행과 팔자가 같지 않아 부귀 · 빈천 · 수요가 한 가지가 아니니 그것은 어떠한 까닭인가?

답왈, 음양 두 기운이 교감할 시 정밀하고 뛰어나게 합치된 참된 기운을 받아 응결되어 잉태하게 되니 남녀가 이루어진다. 천지와 부모의 한 때 기운을 얻어 청(淸)한 기운을 품부 받으면 지혜와 현량(賢良)함이 되고, 탁(濁)한 기운을 품부 받으면 어리석음과 품행이 바르지 못한 것이 된다. 지혜로움과 현량함에서 부와 귀와 수가 말미암으니 반드시 얻는 바가 있어 이른바 '덕(德)이 구족(具足)함으로써 복을 획득한다'라고 말하는 것이다. 어리석음과 품행이 바르지 못함은 스스로 떨쳐내지 못함이니 날로 혼폐(昏蔽)해져 빈천하거나 요절(夭折)함을 면치 못하게 되니 이른바 어리석고 못난 사람은 언제나 그대로 있을 뿐, 발전하지 못한다고 말하는 것이다.

부귀 양자를 갖추고 있는 자는 원래 맑고 가벼운 기운을 품부 받게 되므로 태어날 때 시령(時令)을 얻게 되어, 재관이 형통함을 겸하고, 녹마(祿馬)가 왕상(旺相)하고, 그 세운이 아주 길하고 아주 상서로워 설령 약간 어둡다 하더라도 그릇되게 섞이지 않는다(이것은 팔자의 일간이 강한 것을 가리키는 것이니 재관으로 희신과 용신을 삼음을 말하는 것이다).
빈천을 겸하고 있는 자는 원래 무겁고 탁한 기운을 품부 받은 것이니 태어날 때 시령을 얻지 못하고, 형충(刑衝)이 뒤섞여 복잡하여 순미(順美)함이 조금도 없고 재화

(災禍)는 없어도 근심이 침범하여 어지럽고 또한 반드시 멈추게 되고 막혀 앞으로 나서지 못한다.

또한 부유해도 가난하게 되고, 가난해도 부유하게 되며, 귀해도 천하게 되고, 천해도 귀하게 되며, 장수함을 타고나도 요절하게 되고, 요절함을 타고나고 장수하게 되는 것도 있다. 또한 어질고 현명하지만 도리어 빈천한 사람, 어리석고 품행이 바르지 못하나 도리어 부귀를 지닌 사람도 있다. 천지간에 사람이 아무리 많아도 같지 않음이니 이것 또한 사시(四時)와 오행의 편정(偏正)과 득실에 의한 것으로 앞과 뒤, 얕고 깊음의 기운이 같지 않은 이치이다.

당면한 생(生)에 있어서 원기(元氣)의 품부 받음이 비록 가볍고 맑다 하더라도 쇠패(衰敗)의 시령에 낳게 되고, 행운(行運)이 휴수(休囚)의 운으로 흐르면 부자는 재물의 손실이 따르고, 귀한 사람은 관직을 벗고 퇴위하게 되며, 장수할 수 있는 사람도 수명이 억제되어 복록(福祿)이 없다. 당면한 생에 있어서 원기의 품부 받음이 비록 무겁고 탁하다 하더라도 중화(中和)의 시령에 태어나고 행운이 왕상의 운으로 흐르면 가난하더라도 종신토록 가난하지 않아 부를 이루게 되고, 천하여도 종신토록 천하지 않아 귀함을 이루고, 요절의 명을 타고났다 하더라도 요절하여 끝나지 않고 장수할 수 있게 된다.

비록 닦아 변화시키는 것은 사람에게 있고, 사람이 뜻을 정하고 노력하면 하늘을 이길 수 있다 하더라도 명의 품부 받음이 중화되고 성품도 적선(積善)을 베풀 수 있게 되면 어찌 일신(一身)만 복을 누리게 되겠는가! 자자손손 번영하고 이익에 도달하게 되는 이치가 마땅히 그러하다. 명이 편고(偏枯)하면 성품도 악을 쌓게 되니 오직 자신에게만 화가 미치는 것이 아니라 자자손손 아랫사람에게도 미치니 좋은 보답을 얻을 수 없음이다. 앞서 말한 바로 말미암으면 비록 명에 의한다 하더라도 사람이 덕을 쌓는 것과 쌓지 않는 것에 의한 차이가 있는 것이다.

역(易)에 "선(善)을 쌓는 집안은 반드시 경사가 남을 것이요, 선을 쌓지 않은 집안은 반드시 재앙이 남을 것이다."라고 한 부분에서 '재앙'은 이를 이르는 것이리라! 이것에 대한 설명에 있어 명운이 좋은데 능히 선(善)을 쌓게 되면 가히 금상첨화(錦上添花)로 후세의 자손들도 아름다운 은혜를 입게 되지만 명운이 무너진 형국이라도 능히 선(善)을 쌓게 되면 또한 흉화가 감소한다는 것이다. 반대라면 그렇지 않다.

(1) 빈천의 명

또 말하기를 "무릇 빈천의 명은 대부분이 귀한 기운이 없는 것으로 혹 오행이 사(死)·절지(絕地)에 처하고 지(支)와 간(干)이 한가하고 느긋하여 서로 간섭치 않는 것, 혹은 오행이 사·절지에 처하거나 또는 공망(空亡)에 떨어진 것, 혹은 타 위치의 형(刑)이나 해(害)가 이르러 기운(氣運)이 흩어진 것, 혹 복을 취하도록 처(處)하여도 독립하지 못하여 여러 다른 위치로부터 그 복을 빼앗기는 것, 혹은 겁재가 많아 극제(剋制)됨을 만나는 것, 혹은 합도 없고 충도 없어 상하의 기운이 다른 것, 혹은 간지가 어지러이 섞이고 음양이 편고하여 팔자의 격을 지지(支持)하지 못하는 것, 혹은 화(化)한 기운이 시령을 잃어 본명의 기운이 없는 것 등등이 모두 주로 빈천한 명인 것이다.

빈천의 명은 일반적으로 건록(建祿)이나 식신이 구신(救神)이 되는 바 명중에 이러한 구신이 두 개 있으면(일간이 비교적 약하더라도 건록으로서 일간을 도와 재관을 감당할 수 있게 하고, 일간이 비교적 강하더라도 식신의 설기로 재를 생하고 살(殺)을 제압할 수 있다) 비록 가난하더라도 괴롭게 굶주리지 않고, 비록 천하다 하더라도 노비로 살지는 않으니 한번 운이 발달하면 이러한 것을 물리쳐 소소한 뜻을 이룰 수 있으나 운이 지나면 다시 빈천해진다."

(2) 흉악의 명

또 설명하기를 "무릇 흉악의 명은 오행이 무기력하고 또한 서로 극하는 것이니 혹 지와 간이 어그러지고 상충(相沖)이 서로 침범하여 살(煞)을 띠고 싸우는 것, 혹은 관부(官符)가 대모살(大耗殺)을 띠고 본명을 형극(刑剋)하며 오행이 사절에 처하나 전혀 구제됨이 없는 것, 혹은 오행이 모두 왕성하나 도리어 자리마다 상극하여 기가 흩어지는 것, 혹은 번갈아 공망이나 과숙(寡宿)을 만나는 것 등등이 모두 주로 흉악한 명인 것이다.

흉악의 명은 일반적으로 귀인, 삼기(三奇), 화개(華蓋), 협귀(夾貴)가 구신(救神)이 되는 바 이러한 것이 있으면 비록 흉신을 보게 된다 하더라도 해를 가하지 못하게 된다. 가장 꺼리는 것은 오행이 한가하고 여유로운 것으로 건록, 식신, 삼기가 없고 형극이 살을 띄우면 서로 막아 귀기가 없게 되니 그 빈천하고 흉악함 또한 의심할 여지가 없으리라."

(3) 장수 · 단명의 명

또한 설명하기를 "대저 장수(長壽) · 단명(短命)의 수는 대체로 생왕(生旺)하면 장수하고 사절하면 요절하니, 비유하면 뿌리가 깊으면 꼭지가 견고한 것과 같고, 물이 깊으면 오랫동안 흐르는 것과 같은 것이니 역시 자연의 이치이다. 무릇 월과 일이 생왕의 관계를 만나면 시상에 비록 사기가 있더라도 무방하나 만약 월상에 사절을 만나면 일시상이 비록 생왕이라 하더라도 기운이 웅장하지 못한 것이니 대체로 날 때 사절의 기운을 이어받게 된 것 때문이다. 월일이 생왕이고 시가 사절이면 수명이 45세에 불과하게 되고, 월일이 사절이고 시가 생왕이면 30세 전에 죽게 되며, 다시 흉살이 오행을 범하게 되면 반드시 일찍 죽는 자식이 있다. 이것은 대체의 간법(看法)으로 원국에 오행의 구족함이 있고 행운이 희신이나 용신을 얻게 되면 그러한 바가 없게 된다.

일반적으로 월(月)이 1세부터 30세까지를 주관하고, 일(日)이 31세부터 45세까지를 주관하며, 시(時)가 45세부터 100세에 이르기까지 주관한다 하나 혹 생왕하거나 사절하는 것에 따라 그 한계를 상세히 살펴야 한다. 대저 사람은 기운이 모아지면 태어나게 되고, 기운이 흩어지면 죽게 되는 것이니 만약 기운이 대운과 태세에서 모아져 사 · 절 · 쇠 등의 약해지는 방향에 있으며, 다시 태세가 형극이 되어 재화가 한계까지 상응하게 되면 죽는 것은 정해진 것이요, 각각에 일신을 의지하려 해도 일월시상에 기운이 없다. 무릇 명중에 생왕이 많고 또한 살이 범하지 않으면 마땅히 질병이 적고 종신토록 좋으니 잠깐 생각하는 한 순간에 죽게 된다.

만약 사 · 절지가 많고 또한 형을 띠고 살이 중하면 주로 마음 아프고 괴로워하는 고초(苦楚)의 재화가 있거나 혹은 오랫동안 낫기 어려운 질병을 지니고 살아가게 된다. 무릇 왕운(旺運) 가운데서도 죽거나 혹은 녹왕(祿旺)한 가운데에서 죽는 경우는 주로 자신이 마음먹은 대로 중간에 졸(卒)하게 되는 것이고, 노인의 행년(行年)에 생왕의 운이 오면 고초를 겪으며 죽게 되니 대개 생왕운은 수척함이 오래되는 것으로 가벼운 질병으로 죽는 사람은 적다.

명중 망신(亡神)이나 대모(大耗)가 중첩되면 모름지기 일을 망치고 죽음에 이르게 된다. 무릇 천간이 생왕하고 극하는 것이 이를 손상하지 않으면 장수하고, 천간이 패지나 사지에 있어도 구조(救助)하는 것이 있으면 더욱 장수한다. 천간이 패지나 사지에 있으면서 서로 해치는 것은 요절하게 되고, 천간이 생왕하는 가운데서도 파극(破剋)이 있으면 더욱 빨리 요절한다."

다시 말하면 자평(子平)에서는 인수가 중첩한 자, 팔자가 고르게 배치되어 있는 자는 장수하고 육격[1]이 서로를 범하고 미워하는 자는 장수하지 못한다 하니 내 경험상 사람의 명이 그러한 것은 믿을 만하다.

2) 진소암(陳素庵)

(1) 청기(淸氣)와 귀기(貴氣)

선현 진소암(陳素庵)이 귀천에 대해 말하기를 「음양에는 청기가 있고 귀기가 있어 인명이 이것을 겸해 얻으면 공명(功名), 작록(爵祿)을 얻는다. 대개 일주가 고랑수리(高朗秀異, 고상하고 명랑하며 매우 우수함이 타인과 다름)하면 세속을 초월하는 상(象)이니 소용되는 격국이 순수(純粹)·청철(淸徹)하고 조리(條理)가 정연하면 이것이 청기요, 일주가 존엄단중(尊嚴端重, 단정하고 무게가 있음)하면 거고임중(居高臨衆, 무리의높은 곳에 있음)의 상이니 소용되는 격국이 정숙굉원(整肅宏遠, 정돈되고 웅장함)하며 규모 있게 빛나면 이것이 귀기이다. 70~80%의 청귀의 기를 얻으면 상(上)인즉 한 지방을 맡아 다스리는 제후가 되고, 그 다음으로는 재상(宰相)이나 재상을 보좌하는 관리가 되며, 50~60%의 청귀의 기를 얻으면 내직(內職)은 경당(京堂)이고, 외직(外職)은 지방장관이 되고 30~40%의 청귀의 기를 얻으면 내직은 낭관(郎官)이요, 외직은 군읍(郡邑)이며, 10~20%의 청귀의 기를 얻으면 역시 일명의 영화로움이 있고 담석(儋石[2]))의 녹(祿)이 있다.」

(2) 문직명(文職命)과 무직명(武職命)

청기가 승(勝)하면 한림원에 거(居)함이 많고 귀기가 승하면 요직에 오름이 많으며, 청하나 귀하지 않으면 단지 한직(閒職)을 맡게 될 뿐이며, 귀하나 청하지 않으면 벼슬을 하더라도 과거시험으로 말미암지 않으며 고시출신이 아니다, 청귀한 기가 혼잡되지 않고 깨지지 않으면 종신토록 영화로움이 드러나고, 청귀의 기가 상(傷)하고 뒤섞이면 여러 번 오르락내리락하는데 이것이 문직명(文職命)의 대략(大略)이다.

---

1) 官·殺·財·印·食·傷

2) 열 말(斗)이 한 儋(石)

무직명(武職命) 역시 청과 귀 두 기운을 겸하고 있는데 다만 청하면서 강하고, 귀하면서 위엄이 있는 것에 다소 차이가 있을 따름이다. 지위의 높낮이는 역시 계산으로 나누어 판단할 수 있다. 만약 무명(武命) 가운데서도 수려하고 우아한 한 부분이 있다면 반드시 횡삭부시(橫槊賦時[3])와 같을 것(마음이 활달함을 이름)이고, 문명(文命) 중에서도 영민하고 용감스러운 한 면이 있다면 장수의 깃발을 잡고 성문을 열 것이다.

혹 무는 청을 취하지 못한 것으로 의심할 수 있는데 인명이 탁함이 있으면 어찌 하게 될 수 있겠는가? 구서(舊書)에서 귀함을 논한 것을 보면 항상 모관(某官)에 임하고 모사(某事)를 맡는다 하는데 대저 임관자(任官者)라도 문무를 바꾸어 임직하거나 중간에 관을 바꾸거나 혹 1년 안에 금전이나 곡물, 병형(兵刑)의 직을 두루 거치거나 수십년간 조정(朝亭, 궁정의 누각)의 경사(卿寺)자리만 빙빙 돌면서 일관(一官), 일사(一事)로 고정되게 일하는 경우도 있다. 비천한 명은 반드시 탁기, 천기를 품부 받으니 사주가 온통 혼란하고 변변치 못하며 지위가 없는 것 같은 것이 쉬운 것처럼 보이나 청한 것 같아도 사실은 탁 하고, 귀한 것 같아도 사실은 천한 것은 처음에는 아름답게 보이나 자세히 살펴보면 종종 거짓된 형(形)이 반드시 드러난다.

(3) 빈부 : 후박(厚薄)과 취산(聚散)

또한 빈부에 대하여 말하기를 「음양의 기에는 후박(厚薄)이 있고 취산(聚散)이 있어 인명에 품부 받는 것이다. 대개 일주와 소용된 격국의 기체(氣體)가 충족하면 후한 것으로 정신이 수렴되어 모아지고, 기체가 변변치 못하면 박한 것으로 정신이 허탈(虛脫)하여 흩어지는 것이다. 후한 기운을 얻어 모여진 사람은 상부(上富)의 명이고, 후하나 깊이 모아지지 않고 모아졌으나 후하지 않으면 중부(中富)의 명이며, 후한 가운데 박함이 있거나 모아진 가운데 흩어짐이 있으면 하부(下富)의 명이다. 박한 가운데 약간 후하거나 흩어진 가운데서도 약간 취함이 있는 것도 역시 의식이 흡족하고 주머니가 비어 있지는 않게 된다고 말할 수 있다.

만약 박한데 두텁게 함이 없거나 산한데 거둬들임이 없는 중 하나에 속하면 반드시 가난할 것이고, 두 개를 모두 겸하면 극빈할 것이다. 또 반드시 행운이 어떠한가를 봐

---

3) 조조(曹操)가 적벽대전을 앞두고 장강에 띄운 배 위에서 연회를 베풀던 중 읊었던 노래인 '단가행'에 나오는 '횡삭부'란 시 구절. 「횡삭부(橫朔賦)」란, 말 그대로 '창을 옆에 세워 잡고'라는 뜻.

야하는데 처음부터 끝까지 후하고 취한지, 혹은 처음부터 끝까지 박하고 산한지, 혹은 처음엔 후했다가도 나중에 박하거나 처음에는 취했다가도 나중엔 산하는지, 혹은 처음에는 박했다가 나중에 후하거나 처음엔 산했다가 나중엔 취하는지를 봐야하니 빈부는 만 사람이 다 일정치 않다! 결론적으로 말하면 풍요와 결핍의 이치가 다양하니 재신(財神)을 취하여 결단 내리는 것에만 전적으로 얽매이지 말아야 한다. 그렇게 하면 증험(證驗)되지 않음이 없을 것이다!」

(4) 길흉 : 선악(善惡)과 순역(順逆)

또한 길흉에 대하여 말하기를「음양의 기에는 선악이 있고 순역이 있어 인명에 품부받는 것이다. 대개 일주와 소용되는 격국의 신리(神理)가 화평하면 선하게 되는 바 정세가 안정되면 순하게 되며, 신리가 강폭(剛暴)하면 악하게 되고, 정세가 전극(戰剋)되면 역하게 된다. 선한 기운을 얻어 순해진 사람은 일생 근심이 없고, 오복이 다 모이며 길하여 불리함이 없다. 선 가운데에서도 선이 완전치 못하고, 순 가운데서도 완전히 순하지 못한 자는 복을 얻는 것에는 후하나 허물을 만나는 것은 가벼워서 길다흉소(吉多凶小)한다.

선악을 같이 보고 순역이 일정치 않으면 길흉이 반반이고, 악이 선을 이기고 역이 순을 이기면 흉다길소(凶多吉小)하며, 만약 악하고 또 역하다면 크게는 예측하지 못하는 화를 만나고 작게는 일을 함에 어그러짐이 많게 된다. 그리고 또한 행운이 어떠한가를 봐야하는데 국(局)은 선하나 운이 악한 것, 국은 순하나 운이 역한 것은 길이 흉으로 화하게 되고, 국은 악한데 운이 선한 것, 국은 역한데 운이 순한 것은 흉이 변하여 길하게 된다. 혹 선하거나 혹 순하거나 하면 운이 대체로 흉한데 간간이 선하거나 순함이 있는 경우 흉한 가운데 적은 길이 있고, 혹 악하거나 혹 역하거나 하면 길한 가운데 약간의 흉을 띠게 된다.

운이 대체로는 길한데 간혹 악하거나 간혹 역하는 경우 마땅히 길해야 하는데 흉하거나 흉해야 하는데 길한 경우는 그 사람의 명과 운에 달린 것이 아니다. 그 사람의 후천적인 수행이나 적덕 또는 은혜를 베푸는 것이 어떠한가를 보아 판단 내려야 하니 고로 명상가를 비판하는 글 가운데에서는 위와 같은 것이 있다. "시진(時辰)은 어지러운 것이 두렵고, 음덕(陰德)은 상술(詳述)하는 것이 어렵다." 소위 '음즐'은 음덕이고,

이것은 후천의 조명(造命) 방법의 하나이니 이후에 상세히 설명하겠다. 혹 말하기를 '선과 순, 악과 역을 어떻게 분별하거나 어떻게 겸하여 논하는가?' 인명에는 대세가 화평하나 기신(忌神)이 어지러워 안정(安靜)을 얻지 못하는 경우가 있고, 대세가 안정해도 주기가 중화를 잃어 화평을 얻지 못하는 경우도 있으며, 대세가 강폭해도 국에 충격(沖激)이 없어 전극(戰剋)에 이르지 않는 경우도 있고, 대세는 전극해도 주가 아주 항상(恒常)하여 강폭에 이르지 못하는 경우도 있음을 알지 못하니 만일 겸해서 논하지 못한다면 이치가 어찌 완전하겠는가?」

(5) 수요(壽夭)

또한 수요에 대하여 설명하기를 「음양의 기에는 생사가 있고, 길고 짧음이 있어 인명에 품부 받는 것이다. 대개 일주와 소용되는 격국의 신리가 번성하면 생이 되어 의상(意象)이 오래면 영(永)하게 되고, 신리가 초췌하게 되면 사가 되어 의상이 짧고 인색하면 촉(促)이 된다. 생과 영의 기를 얻은 자는 반드시 수하고 생과 영의 비율이 가지런하지 않으면 비율에 따라 혹 상수(上壽)하거나 중수(中壽)하거나 하수(下壽)하기도 하며 사와 촉기(促氣)를 얻은 자는 반드시 요하는데 사와 촉의 비율이 가지런하지 않을 때는 비율에 따라 혹 약요(弱夭)하기도 하고 혹 장요(壯夭)하기도 하며 혹 강요(强夭)하기도 한다. 약요, 장요, 강요란 어려서 요절해 죽고 젊을 때 요절해 죽고 장성해서 요절해 죽는 경우로 생각된다.

그러나 또 행운이 어떠한지를 봐야하는데 격이 본래 수한 격인데 운에서 궁(窮)하고 흉한 지(地)를 만나면 생자는 사하고 영자는 촉하며 국이 본래 요할 격인데 운에서 힘있게 구해주는 신을 만나면 사자는 생하고 촉자는 영하며 또 혹 비록 수하나 일생 불우하고 혹 요를 만났지만 다병이 끊이질 않는 것은 모두 운 때문이다. 인명을 살펴보건대 부귀빈천은 맞는 경우가 아주 많으나 수요에서는 맞아 떨어지는 경우가 비교적 적으니 이는 대개 한 생각의 선함이 정연(廷年)하게 하고 한 가지의 악한 일이 족히 수를 재촉하게 하니 만일 명의 생과 영만을 믿고서 악한 일을 많이 하거나 명이 사와 촉됨을 알아도 넓게 음덕을 쌓으면 명이 좋더라도 오래 살지 못하며(전자의 경우) 명이 나쁠지라도 일찍 죽지 않을 것이다. (후자의 경우) 구구한 팔자간지가 어찌 도를 담아내기에 족하겠는가?」

⑹ 부귀 · 길흉 · 빈천 · 수요의 총설

술가(術家)들이 간명(看命)할 때 반드시 어떤 국이 귀하며 어떤 국이 부(富)한지, 또 어떤 국은 길하며 어떤 국은 수한지와 어떤 국이 빈천 · 흉요한지를 취해야 하는데 도리에 어긋나지 않았는데도 왕왕 맞기도 하고 안 맞기도 한 경우가 있다. 즉 국이 마땅히 귀해야 하는데 부(富)하거나 국이 마땅히 부해야 하는데 귀한 경우는 부귀가 다 한 가지로 아름다운 것이므로 족히 맞는다고도 볼 수 있고, 국이 마땅히 천해야 함에도 빈하거나 국이 마땅히 빈해야 함에도 천한 경우도 빈천이 아울러 불미(不美)한 것이므로 역시 족히 맞아떨어진 것으로 볼 수 있으니 길수부귀는 아울러 맞는다고 볼 수 있고, 흉요빈천도 역시 두루 아울러 맞는다고 볼 수 있어 부귀와 흉요, 빈천과 길수도 역시 초록은 동색이니 맞는다고 볼 수 있다.

그러므로 지금 부귀길수의 모두 상국(上局) 육십(六十)으로 나열하고 빈천흉요도 모두 하국(下局) 육십(六十)으로 나열하겠다. 인명이 상국에 합함이 많으면 아름다움을 갖추고 합함이 적으면 그 다음이며 하국에 합함이 많으면 궁(窮)하고 흉하며 합함이 적으면 그 다음이다. 만약 이렇게 정해놓지 않는다면 어떻게 추명(推命)할 수 있겠는가? 법은 마땅히 상하 제국으로 취하되 흉중(胸中)으로 여러 도리와 사리에 정통하여 고인(古人)의 명으로 증명해보고 오늘날의 명으로 배우면 서로 맞아떨어짐이 투철하여서 정한 이치에 나온 대로 누가 부귀한지, 누가 길수한지, 누가 빈천한지, 누가 흉요한지를 나누지 못함이 없을 것이다.

★ 부귀길수제국(富貴吉壽諸局)

일주랑건(日主朗健)	약일봉생(弱日逢生)	정관패인(正官佩印)
정관득록(正官得祿)	정관어인(正官馭刃)	재관양왕(財官兩旺)
순살유제(純殺有制)	독살승권(獨殺乘權)	살인상생(殺印相生)
살인상보(殺刃相輔)	신살양정(身殺兩停)	식살양정(食殺兩停)
재자권살(財資權殺)	거관유살(去官留殺)	거살유관(去殺留官)
재인상재(財印相濟)	영인무상(令印無傷)	왕재성국(旺財成局)
왕식생재(旺食生財)	상관용재(傷官用財)	상관용인(傷官用印)
인상상보(刃傷相輔)	종관관왕(從官官旺)	종살살왕(從殺殺旺)

종재재왕(從財財旺)	종식유재(從食有財)	종상유재(從傷有財)
합화무파(合化無破)	일행득기(一行得氣)	양신무잡(兩神無雜)
암충득용(暗沖得用)	암합득용(暗合得用)	오행체생(五行遞生)
이덕부신(二德扶身)	이덕부관(二德扶官)	이덕화살(二德化殺)
이덕부인(二德扶印)	이덕부재(二德扶財)	이덕부식(二德扶食)
이덕화상(二德化傷)	일주좌귀(日主坐貴)	관성우귀(官星遇貴)
살성우귀(殺星遇貴)	인수우귀(印綬遇貴)	재성우귀(財星遇貴)
식신우귀(食神遇貴)	월장부신(月將扶身)	월장부관(月將扶官)
월장화살(月將化殺)	월장부인(月將扶印)	월장부재(月將扶財)
월장부식(月將扶食)	월장화상(月將化傷)	길신우마(吉神遇馬)
흉인봉공(凶刃逢空)	수목상함(水木相涵)	목화교휘(木火交輝)
금수쌍청(金水双淸)	금목상성(金木相成)	수화기제(水火旣濟)

★ **빈천흉요제국**(貧賤凶夭諸局)

일주부흉(日主扶凶)	주왕무의(主旺無依)	정관파손(正官破損)
관다무인(官多無印)	관약무재(官弱無財)	관경인중(官輕印重)
살중신경(殺重身輕)	살다무제(殺多無制)	살경제중(殺輕制重)
관살혼잡(官煞混雜)	인수피상(印綬被傷)	만국인수(滿局印綬)
만국비겁(滿局比劫)	탐재괴인(貪財壞印)	효신탈식(梟神奪食)
재다신약(財多身弱)	재부악살(財扶惡殺)	재조충겁(財遭沖劫)
식다무재(食多無財)	상다무재(傷多無財)	상다무인(傷多無印)
상관견관(傷官見官)	인성중첩(刃星重疊)	인성봉충(刃星逢沖)
녹신충파(祿神沖波)	종관부진(從官不眞)	종살부진(從殺不眞)
종재부진(從財不眞)	종식부진(從食不眞)	종상부진(從傷不眞)
화국피파(化局被破)	일행피극(一行被剋)	양신피혼(兩神被混)
암국파손(暗局破損)	암관전실(暗官塡實)	만국형충(滿局刑衝)
다합기반(多合羈絆)	삼형파길(三刑破吉)	삼형조흉(三刑助凶)
만국역마(滿局驛馬)	만국공망(滿局空亡)	만국겁살(滿局劫煞)
겁살파길(劫煞破吉)	겁살조흉(劫煞助凶)	관락공망(官落空亡)

인락공망(印落空亡) 재락공망(財落空亡) 식락공망(食落空亡)
귀락공망(貴落空亡) 연월대충(年月對沖) 월일대충(月日對沖)
일시대충(日時對沖) 오행괴려(五行乖戾) 오행편고(五行偏枯)
목화조열(木火燥熱) 화토혼탁(火土混濁) 수목부침(水木浮沈)
금수한응(金水寒凝) 수화교전(水火交戰) 금목상전(金木相戰)

3) 이우전

근현(近賢) 이우전(李雨田)이 말하기를「명을 보는 방법에는 크게 중요한 세 가지가 있다. 첫째 시를 얻었는가, 둘째 세를 얻었는가, 셋째 지를 얻었는가이다. 이 세 가지는 어느 하나를 중시하여 다른 것을 소홀히 할 수 없으니 일주(日主), 용신(用神), 기신(忌神)을 막론하고 모두 이와 같이 본다. 만약 일주가 득시(得時)하고 용신이 득세(得勢) · 득지(得地)하는 것, 혹은 일주가 득세하고 용신이 득시 · 득지하는 것, 혹은 일주가 득지하고 용신이 득시 · 득세하는 것이 지지의 배합이 균정(均整)하면 반드시 부귀하거나 혹은 장수할 것이다.

반대로 일주가 실시(失時) · 실세(失勢) · 실지(失地)하고 기신이 득시 · 득세 · 득지하는 것은 편고(偏枯)함이 태과(太過)하여 그 빈천과 요절을 의심할 여지가 없다. 이러한 이치를 밝히면 능히 한 가지를 들어서 세 가지를 돌이켜 아는 것이 어렵겠는가! 이에 다시 부귀, 빈천, 수요의 곤고(困苦)함과 형통(亨通)함에 대한 판단법을 예시하면 아래와 같다.

1일주
- 강 — 봉왕재 逢旺財
- 약 — 봉왕조 逢旺助
- → 필부 必富

2일주
- 강 — 봉왕극 逢旺剋
- 약 — 봉왕생 逢旺生
- → 필귀 必貴

일주	강약	봉(逢)	결과
3일주	강	봉 조 逢 助	필빈 必貧
	약	봉 극 逢 剋	
4일주	강	봉왕생 逢旺生	필천 必賤
	약	봉왕설 逢旺洩	
5일주	강	봉 설 逢 洩	필수 必壽
	약	봉 생 逢 生	
6일주	강	봉왕조 逢旺助	필요 必夭
	약	봉왕극 逢旺剋	
7일주	강	봉 생 逢 生	필곤 必困
	약	봉 재 逢 財	
8일주	강	봉 극 逢 剋	필형 必亨
	약	봉 조 逢 助	

이상에서 생(生)은 생아자(生我者)로 정인(正印) · 편인(偏印)을 지칭하는 것이고, 재(財)는 아극자(我剋者)로 정재正財 · 편재偏財를 지칭하는 것이고, 극(剋)은 극아자로 정관正官 · 칠살七煞을 지칭하는 것이고, 설(洩)은 아생자(我生者)로 상관傷官 · 식신

食神을 지칭하는 것이고, 조(助)는 조아자로 비견比肩 · 겁재劫財를 지칭하는 것이다. 이것은 오행의 항상(恒常)되는 이치를 논한 것으로 기타 종화격(從化格)이나 변격(變格)은 이 예에 해당하지 않는다. 법은 비록 간단하고 쉽지만 실재 각 서적을 참고하고 평상시 체험하고 얻은 것으로 배우는 자가 만약 반복하고 자세히 살핀다면 명을 보고 용신을 취하는 것에 대하여 귀천과 길흉을 결단하게 될 것이니 스스로 가히 그 대략을 얻을 수 있으리라!」

4. 청탁론(淸濁論)

1) 청탁론 1

『적천수(適天髓)』-「하나의 맑은 기운이 도달한 곳에는 정신이 있고 그것을 취하여 관장하면 평생 동안 부귀가 진실할 것이다. 맑고 혼탁한 것에서도 맑은 것을 구하여 그 맑은 것을 얻으면 깨끗해지니 때가 되면 차가운 한곡(寒谷)에도 봄이 돌아오게 되는 것이다.」

(1) 유백온 주(劉伯溫 註)

「청이라는 것은 하나의 기운으로 국을 이루는 것만을 말하는 것이 아니니 예를 들어 정관격에 신왕하면 재성이 있어야 하고, 신약하면 인성이 있어야 한다. 아울러 상관, 칠살이 그것과 섞임이 없으면 비록 비견, 식신, 재, 살, 인수가 그것과 섞이어 있다 하더라도 모두가 차례대로 돌아가면서 마땅함을 얻으며 잘 정돈되어 있으면 편안함을 얻을 것이요, 혹 한신(閑神)이라 하더라도 와서 국을 파(破)하지만 않으면 그것도 청하고 기이한 것이요, 더욱이 중요한 것은 정신이 있어야 하는 것으로 편고하여 약하지 않으면 아름다운 것이다. 탁이라는 것은 오행이 모두 나와 있다고 말하는 것이 아니니 만약 정관격에 신약하면서 살(殺)이 섞였든지 재성이 섞였든지 식신이 섞였으면 일주의 관성을 손상시킬 수 없고 반대로 관성과 함께 불화하게 되는 것이다.」

만약에 인수가 그것들과 섞여 있으면서 일주를 돕는 것이 불가능하고 오히려 재성과 서로 다투어 손상을 입으면 모두가 탁이라고 한다. 혹 하나의 유력한 신(神)을 얻거나 혹 행운에서 탁한 기운을 제거하거나 그 체기(滯氣)를 충하는 이 모두가 맑고 탁한 것에서 청한 것을 구하는 것이니 부귀의 명이라고 할 수 있다.

(2) 임철초(任鐵樵)

「명에서 가장 어려운 판별이 청탁(淸濁) 두 글자라 할 수 있다. 이 장에 중요시하는 바는 '징탁구청(澄濁求淸)' 네 글자라 할 수 있다. 청하고 기가 있으면 정신을 충분히 관통하고, 청하나 기가 없으면 정신이 메마르고, 정신이 메마른 즉 사기(邪氣)가 들어오며, 사기가 들어온 즉 청기가 흩어지고, 청기가 흩어진 즉 가난하지 않으면 천할 것이리라!

청탁이라는 글자는 팔자에 모두 있는 것으로 정관 같은 하나를 논하는 것이 아니다. 만약 정관격에 신약하고 인수가 있으면 재성을 꺼리니 재성이 보이지 않으면 청한 것을 가히 알 수 있으리라!

재성이 있다고 해서 탁이라고 논하는 것은 옳지 못하다. 모름지기 그 정세를 관찰하는 것이 가장 중요한 것이니 재와 더불어 관이 함께 있거나 관과 더불어 인수가 함께 있거나 인수와 더불어 일주가 함께 있으면 재생관(財生官)하고 관생인(官生印)하며 인생신(印生身)하니 인(印)의 근원이 아주 긴 것이라 할 수 있다. 운에 이르러 다시 그 인수를 도우면 자연 부귀할 것이다.

재성이 없다고 해서 청이라고 논하는 것은 옳지 못하다. 역시 그 정세를 살펴야 하니 혹 인성이 기가 없어 관성과 통하지 않거나, 혹 인성이 태왕(太旺)하고 일주가 아주 메마르고 약하여 인성을 생(生)을 받지 못하거나, 혹 관성이 일주에 붙어 있는데 인성은 멀리 떨어져 있으면 일주는 관의 제(制)를 받으나 인성의 생을 받지 못하는데 행운에서 재관을 만난 즉 가난하지 아니하면 요절할 것이다. 만약 정관격에서 신왕하면 재를 기뻐하나 꺼리는 것은 인수요, 상관은 그 다음이라 할 수 있으니 역시 그 정세를 살펴야 하는데 만약 상관과 재성이 붙어있거나, 재성과 관성이 붙어있거나, 관이 비견과 붙어있어도 관성은 장애가 없을 뿐만 아니라 게다가 상관이 겁재를 화(化)하여 재를 생하고, 재성은 관을 생하여 왕하게 하니 관의 근원이 아주 긴 것이라 할 수 있다.

운에 이르러 다시 재관의 지지를 만나면 명리가 모두 갖추어진 것이라 할 수 있다. 만약 상관과 재성이 멀리 떨어져 있고, 도리어 관성과 붙어 있다면 재성은 위력(爲力)

을 발휘하기 어려우니 행운에 이르러 다시 상관의 지지를 만나는 즉 가난하지 않으면 천할 것이다. 만일 상관이 천간에 있고 재성이 지지에 있으면 반드시 천간 재운에 풀어지고, 상관이 지지에 있고 재성이 천간에 있으면 반드시지지 재성에서 통할 것이요, 혹 재관이 함께 붙어 있고 재신이 합신에 묶여 있거나 혹은 한신에 의하여 겁점(劫占, 비겁하게 소유함)당하고 있을 경우 세운에서 그 합신을 충하거나 그 한신을 제압하는 이 모든 것을 '징탁구청(澄濁求淸)'이라 한다.」

비록 정관을 들어 논하였지만 팔격(八格)이 다 이와 같은 이치이다. 결론적으로 희신은 득지하고 생을 만남이 좋고, 일주와 함께 붙어 있는 것은 더욱 좋다고 할 수 있다. 기신은 실세하고 휴수(休囚)된 것이 좋고, 일주에서 멀리 떨어져 있는 것이 더욱 좋다고 할 수 있다. 일주가 인수를 기뻐할 때 인수가 일주에 붙어 있거나 혹 일주의 아래에 있으면 이것이 즉 일주의 정신이라고 하는 것이다. 그리고 관성이 인성에 붙어 있거나 또는 아래에 관성이 있으면 이것은 즉 인수의 정신이라 하는 것이다. 다른 것도 다 이와 같이 추리하여야 할 것이다.

⑶ 서락오(徐樂吾)

「소위 청이라는 것은 하나의 기운에서 생성된 것이 아니니 사위(四位)가 순수하고 온전함을 이르는 것이다. 청탁의 관건은 배합에 있으니, 만약 간지가 순수 두 글자에 부합되어 상하좌우의 정(情)이 화합하고 기가 협동하면 사주배합이 알맞고 마땅한 것으로 용신이 수요에 부합된 즉 국의 정세가 청순한 것이라고 하지 않을 수 없다. 그렇지 않은 즉 편고하고 잡란한 것이다. 일청도저(一淸到底)라는 것은 가령 연·월·일은 청순한 조건에 부합되지만 시가 혼란하면 원래는 맑은 것인데 흐르면서 탁해지는 것과 같다. 월·일·시는 청순한 조건에 부합되지만 年이 혼란하면 원래는 탁한 것인데 흐르면서 맑아지는 것과 같다. 전국(연월일시)이 청순한 것이 즉 일청도저인 것이다. 하나의 맑음이 도달한다는 것은 일종의 정신을 스스로 갖추는 것으로 부귀와 장수의 징후이다.

징탁구청이라는 것은 전국이 혼란함에도 한 두 점의 길신이 있으면 건곤(乾坤)의 역량을 전(轉)하여 베풂이 있어 전국이 탁해짐으로 하여금 전환하여 청함을 이루게 하는 것이니 역시 일종의 정신이라 할 수 있을 것이다. 한곡회춘(寒谷回春)이라는 것은 기후와의 조화이다. 금수가 관을 기뻐한다는 것뿐만 아니라 겨울에 수목토금이 나면 이 모두가 조후(調候)를 요하게 되는 바 한동(寒凍)의 시절을 만났기 때문이다.」

그러나 시에 한 점이라도 양화(陽和)한 기운을 얻게 되면 이에 추운 계곡에 봄이 왔다라고 하는 것으로 역시 일종의 정신이라 할 수 있다. 징탁구청은 물이 맑아지는 것에 이르는 것을 요하는 것이여, 한곡회춘은 운정(運程)에서 득지함을 요하는 것이니 역시 부귀장수의 징후이다.

2) 청탁론 2

『적천수』 – 「사주에 탁기가 가득하면 사주의 주인으로 하여금 고통을 갖게 하고 하나의 형국만이 청고(淸枯)하여도 또한 고통스러운 사람이 된다. 반은 탁하고 반은 청한 것은 오히려 잘될 수 있으나 많이 이루고 많이 패하면서 세월이 흘러간다.」

(1) 유백온 주

「사주 가운데에서 청기가 나오지 않음을 살피게 되고, 행운에서는 또한 탁기를 제거할 수 없다면 반드시 빈천하게 될 것이다. 만약에 청하더라도 또한 정신이 있어야 묘한 것인데, 마르면서 약하고 기가 없으며 행운에서 또한 생발(生發)할 수 있는 지지를 만나지 못하면 역시 청하지만 고생스러운 사람이다. 탁기를 또한 제거하기 어렵고, 청기 또한 진실되지 못하며, 행운에서도 또한 청기를 만나지 못하고, 또한 탁기를 벗어나지 못하면 비록 성패가 한결같지 않다 해도 역시 이대로 삶을 마치게 될 것이다.」

(2) 임철초

「탁이라는 것은 사주가 혼잡함을 이르는 것이다. 혹 정신(正神)이 실세하여 사기가 힘을 얻은 것을 기의 탁이라 한다. 제강(提綱)이 파손되어 별도의 용신을 구하면 이것을 격국의 탁이라 한다. 관왕(官旺)하면 인성을 좋아하는데 재성이 인성을 파괴하면 이것을 재성의 탁이라 한다. 관이 쇠(衰)하면 재를 좋아하는데 비겁이 쟁재(爭財)하면 이것을 비겁의 탁이라고 한다. 재왕하면 겁재를 좋아하는데 관성이 겁재를 억제하면 이것을 관의 탁이라 한다. 재가 경하면 식상을 좋아하는데 인수가 당권(當權)하면 이것을 인수의 탁이라 한다.

신강 살천(殺淺)한데 식상이 득세하면 이것을 식상의 탁이라 한다. 그 용도에 따라서 나누어 명리(名利)의 득과 실을 판단하게 되는 것인데, 육친의 좋고 나쁜 것은 증험되지 않음이 없다. 그러나 탁이라는 것과 청고 두 글자는 마땅히 잘 자세히 살펴 변별해야 하는데 차라리 청한 가운데 탁할지언정 청하면서 말라버리는 것은 좋지 않다. 대저 탁이라고 하는 것은 비록 성패(成敗)가 일정치 않고 험조(險阻)함이 많으나 혹 행운에서 얻는 바로서 탁기를 제거하면 발복의 기틀이 일어난다 할 수 있으나 만약 운에서 또 편안하게 해주는 것이 없다면 이에 곤란할 따름이다. 청고라는 것은 특히 일주의 무근(無根)을 말하는 것만은 아니니 즉 일주는 기가 있으나 용신이 기가 없는 경우도 역시 그러한 것이니, 고(枯)는 약한 것에 비할 바가 아니다. 고(枯)란 뿌리가 없어서 썩어버리는 것을 말하는 것이니 즉 도움을 받는 운을 만나더라도 역시 생발하지 못하는 것이다.

약은 뿌리가 있지만 어린것을 말하는데, 이러한 경우에는 부(扶)하게 하면 생발하게 될 것이고 조(助)하게 하면 왕하게 될 것이니 뿌리가 있으면 싹이 있는 쪽이 먼저라고 하는 뜻이다. 무릇 명에서 일주가 메말라 버린다면 가난하지 않으면 요절을 하게 되고, 용신이 메말라 버리면 가난하지 않으면 고독할 것이니 청하고 정신이 있으면 종국에는 반드시 발달하게 되고, 편고하고 기가 없으면 외롭고 가난하다고 판단한다.」

사주 전체가 모두 탁기로 넘친다면 오로지 운을 봐야 하는데, 탁을 억제해주고 청을 도와준다면 형통하게 되니 시험해보면 증험함이 있을 것이다.

(3) 서락오

「순수(順遂) · 정수(精粹)는 청이고 괴패(乖悖) · 혼란(混亂)은 탁이다. 일주를 생해주는 시령을 만나지 못하면 용신 또한 시령을 타지 못하게 되는 것으로 사주배합에 있어 수요(需要)에 부합되지 않아 가까스로 모여 합하게 되니 상호간에 지키고 보호해주는 유정함이 없다. 무릇 이러한 종류는 모두가 탁이라 할 수 있다. 고라는 것은 기세가 편고한 것이니 희용이 무정한 것이요, 생육(生育)의 뜻이 모자라는 것이다. 대체로 탁이라는 것은 배합이 마땅치 않은 것에서 말미암은 것이요, 고라는 것은 기세가 편고함에서 말미암은 것이니 청고의 상은 청의 종류이다. 자세히 살피면 한쪽으로는 유정이요, 다른 한쪽으로는 무정의 구별이 생기는 것인데 청은 유정한 것인 고로 정신이라 하는 것이고 고는 무정한 것인 고로 정신이라 할 수 없다.

무릇 팔자가 탁하면 보잘것없는 사람에 불과하나 때가 되어 좋은 운이 오면 야생의 풀과 꽃이 봄을 만난 것과 같으니 무성하게 자라는 기쁜 뜻이 있다. 팔자가 편고하면 운도(運途)가 대체로 겨우 한 길로 가는 것과 같으니 운의 도움도 없을 경우 요절하지 않으면 빈천하는 외롭고 괴로운 명이다. 팔자에는 청하면서 고한 것이 있고, 탁하면서 고한 것이 있으니 탁하면서 고한 것은 다시 취할 바가 없으니 종신토록 곤고한 지경에 이르게 된다. 반은 탁하고 반은 청한 것은 팔자배합에 결함이 있는 것인바 조건의 수요에 합치하지 못한 것으로 혹 투출(透出)하는 것과 투출하지 못하는 것, 암장(暗藏)되어 있는 것과 암장되어 있지 않은 것이 있는데 소위 탁한 가운데 청한 것이요, 청한 가운데 탁한 것이다. 이러한 종류의 팔자는 사회에서 가장 많이 보이는 것으로 천하에 차고 넘치니 순수하고 정수한 명조는 몇 명이나 있겠는가?」

다성다패(多成多敗)자는 영예와 치욕에 관계없는 성패라고 말할 수 있겠다.

5. 진가론(眞假論)

1) 진가론1

『적천수』 – 「월령 위에서 진신(眞神)을 찾아 취하는 것이 진신이고, 가신(假神)은 진신을 어렵게 하는 것을 그만두어야 한다. 진신을 용신으로 얻으면 평생이 귀할 것이고 가신은 종신토록 보잘것없는 사람으로 만든다.」

(1) 유백온 주

「목화로 투출(透出)된 자가 인월에 태어나면 진기를 얻은 것이니 금수의 난립이 필요하지 않다. 진신을 용신으로 할 경우 기신으로부터 해를 안 받으면 귀하게 된다. 금수가 미쳐 날뛰어 섞여 있으면서 금수를 용신으로 하는 경우 이러한 때에는 금수가 득령(得令)을 하지 못한 것이고 또한 목화와도 화목하지 못할 것이니 결국은 구차하고 격렬한 사람이 된다고 하는 것이다.」

(2) 임철초

「진이라는 것은 월령을 얻은 것을 말하고, 가라는 것은 월령을 잃어서 물러난 것을 말한다. 말하자면 일주의 소용되는 신(神)이 월령에 있고 또 천간에 투출이 되어 있다면 진기가 모여 있는 것이라고 하는데, 가신에게 파손이 되지 않는다면 일생 부귀를 보장할 것이다. 비록 가신이 있다고 해도 적절하게 배치되어 있어서 진신과 바짝 붙어서 싸우지 않거나, 혹은 한신에게 합을 당해서 사라지거나 혹은 멀리 떨어져서 무력하다면 해로울 것이 없다. 만약 진신과 바짝 붙어있거나 혹은 서로 극하고 충하거나 혹은 진신이 합거(合去)되고 기신으로 화(化)하기라도 한다면 일생 변변치 않게 살아간다. 만약 운에서 도움을 줘서 가신을 눌러주고 진신을 도와준다면 또한 작은 공명(功名)이라도 얻을 수가 있는데, 자신의 강녕(康寧)함도 얻을 수 있다. 그러므로 희신은 마땅히 생왕(生旺)해야 하고 기신은 사절에 머물러야 하는데, 국에 진신을 보면 운에서 풀어주는 신을 보아야 한다.」

2) 진가론 2

『적천수』 – 「진신과 가신이 섞여 있으면 분별하여 이야기하기가 어렵고, 밝지도 어둡지도 않으면 머뭇거림만 받을 것이다. 제강이 진신과 더불어 빛을 받지 못하면 운이 흐르는 곳에나 암처(暗處)에서라도 진신을 찾아야 하니 이 또한 진(眞)이라 한다.」

(1) 유백온 주

「진신이 득령하였으나 가신이 득국(得局)을 하여 많은 가신이 무리를 이루거나, 가신이 득령하였으나 진신이 득국을 하여 많은 진신이 무리를 이룰 때는 진신과 가신의 자취가 보이지 않는다. 혹 진신과 가신이 모두 득령하고 도움을 받으면 섞여서 차이나는 것과 이기고 지는 것을 판별하기 어려우니 비록 그 사람이 큰 화는 없더라도 일생을 머뭇거림과 막히는 일이 많으면서 편안하고 즐거운 일은 적을 것이다. 인월에 태어난 사람이 목화가 투출하지 않아서 할 수 없이 투출된 금(金)을 용신으로 하는 경우 이것을 제강(提綱)이 비춰주지 않는다고 하는 것이다. 사축암격(巳丑暗激)을 만나면 무토가 돌아와 생하는 것과 같은 것이며 지지에서 많은 묘목과 유금이 충을 하여도 을경이 암화(暗化)를 하고 운의 흐름이 서방이라면 역시 진신이 있다고 하고 또 혹시 복이 발할 수 있게 된다.」

이상은 진신과 가신의 특별한 한 면을 예를 들어 이야기한 것이고 그 회국에서 합신에 의하여 종화되는 것, 용신의 쇠왕함과 정세(情勢), 상격(象格) · 재덕(才德) · 사정(邪正) · 완급(緩急) · 생사 · 진퇴가 예가 되며 진신과 가신이 없는 데가 없으니 가장 마땅한 것은 자세히 살펴서 그것을 분별하는 것이다.

(2) 임철초

「기에는 진가가 있으니 진신이 실세(失勢)를 하면 가신은 득국을 하게 된다. 그러면 이치로는 마땅히 진으로써 가를 삼게 되고, 가로써 진을 삼게 된다. 기에는 선후도 있어 진기가 아직 도달하기 전에 가신이 먼저 오기도 하니 이때에는 마땅히 진으로써 가를 삼게 되고, 가로써 진을 삼는 것이다. 예를 들어서 인월에 태어난 사람이 갑목이 투출되지 않고 무토가 투출되며 연 · 일 · 시지에서 진술축미 등이 있다면 또한 용신으로 쓸 수가 있는 것이다. 만약 무토가 투출되지 않고 금이 나와 있다면 곧 목화가 당령을 한 상황이라면 연 · 일 · 시지에 혹 신금이 있어서 인목을 충하거나 혹은 유축이 금으로 합(合)되어 있거나 혹 천간에 무기토가 있어서 금을 생해 줄 경우 이를 일러서 진신은 세력을 잃고 가신은 국을 이룬 것이니 또한 용신을 삼을 수가 있다고 하는 것이다. 사주에서 진신이 부족하고 가신의 기운도 허한 상황에서 일주는 가신을 사랑하고 진신을 미워할 경우에, 세운에서 가신을 돕고 진신을 누르면 또한 발복이 가능한 것이다. 만약 세운에서 진신을 돕고 가신을 극한다면 그 흉함을 그 자리에서 보게 될 것이니, 이를 일러서 '실은 허가 되고, 허는 실이 되었다'고 한다. 이것은 마치 의사가 인삼과 복령이 능히 사람을 살리는 줄은 알면서도 이것이 사람을 해롭게 한다는 것은 모르는 것과 같고, 비상이 능히 사람을 죽이는 것만 알고 비상도 사람을 구할 수 있다는 것은 모르는 것과 같다.

사람이 병이 있어서 약을 먹으면 곧 살아나지만 병이 없으면서 약을 먹으면 바로 죽어버리는 것이다. 또한 운명의 귀하고 천함이 한가지로 같지 않고, 사악하고 정직함도 역시 같지 않다. 동하고 정한 가운데에 진가의 자취는 늘 있는 것이다. 격국에도 진가가 있으니 용신에는 어찌 진가가 없겠는가. 대저 편안하고 부모의 덕이 많으며 뜻을 잘 이루는 사람 중에는 진신을 용신으로 삼은 자가 많고, 스스로 창업하고 가문을 세우며 고생이 많고 편안함이 적은 사람 중에는 가신이 국을 이룬 채로 사는 사람이 많고, 혹은 진신이 손상을 받은 경우도 있다.」

이어 받은 것은 적고 스스로 벌은 것은 많은 사람이나 어수선하게 복잡한 사람은 진신이 부족한 경우가 많고, 일생에 흥망이 극심하고 세상살이가 기구한 사람은 진신이 부족한 상태에서 사는 사람이 많으니 자세히 연구해보면 맞지 않음이 없다.

(3) 서락오

「진가란 무엇인가? 모름지기 한 가지로 일관하여 연구하여야 할 문제이다. 임씨(任氏)는 득시병령(得時秉令)은 진신이라 하였고 실시퇴기(失時退氣)는 가신이라 하였는데 이는 그렇지 않음이 확실하다. 득시병령을 진이라 할 때 월령의 신이라는 것은 아주 쉽게 분별하여 알 수 있으나 어떻게 '진가가 어지러이 섞여 분별하기 어렵다'라는 구절이 있고, 이에 원주 또한 '가신이 월령을 얻고, 진신이 국을 얻어 당을 이룬 것은 진가의 자취를 보기 어려우니 혹 진가가 모두 득령 · 득조한 것인가'라는 구절은 어찌 궁구하여 해석할 것인가? 용신을 취하는 법은 먼저 월령을 구하고 월령이 무용하면 다른 지지를 구별하여 취한다. 명조 가운데 월령용신이 10에 6~7을 차지하면 귀함에 구족(具足)되는가? 하물며 밝혀 말하건대 '영상심진(令上尋眞)'에서 '심'자 하나를 세밀하게 살피면 월령의 신과 진신이 이에 비슷한 것 같으면서도 다르다는 것을 볼 수 있다.

저의 의견으로 말하자면 진신은 일주의 수요에 부합하여야 하니 진정한 득용지신(得用之神)은 십간으로 12개월 가운데 있게 되니 희용지신이 되는 바이다. 봄에 나무는 화로서 진신을 삼고, 여름의 나무는 수로서 진신을 삼으며, 가을의 나무는 금으로 진신을 삼고, 겨울의 나무 역시 화로서 진신을 삼는 것이다. 진신을 득용하면 귀하지 않음이 없겠는가? 가신은 비록 일간의 희용이 아니더라도 사주배합 상에 용으로 삼아 취하지 않을 수 없어 가신이라 하는 것이니 갑목이 인월에 생하고 금수가 투출되면 진정으로 기뻐하는 바는 화이지만 사주에 화가 없으면 금수를 용신으로 삼지 않을 수 없으나 일간이 진정으로 기뻐하는 바는 아니다.」

무릇 진신이 득용하는 것은 또한 득시병령하는 것인즉 귀함이 드러나지 않을 수 없다. 혹 부득이하게 가신을 용신으로 삼을 경우에는 비록 배합이 완전하고 아름답다 하더라도 종신토록 고생스러운 사람이다.

또 말하기를 「용신이 가지런하지 못한 것은 가령 경금이 신월에 태어나 정화를 희용으로 삼을 경우 정화는 투간하지 않고 무토와 임수가 투간되면 가신이 득령한 것이리라! 지지가 인오술사미로 회국하면 진신이 국을 얻어 무리가 많게 된 것이니 사주배합에서 응당 정화가 용신이 되나 임수는 용신을 억제하는 것이 되니 이것을 일러 진가가 뒤섞여 분별하기 어렵다고 논하는 것이다.

또한 병화는 임수를 용신으로 삼는 것을 기뻐하는데 해월에 생하여 임갑이 투간하였다면 임은 진신이 되고, 갑은 가신이 되는데 지지에 인신이 모두 보이면 진신과 가신 모두가 득령 · 득조한 것이니 그 승부를 논하지 못하는 고로 유씨(劉氏)가 이르기를 "그 사람이 비록 큰 과오가 없더라도 일생 동안 머뭇거리지 않으면 안락함이 적다."라고 하는 것이다. 다시 국의 배합에 따른다 하더라도 기뻐하는 바가 없으면 역시 어려움이 많은 사람이라고 말할 수 있겠다. 제강은 진신과 더불어 빛을 받지 못한다는 것은 가령 겨울에 태어난 목이 병화를 용신으로 삼음을 기뻐할 때 일시의 지지에 사나 인을 볼 경우 진신은 비록 제강에 있는 것은 아니나 역시 진신이 득용한 것이라 하는 것으로 비추지 않는다 하더라도 월령의 기운을 얻지 못했다고 이르는 것이다. 무릇 진신은 득시병령으로서 귀함을 삼고 조후 · 병약 통관으로서 취용하는 것이니 반드시 득시령지기를 얻지 못했다 하더라도 진신이 아니라고 말하지 못하는 고로 진신은 제강을 흐리게 한다고도 할 수 없다.

암처심진자(暗處尋眞者)는 길신이 암장되어 있다는 것으로 간지 가운데 암장된 한 글자가 건곤(乾坤)의 역량을 발휘할 수 있는 것이니 전국(全局)의 정신은 이것이 떨치고 일어남에 말미암는 것으로 이 신이 바로 진신이다. 유씨의 원주(原註)에서 인월에 태어난 사람이 목화가 투간하지 않고 경금이 투간하였다라고 하였으니 이것은 제강이 비추지 않았다는 것이고 다시 병자 경인 임인 신해라 하였으니 임수가 인월에 태어나 목화가 태다(太多)하면 기가 설기되어 약해지니 온전히 경신의 발수지원(發水之源)만을 믿는 것이요, 이것이 경금이 원신이라는 것이다. 진신은 반드시 월령에 득시병령지신(得時秉令之神)으로 정해지는 것은 아니라는 것을 볼 수 있다.」

무릇 일원(日元)의 수요지신(需要之神)이 월령에 당령하여 왕성한 신은 희신일 수도 있고 기신일수도 있으니 기뻐하는 바이면 진신이고, 꺼리는 바이면 어찌 일률적으로 진신으로 간주하겠는가? 이상에서 말한바 이에 제강을 비추지 못한다는 것이 의미하는 것은 용신이 월령 가운데 있지 않다는 것이니 별도의 다른 주에서 진신을 찾아야 한다.

(4) 진가론 종합

전술한 바에 말미암으면 명리상의 「진신」이라는 것을 알 수 있는데 그 설명은 두 가지이다. 첫 번째는 오행의 득시병령의 신을 가리키는 것으로 가령 인 · 묘월에 토가 강하면 목을 사용하고, 사 · 오월에 금이 강하면 화를 사용하는 것으로 앞에 것은 목으로서 진신을 삼고, 뒤에 것은 화로서 진신을 삼는 것이다. 두번째는 일간의 특수한 수요에 부합하는 오행의 성질을 가리키는 것으로서 가령 동목은 화를 기뻐함에 온난케 하고, 하목은 수를 좋아함에 윤택하게 해주어야 하니, 이 모두 기뻐하는 신으로 진신을 삼는 것이다. 앞에 취용의 설명은 대부분 병약 · 억부 · 전왕에 말미암는 것이고, 뒤에 취용의 설명은 전적으로 조후 혹은 억부 · 병약 · 통관을 취한 것이니 또한 월령의 본기 혹은 지장간(地藏干)의 천간투출(天干透出)에 제한을 두지 않는 것이다.

팔자의 구성은 천변만화하니 만약 월령에서 진신을 취할 경우 이에 천간에 투출하였으면 용신으로 삼아 취하고 또한 충이나 극의 파괴가 없고 행운에서 그 희용이 순(順)하면 이것을 진신으로 득용하는 것이니 당연히 부하고 귀할 것이다. 만약 진신이 시령을 얻지 못하였을 때 조후 또는 겸하여 억부 · 통관 · 병약으로 적용함이 마땅하니 역시 부하고 귀할 것이다. 서씨(徐氏)가 「병약 · 통관으로서 취용하는 것은 시령의 기운을 얻을 필요가 없으나 진신이 아니라고는 말하지 못한다」라고 한 부분에서 보아도 진신과 일반 용신의 차이는 없는 것이리라! 임씨의 서술 중 빠진 것에 대하여서는 가히 보충하여도 확실하게 알기 어려우니 가령 용신이 진신이라 설명한 것은 또한 사람들로 하여금 애매 모호하여 맑지 못한 감을 주는 것을 면치 못할 것이다.

때문에 명리상의 진신과 일반용신은 어쨌든 차이가 있게 되는 것이니, 월령의 본기를 취하여 그 득시병령을 용으로 삼는 것은 그 역량이 비교적 크기 때문에 그 부귀한 기운 또한 비교적 크고, 일간의 특수한 수요로 인하여 조후로서 용신을 취하는 것은 득지 혹은 득세하고 좌우상하가 정이 있고 사이가 좋으면 부귀할 것이요, 또한 남들보다 한 수 높을 것이다. 만약 팔자의 구성이 겨우 억부 통관 병약으로 취용하고 용신 또한 득시병령을 얻지 못하거나 조후의 특수한 수요가 아니면 이것은 일반적인 취용으로 보아야 하니 혹은 부하거나 혹은 귀한 것도 별도의 형세를 취하는 것을 제외하고는 비교적 뒤떨어질 것이다. 그래서 진신을 용신으로 삼음에 있어 용신이 전부 진신은 아닌 것이요, 이것 전체를 반드시 구별할 수 있는 것도 아니다. 만약 그렇지 않으면 진신과 용신은 구분할 수 없게 되니 실재로는 별도 위치의 진신에 대한 설명이 필요 없게 된다.

6. 부귀(富貴)

1) 부명

『적천수』 - 「그 사람이 부귀한 것을 어떻게 알 것인가? 재성의 기운이 문호(門戶)를 통하여야 한다.」

(1) 유백온

「재왕신강한데 관성이 재를 보호하고, 인성을 꺼리는데 재가 능히 괴인(壞印)하고, 인성을 기뻐하는데 재가 능히 관을 생하고, 재성이 중한데 상관이 막혀 있고(인성이 식상을 극하거나, 비겁이 없어서 상관이 생을 받지 못함), 재가 무력한데 재국을 암성(暗成)하고, 재성이 천간에 드러났는데 상관 역시 드러난 것, 이런 것들은 모두 재기가 문호를 통하게 될 것으로 부한 명이다.」

무릇 재를 논하고 처를 논하는 법이 상통하니 현처가 있는데 재물이 박한 자가 있고, 또한 재물로서 부유하나 처가 상한 자가 있는 것은 형충 회합을 살펴야 한다. 단, 재신이 청하고 신왕한 자는 처가 아름답고, 재신이 탁하고 신왕한 자는 집안만은 부하다.

(2) 임철초

「신왕하고 재가 약한데 관성이 없다면 반드시 식상이 있기를 요하고, 신왕하고 재왕한데 식상이없는 자는 반드시 관살이 있어야 하며, 신왕하고 인성이 왕한데 식상이 약하다면 재성으로 국을 이뤄야 하고, 신왕하고 관은 쇠약한데 인성이 중첩된다면 재성이 당령을 해야 하며, 신왕하고 겁재도 왕한데다가 재성과 인성의 기운도 약한데 식상이 있거나, 신약하고 재성이 많은데 관성과 인성이 없는 상태에서 비겁이 있는 경우 등은 모두 재성의 기운이 문호를 통한 것이다. 재성은 또한 처가 되기도 하니 함께 봐도 되겠다. 만약 청하다면 처가 아름다울 것이고, 탁하다면 집안이 부자라고 하는데, 그 이치는 비록 바르지만 오히려 깊은 논리가 되지는 못한다.

만약 신왕한데 인성이 있어서 관성을 설기(泄氣)할 적에 사주에서 식상이 보이지 않으면 재성을 용해서 관을 생하는데, 식상도 없고 재성도 또한 약하다면 그의 처는 아름다우나 재물은 적다고 본다. 신왕하고 인성이 없는데 관도 약하고 상관까지 있는 상태에서 재성을 얻어 상관을 화하고 관성을 생하고 또 재성도 통근이 되고 관성도 도움을 얻으니 (이렇게 되면) 특히 처가 아름다울 뿐만 아니라 재물도 두터운 것이다.」

신왕하고 관이 약한데 식상이 많이 보이더라도 재성이 관과 통하지 못하면 비록 부자라고 하더라도 처는 반드시 누추할 것이다. 신왕하고 관성이 없는데 식상도 생기가 있고, 재성은 겁재와 서로 만나지 않고, 인성도 없다면 처와 재물이 모두 아름다울 것이고, 인성이 있다면 재물은 많아도 처가 손상될 것이니 이 네 가지는 잘 연구해 보는 것이 좋겠다.

⑶ 서락오

「각종의 격국은 모두 성패가 있고, 부귀 · 빈천이 있으니 반드시 재로서 용을 삼는 것은 아니나 재성의 기운이 문호에 통하는 것이 부유하지 않을 리 없다. 자평의 법 가운데는 분류 · 확정된, 변하지 않는 간명방법이라는 것은 아직 없다. 동일하게 좋은 격국이 부하기도 하고, 귀하기도 하는 것은 어떠한 사업을 하는지의 여부와 환경 · 인사에 따라 전이되니 가히 확정할 수 있는 것이 아니다. 오직 재성의 기운이 문호에 통하는 한 종류만이 그 부유함이 결정되나 귀한 것은 아니다. 무릇 육친에 있어 부귀 · 빈천 · 길흉의 수요는 모두 이와 같이 본다. 어떤 것을 문호에 통한다고 이르는가? 재성이 당령하고 득기 · 득지하며 배합이 유정한 것이다. 재성이 희용이 되면 확고하게 유정한 것이 된다. 재성이 태왕하면 신은 쇠하는데 원국에 건록이나 비견의 암장이 있으면 역시 유정한 것이요, 운에서도 신왕이 되는 비겁의 방향으로 가면 반드시 부유함에 도달할 것이다.

원주에서 논한 바가 있는 재통문호(財通門戸)는 부귀를 겸한 모양이니 이에 순수한 부격만을 말하는 것은 아니다. 대개 부한 것이 귀한 것은 아니어서 반드시 격을 이룬 가운데서도 약간의 결점은 있으니 귀기가 부족한 것이다. 예를 들면 재성이 태왕하면 일주는 약해지는 것으로 혹 재성이 미약(媚藥)이 되어 힘이 있으면 원국은 대략 병적인 상태를 띠게 되니 부유함을 취하기 부족하나 운에서 그 병을 제거하면 재성이 유정하여져 부유함이 넉넉할 것이다.」

만약 상관이 재를 생하는데 관을 대동(帶同)하는 이러한 것을 귀하다라고 논한다. 귀함으로 인하여 부에 도달하거나 혹은 부함으로 인하여 귀함에 도달하는 모든 것은 부함을 추구한다고 되는 것이 아니니 순순하게 부한 명조는 많이 볼 수 있는 것이 아니다.

2) 귀명(貴命)

『적천수』-「어떻게 그 사람의 귀함을 알 수 있는가? 관성이 이치에 맞게 모이는 것으로 알 수 있다.」

(1) 유백온 주

「관성신왕하고 인수가 관성을 보호할 때 겁재가 기신이면 관성이 충분히 겁재를 제거하던지, 인성이 희신인데 관성이 충분히 인성을 생하거나 재성이 왕하고 관성과 통하여 이르던지, 관성이 왕하고 재성이 유기하던지, 천간으로 나타난 관성이 없는데 암암리에 관성의 국을 이루던지 관성이 암장되고 재성 역시 암장이 되어 있는 이 모두가 관성이 이치에 맞게 모여 있는 것이라 하여 귀하다고 하는 것이다. 무릇 관성과 더불어 자식을 이야기하는 법은 서로가 통하는 것으로 자식은 많은데 관운이 없는 자, 관운은 크게 나타나는 데 자식이 없는 자, 역시 형충 · 회합을 보아야만 하는 것이다.」

단 관성이 청하면서 일주가 왕한 자는 반드시 귀할 것이며 관성이 탁하면서 일주가 왕한 자는 반드시 자식이 많을 것이다. 득상 · 득기 · 득국 · 득격자는 처자와 부귀를 모두 갖추게 될 것이다.

(2) 임철초

「신왕하고 관이 약한데 재가 능히 관을 생하거나, 신약하고 관이 왕한데 관이 능히 인성을 생하거나, 인성이 약하고 관이 왕한데 재성이 나타나지 않거나, 겁재는 왕하고 재성은 약한데 관성이 능히 겁재를 제거하거나, 재성이 인성을 깨는데 관성이 능히 인을 생조하거나, 관을 용신으로 삼았는데 관이 숨어 있을 경우에는 재도 숨어 있고, 인성을 용하는데 인성이 천간에 투출되었을 적에 관도 또한 투출이 된다면 모두 관성이 이치에 맞게 모여 있는 것으로 귀함이 나타나게 된다.

만약 신왕하고 관왕하며 인성 또한 왕하다면 격국이 가장 좋다고 하겠는데 사주에 식상이 한 점도 혼잡됨이 없고 재성 또한 나타나지 않는다면 관성의 마음은 인성을 의지하게 될 것이고, 인성의 정은 다시 일주를 의지하게 될 것이니 다만 본신을 생조하게 되어서 벼슬은 하더라도 자식이 없다고 하게 된다. 비록 식상이 지저분하게 섞여 있고, 인성이 극을 받는다면 자식 역시도 어려울 것이다. 만약 신왕하고 관도 왕하나 인성은 약하다면 식상이 암장되어 관성을 손상시키지 않고, 인성의 극을 받지도 않는다면 자연히 귀하게 되고 자식도 얻게 된다.」

반드시 신왕하고 관이 쇠약한데 식상이 유기하거나 인성이 있으면서도 재성도 인성을 극하거나 재가 운에서 국을 이룬다면 귀하지는 못해도 자식이 풍성할 것이다. 만약 신왕하고 관이 약한데 식상이 왕하고 재성은 없다면 자식이 있어도 반드시 가난할 것이며, 만약 신약하고 관이 왕한데 식상도 왕하며 인성은 없다면 가난하면서도 자식이 없을 것이니 혹 인성이 있고 재성을 만나더라도 같이 보면 된다.

(3) 서락오

「귀한 것은 모두 반드시 관성을 용하는 것이 아니나 관성이 이치에 맞게 모이는 것은 귀하지 않음이 없다. 옛 사람이 명을 논할 때는 전적으로 재관을 중시하여 재관 양자를 희신과 용신으로 보았으니 재는 희신으로 관은 용신으로 삼았다. 이치에 맞게 모이는 것은 득시 · 득지하고 배합이 유정하며 일주의 수요에 적합한 것이다. 무릇 간지가 순수 · 정수하고 기세가 청순하며 희용이 시령을 얻어 생왕의 기운을 가지고 있는 사람은 귀하지 않을 수 없으니, 혹 일주가 득국조원(得局朝垣)하고 용신이 수요에 부합하며 손상이 없는 사람 역시 반드시 귀할 것이다.」

예를 들어 여름에 갈옷을 입는 것과 겨울에 갓옷을 입는 것은 당왕(當旺)한 것으로 귀하나 만약그렇지 않다면 재관인(財官印) 삼기(三奇)를 논하지 않으니 태어남에 탄성하는 때를 면치 못하는 것은 없다. 또한 여름에 갖옷을 입고 겨울에 갈옷을 입는 것과 같은 것은 비록 그 진귀한 물품이 되는 것은 알아도 세속의 무거운 바를 견뎌냄이 없다.

7. 빈천(貧賤)

1) 빈명

『적천수』-「어떻게 그 사람이 가난한 것을 알 수 있는가? 재신이 반대되어 진실되지 않아서 그러하다.」

(1) 유백온 주

「재신이 진실되지 않은 것이라는 것은 설기되는 것뿐만 아니라 비겁에 겁탈을 당하는 것도 마찬가지다. 상관이 경한데 재성이 중하면 그 기가 얕아지고, 재성이 경한데 관성이 중하면 재의 기를 설하는 것이고, 상관은 중한데 인수가 경하여 일주가 약해지고, 재성은 중한데 겁재가 경하여 일주가 약해지는 것이 모두가 재성이 진실하지 못한 것이다. 그 가운데서 한 점의 청기라도 있으면 천하지는 않다.」

(2) 임철초

「재신이 진실되지 못함에도 아홉 가지가 있다고 해야 하겠는데 첫째는 재성이 중하고 식상이 많은 경우, 둘째는 재가 약하여 식상이 반기는데 인성이 왕한 경우, 셋째는 재가 약하고 비겁이 왕한데 식상이 없는 경우, 넷째는 재가 많아서 비겁을 반기는데 관성이 극하는 경우, 다섯째는 인성을 기뻐하는데 재성이 인성을 깨는 경우, 여섯째는 인성을 꺼리는데 재성이 관을 생하는 경우, 일곱째는 재를 기뻐하는데 재가 한신과 합해서 가버린 경우, 여덟째는 재를 꺼리는데 재가 한신과 합해서 재가 되는 경우, 아홉째는 관살이 왕해서 인성이 반가운데 재성이 국을 이룬 경우, 이 아홉 가지는 재성이 올바르지 못한 바른 이치라고 하겠다. 그러나 가난한 자는 많고 부유한 자는 적으니 그래서 가난에도 몇 가지의 등급이 있고 부자에도 또한 몇 가지의 등급이 있다고 하겠으니 그 대략을 알지 못하면 안 되겠다.

가난한 가운데에도 부유한 사람이 있고, 가난하면서도 올바른 사람도 있고, 또 가난하면서 천한 사람도 있으니 마땅히 구분해야 할 것이다. 만약 재가 약하고 관은 쇠한데 식상을 만나고서 다시 인성을 봤거나, 혹은 인성이 반가운데 재성이 인성을 깨는 상황에서 다시 관성이 해소시켜 주는 경우에는 귀하면서도 가난하게 된다. 관살이 왕하고 신약한데 재성은 관살을 생조하는 상황에서 인성이 있다면 말직은 쉽게 얻겠지만 인성이 없다면 늙어도 벼슬이 없게 되니 이러한 것은 맑으면서도 가난하다(淸貧)고 한다. 그리고 모두 올바르다고 한다.

재가 많으면 그 마음에 재를 탐하고자 하고 관이 왕하면 그 마음에 반드시 구하고자 하니 합이 아닌데도 합을 하고 종이 아닌데도 종을 하니, 합해도 화하지 않고 종해도 참되지 않아서 이런 등급의 팔자는 부귀를 보면 얼굴을 바꿔서 아첨을 하고, 재물을 보면 은혜와 의리를 저버리게 되니 이를 일러서 가난하면서도 천하다고 하는 것이다.」

즉 요행히 부자가 되더라도 또한 귀하기는 부족하니 대저 업을 망하고 집안이 깨어지는 사주는 처음에 보면 아름다운 것처럼 보이지만 재관이 함께 아름다운 것도 아니니, 즉 간지가 서로 맑으면서도 살인상생이 되지 못하고 재가 왕지에 앉아 있는 경우가 많다. 재관이 비록 목숨을 길러주고 몸을 영화롭게 하는 것은 사실이지만 반드시 먼저 일주가 왕성하고 나서야 바야흐로 능히 재관을 감당하게 되는 것임을 알지 못하니, 만약 태과하거나 불급하다면 참된 것이 아니니 능히 흩어지고 능히 줄어들게 되니 마침내는 부귀하기가 어려운 것이다. 이러한 격국이 가장 많아 일일이 열거를 할 수도 없을 지경이므로 잘 연구하는 것이 옳겠다.

⑶ 서락오

「재신이 진실하지 않은 아홉 가지는 임씨의 주에서 아주 상세히 말하고 있다. 빈에 대한 부로 말하면 부를 제외하고는 모두 빈한 것이다. 사회에서 부자는 적고 빈자는 많다. 무릇 격국배합의 결점이 있고 또한 좋은 운의 도움이 없으면 지위를 높여 부귀를 취할 수 없으니 하늘 아래 출렁거림이 모두 그러하다.

오직 재신이 진실하지 않은 모양이면 그 마음이 가난한 것이 결정되어 비록 사람들 위에서 귀함에 거한다 하더라도 역시 부유함에 도달하는 것은 가능하지 못하다. 예를 들어 재다신약은 부유한 집안의 가난한 사람이라 칭하니 즉 종격이 되지도 못하고, 용신을 사용할 수도 없으니 결과적으로 앉아서 밥을 먹지 못하고 반드시 재물로 인한 화가 도래하며 비록 부유하다 하더라도 가난해지는 것이 바로 재신이 진실하지 않은 모양이다. 월령 재성이 용이 되나 천간에 투간하여 비겁이 쟁재할 경우 관살의 제겁(制劫)함이 없으면 역시 재신이 진실하지 못한 모양인 것이니 대개 운에서 재가 왕성해지는 것이 마땅하나 재성을 보면 반드시 비겁의 쟁탈을 끌어들이니 영원토록 부유함에 이르는 것이 어렵다.」

그러나 가난한 것은 의식이 흡족치 않은 것이 아니라 비천함에 빠져드는 것을 이르는 것으로 좀사업을 하여 명예가 생기고 어느 정도 상당한 지위가 있어도 재물의 축적됨이 없으면 부유하다고 칭할 수 없는 것이니 대개 재신(財神)이 진실하지 못한 것을 용렬함으로 삼아서는 안 된다.

2) 천명(賤命)

『적천수』-「어떻게 그 사람의 신분이 낮음을 알 수 있는가? 관성이 둘러보아도 보이지 않는 것으로 알 수 있다.」

(1) 유백온 주

「관성이 보이지 않는 것은 월령을 잃은 것 뿐만 아니라 상관의 피해를 입은 것도 마찬가지다. 일주가 경한데 관성이 중하거나, 관성이 경한데 인수가 중하거나, 재성이 중한데 관성이 없거나, 관성이 중한데 인성이 없는 것, 이 모두가 관성이 보이지 않는 것에 해당한다. 그 중에서도 탁한 재성이 하나만 있어도 가난하지는 않을 것이다.」

용신이 무력하고 기신이 지나치게 많은 경우 적으로부터 항복을 받아내지 못한 경우 약한 것을 업신여기고 왕한 것을 돕는 경우 주된 것을 따르는데 마땅함을 잃은 경우 세운에서 돕는 것이 없는 상황이 되면 이미 가난하고 천한 것이다.

(2) 임철초

「부귀한 가운데에도 천하지 않음이 없다고 못할 것이고, 빈천한 가운데에서도 귀함이 없다고 못할 것이나 천이라는 한 글자는 알기가 쉽지 않다. 만약 신약관왕한데 인성의 화함을 용신으로 하지 못하고 도리어 상관으로 강제로 제어하거나, 신약인경한데 관성이 인성을 생조하지 못하고 도리어 재성이 인성을 극하거나, 재중신경한데 비겁으로 일주를 돕지 못하고 도리어 관살이 일주를 구속하는 것, 이러한 격에 합치되는 자는 성현의 밝은 가르침을 망각하고 조상이나 부모의 덕을 쌓음도 생각하지 않고, 그래서 재앙이 생기는 것을 헤아릴 방법이 없으니 그 재앙은 아들이나 손자에게까지 미치게 될 것이다. 만약 신약하고 인성도 약한데 관성이 왕하고 재성이 없거나, 혹은 신왕하고 관이 약한데 재성이 나타나지 않는 사주의 구조라고 한다면 가난한 지경에 처해서도 그 절개를 고치지 않을 것이고, 부귀함을 만나더라도 그 지조를 바꾸지 않을 것이니, 이치가 아니면 행하지를 않고 옳은 것이 아니면 취하지 않을 것이다. 그러므로 알아야 할 것은 부귀를 탐하고 황금의 골짜기를 그리워하는 자는 반드시 한순간에 죽음의 나락으로 나뒹굴게 될것이고, 하나의 표주박을 즐겁게 생각하고 헤어진 옷 한 벌을 달게 여기는 자는 반드시 천년의명성을 남길 것이다. 이것이 바로 세 등급의 관성이 보이지 않는 이치가 되는 것이다.」

만약 관성이 약하고 인성이 중한데 신왕하거나, 혹은 관성이 중하고 인성이 약한데 일간도 신약하거나, 혹은 관성과 인성이 균형을 이루고 일주는 휴수된 경우에는 이를 일러서 상등의 관성이 보이지 않는 자라고 한다. 만약 관성이 약하고 비겁은 중한데 재성이 없거나, 혹은 관살이 중하고 인성이 없거나, 혹은 재성이 약하고 비겁이 중하며 관성은 숨어 있는 상태라면 이러한 경우는 중등의 관성이 보이지 않는 자에 해당한다. 만약 관이 왕해서 인성을 필요로 하는데 재성이 인성을 깨거나, 혹은 관살이 중한데 인성이 없어서 식상으로서 강제로 제하거나, 혹은 관이 많아서 재성을 꺼리는데 재성이 국을 이루거나, 혹은 관성을 기뻐하는데 관성이 다른 글자와 합이 되어서 상관으로 화하거나, 혹은 관성을 꺼리는데 다른 글자가 관성과 합(合)해서 관성으로 화한다면 이러한 사주는 하등의 관성이 보이지 않는 경우라고 할 것이다. 잘 연구한다면 다만 귀하고 천함을 분명하게 알 수 있을 뿐만 아니라 어질고 어리석음도 또한 정확하게 알 수가 있는 것이다.

(3) 서락오

「천한 것에 대한 귀함으로 말하면 지금과 과거의 사람들은 심리가 같지 않으니 전적으로 제압만을 하던 시대에는 오직 관직만이 귀한 것이고, 지금의 지위와 명망은 사회에서 존경받는 바이나 모두가 귀한 것이다. 귀 또한 권세와는 같지 않으니 귀한 사람이 반드시 모든 권세가 있는 것은 아니다. 예전에는 전적으로 관직의 권세가 있는 것으로 귀천을 삼았으나 그 관성을 중시하는 것 또한 진실로 마땅하다. 결론적으로 격국이 청순하고 배합이 적당하며 용신이 득시 · 득지하여 수요하는 것에 부합하면 귀하지 않음이 없고, 반대로 격국이 괴패 · 혼란하고 용신이 실시 · 실지하며 무정 · 무력한 모든 것을 천이라 이르는 것이다.

천한 것은 시령에 따라 명백하게 사용되지 못한 것이니 아주 천하다고 말하지는 않는다. 귀한 사람도 관성을 사용하지 않는 사람이 많으니 관성이 이치에 맞게 모인다는 것은 귀격 중 하나를 이르는 것으로 관성을 보지 않음으로 천함을 삼는 것은 불가하다. 사회상 부귀한 것을 제외하고는 무한한 등급이 있는 것이다.」

예를 들어 격국이 청순하고 희용의 배합 역시 적당하나 유달리 실시失時 · 실지失地하거나 혹은 득시하였어도 국중(局中)에 병이 있고 약이 없는 것은 모두 높은 벼슬을 취하기 어려우니 이러한 종류는 대체로 상인이 많다. 다시 격국이 괴패(乖悖) · 혼란(混亂)하고 희용이 있으나 한신이 견제하며 배합이 무정하면 이러한 것은 하격으로 졸장부에 속하고 사회에서도 명성이 없어 아무도 모르나 이 모두를 천하다고 할 수는 없다. 천 또한 흉과는 같지 않으니 흉은 정처 없이 떠돌아다니다가 곤궁에 빠지거나 재액으로 몰락하니 천은 단지 무관을 통칭하여 이르는 것으로 태어남에 좋은 시간을 만나지 못하면 그 품은 바를 펼치지 못하니 부귀의 명조를 제외하고는 천이라 통하여 이르는 것이다. 일일이 열거할 수는 없다.

8. 길흉(吉凶)

1) 길명(吉命)

『적천수』 – 「그 사람이 길한가는 어떻게 알 수 있는가? 희신(喜神)이 보필하게 되면 길하다.」

(1) 유백온 주

「사주 가운데 희신이 되는 것이 좌우로 처음부터 끝가지 모두가 힘을 얻은 자는 반드시 길하다. 그러므로 대세가 평순하면 안으로 체질이 단단하고 두터우니 설사 한두 개의 기신이 있어 적으로서 공격해 오더라도 나라 안이 화평한 것에 비유되니 바깥의 도둑을 두려워하지 않는 것과 같다.」

(2) 임철초

「희신이란 용신을 보호하고 일주를 돕는 글자이다. 대저 팔자에서는 희신을 필요로 하는데, 용신의 세력이 있다면 일생 동안 길함은 있어도 흉함은 없다고 하겠으니, 그러므로 희신은 길신이라고 이름을 할 수도 있는 것이다. 만약 사주에서 용신이 있고 희신이 없다면 운에서 기신을 만나지 않을 경우에는 물론 아무런 문제가 없다. 그런데 일단 운에서 한번 기신을 만나게 된다면 반드시 흉하게 될 것이니 예를 들어서 무토가 인월에 나서 인중의 갑목이 용신이라고 한다면 기신은 반드시 경신이나 신유의 금이 될 것인데, 일주의 원신이 두텁고 임계해자의 수가 돕고 있는 상황이라면 즉 금이 수를 보면 생을 탐해서 목을 극하러 오지 않을 것이다.

목의 원신이 약한 상태에서 병정사오의 화로 희신을 삼는다면 즉 금이 화를 보고서 또한 일간 목을 극하러 오지 않을 것이다. 만약 신약하여 인중의 병화를 용신으로 삼았다고 한다면 천간에 투출되면 기쁘겠지만 이때에 기신은 수가 될 것이고 희신은 비겁인 토가 되어서 수를 막을 것이다. 그래서 관을 용했는가, 혹은 인성을 용했는가에 따라 다름이 있으니, 관을 용한 사람은 신왕하므로 재성이 희신이 되는 것이고, 인성을 용한 자는 신약하므로 관이 있다면 뒤에는 겁재를 용해서 희신으로 삼게 되니 그로 하여금 재성을 겁탈하게 하는 이유이다. 즉 인수도 손상을 당하지 않고 관성을 돕지도 못하게 하는 것이다.」

만약 원국에 용신이 있고 희신이 없는데, 월령에 용신이 당령을 했다면 기상은 웅장하여 큰 세력으로 견고하니 사주가 편안하고 화평한데 용신이 일간의 옆에 바짝 붙어 있으면서 쟁투의 의미가 없다면 즉 기신을 만나도 또한 흉하게 되지 않을 것인데, 만약 원국에 희신이 없고 기신이 있는 상태에서 혹 지지에 숨어 있거나, 천간에 나타나 있거나, 혹은 용신과 바짝 붙어 있거나, 혹은 서로 쟁투를 벌리고 있거나, 혹은 용신이 월령을 얻지 못했거나, 혹은 운에서 기신이 들어와서 기신을 도와준다면 이것은 국가에 간첩이 있는 것과 같아서 밖의 도적과 서로 통하게 될 것이니 양쪽에서 협공을 하게 된다면 그 흉함은 그 자리에서 보게 될 것이다. 이상은 토를 기준으로 삼아서 논했는데, 나머지도 이에 준해서 추리하면 되겠다.

(3) 서락오

「길과 부귀함은 같지 않으니 길이라는 것은 일생 편안하고 부귀하며 존귀한 것으로 풍랑이나 험악함이 없는 것을 이르는 것이다. 희신이라는 것은 내가 기뻐하는 신이니 희용의 희와는 약간 다르다. 인생 수십 년에 처음부터 끝까지 순탄한 운이라는 것은 불가능한데 역운(逆運)에서 기대는 것은 구조하는 것이 있는 것이다. 나를 보필하는 신을 역운에서 구하는 것이 적절하면 일생 평안하고 상서로우며 순탄한 것을 알 수 있다. 무릇 팔자에는 용신이 있고 반드시 희신이 있어 만약 희신이 역운에서 구하지 못하면 비록 나를 보필한다 하더라도 길해짐에는 부족하다.

예를 들어 관을 용으로 삼을 때 재인은 보필이 되는 바 이 두 가지가 천간에 투출하거나 혹 지장간에 있을 때 상관을 만나면 재로서 화하게 하고 인은 회극(回剋)을 하니 관성은 손상이 없다. 겁재를 보면 관이 겁재를 극하여 재를 보호한다. 재성을 보면 재성이 관성으로 화하게 되어 인성을 지키니 서로를 호위함에 어떠한 운이 와도 말할 바 없는 것은 희용이 모두 손상됨이 없음이니 이 삼기격이 바로 귀가 되는 바이다. 다음 관을 용으로 삼을 경우 재성이 보조하나 인성은 없는 경우 상관의 운을 만나면 재성이 구조하나 칠살의 운을 만나면 없는 인성이 화살(化殺)하니 재는 반대로 살을 생하여 구하지 못하니 길하지 않다. 팔자 가운데 삼기가 서로를 구원하는 것은 많은 것이 아니다. 다음 운의 행로에서 원국의 구응지신(救應之神)의 유무를 보게 되면 능히 구하는 신이 있어 나를 보필하는 것이 적당하면 역시 길하다고 단정할 수 있을 것이다.」

가령 관살이 왕하고 일주가 쇠약한데 인으로서 용을 삼는 경우 운에서 재성을 보면 인이 파괴되었을 경우 화가 닥치나 원국에 비견이 투간하면 나를 보필하여 재운에 이르러 비겁이 회극하여 인수가 상하지 않으니 이것은 비겁이 나의 희신이 되는 것이다.

2) 흉명(凶命)

『적천수』-「그 사람이 흉하다는 것은 어떻게 알 수 있는가? 기신(忌神)이 여러 방법으로 공격하는 것으로 알 수 있다.」

(1) 유백온 주

「재관이 기운이 없고 용신도 무력하면 발달할 수 없는 것에 지나지 않을 뿐만 아니라 역시 형이나 흉한 일도 없을 것이다. 기신이 아주 많은 정도에 이르러서 혹 형과 충이 있으면서 세운에서 이것을 도와주고 돌아가면서 공격을 하는데 사주 내에서 방비할 신이 없다든지 또한 주종(主從)하는 것이 없으면 형상파패를 면하기 어렵고 죄를 범하여 어려움을 당하고 늙어서까지도 길함이 없을 것이다.」

(2) 임철초

「기신은 체용(體用)의 신을 해롭게 하는 것이다. 그래서 팔자에서는 먼저 희신을 요하니 즉 기신의 세력이 없는 것으로, 기신으로서 병을 삼으면 희신으로서 약을 삼는데 병이 있고 약이 있으면 길하고, 병이 있고 약이 없다면 즉 흉하게 되어 일생 길함은 적고 흉함이 많은 것은 모두 기신이 세력을 이루고 있기 때문이다. 만약 인월에 태어난 사람이 갑목을 용신으로 쓰지 않고 무토를 쓴다면 즉 갑목은 당령된 기신이 되는 셈이니 일주의 의향을 봐서 희신(喜神)으로는 혹 화가 되어서, 목생화로 화할 수도 있고, 혹은 금을 희신으로 삼아서 제어를 할 수도 있으니 – 그래서 안정이 된다면 – 좋다고 하겠는데, 또 운에서 희신을 도와주고 기신을 눌러준다면 또한 흉이 길로 변하게 되는 것이고 세운에서 희신을 돕고 기신을 눌러주지 않고, 오히려 기신이 무리를 이룬다면 일평생 별 볼일이 없이 고생하게 될 것이며 발달을 할 수가 없을 것이다.」

만약 화의 화가 없거나, 금의 제어가 없는 상황에서 다시 수의 생조라도 얻거나, 또 운에서라도 기신의 무리를 돕는다면 내 희신이 상하고 돌아가면서 공격을 받아 흉한 재앙이 반드시 많이 발생할 것이니 늙어 죽을 때까지 좋은 일이 없다고 하겠다. 목으로 이렇게 논하거니와 나머지도 이에 준해서 추리하면 되겠다.

(3) 서락오

「흉은 빈천과는 같지 않은 것으로 빈천이라는 것은 희용이 실국하고 실원(失垣)한 것으로 부하지도, 귀하지도 않은 것이다. 흉이라는 것은 원국의 희용이 손상되고 또한 구하는 바도 없어 운에서도 순역을 논할 필요가 없음이니 이러한 것은 좋은 결과가 없는 것이다. 구하려 해도 고생스럽고 천박하여 얻지 못한다.

부귀한 집안에서 태어났어도 흉하니 빈천함이 없어지지 않는다. 나를 상하게 하는 희용은 기신이니 원국에서 기신의 기세가 등등하면 구제하기가 매우 어려운 즉 좋은 운 가운데 있어야 하고, 역시 의지가 방황하여 정해진 바가 없고 행운에서도 궤도를 바르게 하지 않으며 다시 기신이 공격을 하면 결코 요행히 벗어나는 이치 따위는 없다.」

속담에 '명이 좋은 것보다는 운이 좋은 것이 낫다'라고 하였으나 이는 좀 지나친 말이다. 부귀는 명에 정하여져 궁하고 통하는 것은 운에 의지하는 것이니 명이 근본이다. 만약 원명에 손상이 있으면 운을 어찌 믿겠는가!」

9. 수요(壽夭)

1) 수명(壽命)

『적천수』-「그 사람이 장수할 것이라는 것을 어찌 알 수 있는가? 성(性)이 안정되고 원신이 두터움으로 알 수 있다.」

(1) 유백온 주

「정한 자가 수를 누리니 사주 중에 충도 없고 합도 없으며, 이지러진 것도 없고 탐하는 것도 없으면 성품이 안정된 것이다. 원신이 두터운 것이란 정기나 신기 전체를 이르는 것뿐만 아니라 관성이 끊어지지 않고, 재성이 사라지지 않으며, 상관이 기가 있고, 일주가 약하면 인성이 왕하고, 제강이 일주를 보필하고, 용신이 힘이 있으며, 시에서 뿌리를 생하고, 운에서 절지로 흐르지 않는 이 모두가 원신이 두터운 것에 처해 있다고 하는 것이다. 자세히 살피면 대체로 갑을인묘의 기운이 충전·설상과 편왕(偏旺)·부범(浮泛)한 것을 만나지 않고 편안하고 평온한 것을 얻은 자는 반드시 수를 누리게 될 것이다.」

왜냐하면 목은 인(仁)에 속하는 것으로 어진 자는 오래 사는 것을 여러 번 경험하였으므로 감히 글로서 널리 전하려 하는 것이다. 만약에 빈천하면서 역시 오래 사는 사람은 그 성품이 왕함을 얻은 것이고 혹 약하더라도 대운이 생지로 흐르면 작으나마 다른 식록(食祿)이 빠지지 않았기 때문이다.

(2) 임철초

「인(仁)·정(靜)·관(寬)·덕(德)·후(厚), 이 다섯 가지는 장수의 징후이다. 사주가 득지하고, 오행이 균형을 이루며, 합을 하는 것은 모두 한신이, 고화하는 것은 모두 용신이며, 충해서 제거하는 것은 모두 기신인데다가 머물러 남는 것은 전부 희신이어서 결함이 없고, 치우침도 메마름도 없다면 즉 성품이 안정된 것이다. 성품이 안정되면 사사로운 것을 탐하지도 않고, 구차한 일을 하지 않으니 사람됨이 너그럽고 화평해서 인덕을 겸한 자질이니 부귀·복수를 누리지 않는 자가 없다. 원기가 두텁다는 것은 관이 약한데 재성을 만나거나, 재가 약한데 식상을 만나거나, 신왕한데 식상이 수기(秀氣)를 발해주거나, 신약한데 인성이 월령을 잡아서 기뻐하는 것은 다 월령의 신이고 꺼리는 것은 모두 실령한 물건이며 월령과 시지가 서로 유정하고 운에서도 희용신을 어그러뜨리지 않으니 이것이 모두 원기가 두터운 것이다.」

잘 연구해야 마땅한데, 청하고 순수한 자는 반드시 부귀하면서 오래 살고, 탁하고 혼잡한 자는 반드시 빈천하면서 오래 살게 된다.

(3) 서락오

「수요의 상(象)은 모름지기 정신방면을 세밀하게 체험·관찰하여야 한다. 성이 안정되었다는 것은 간지가 충극하지 않는 것이나 전쟁이 없다 하더라도 편안한 모양은 아니다. 원기가 두터운 것은 체와 용이 장생(長生)·녹왕(祿旺)에 통근하고 득시·득국에 간지가 순수(順遂)하며 기뻐하는 바는 있어도 꺼리는 바가 없는 것이다. 만약 기신을 보고도 원기의 뿌리가 없으면 역시 편안하지 못한 모양이 되니 반드시 결함이 있게 된다. 원기가 비록 두텁다 하더라도 성이 안정되지 않으면 빈천하지만 장수하게 되는 징후이다.」

오행이 막힘 없이 두루 흐르고 깊은 물이 멀리 흐르는 모양이면 운에서 기신을 만났다 하더라도 원국에서 모두 끌어들여 중화시켜 생의 기틀이 장애를 만나지 않게 하니 장수의 징후가 견고하다. 이에 깨짐 없이 격이 이루어지고 체용이 녹왕지(祿旺地) 면에 있으면 운에서 기신을 만나도 중화되니 역시 장수의 상이다. 배합이 유정의 의지를 얻으면 부귀·장수하나 배합에 결함이 있으면 유정함에 이름을 얻지 못하여 빈천하지만 장수하게 된다.

2) 요명(夭命)

『적천수』-「그 사람이 요절할 것인가를 어떻게 알 수 있는가? 기가 탁하고(기가 다하고) 신이 메마른 것으로 알 수 있다.」

(1) 유백온 주

「기가 탁하고 신이 메마른 명조는 지극히 보기가 쉽다. 인수가 지나치게 왕하여서 일주가 의지할 곳이 없는 경우, 재성과 관살이 지나치게 왕하여 일주가 의지할 곳이 없는 경우, 기신과 더불어 희신이 섞여 싸움이 일어나고 사주와 더불어 용신이 반대로 절지가 되는 경우, 충이 있어 서로 화합함이 없고 왕하나 제(制)함이 없는 경우, 습(濕)하여 막혀 있고 메말라서 통하지 않는 경우, 정(精)이 흘러가고 기가 누설되며 월령이 어그러지고 시가 벗어난 경우, 이 모두가 오래 살 수 없는 사람이다.」

(2) 임철초

「기가 탁하고 신이 메마른 명조는 쉬운 가운데에도 보기가 어렵다. 기탁신고(氣濁神枯) 네 글자를 나누어 말하면, 탁자(濁字)는 일단 약자(弱字)로 논할 수 있으니 기탁은 일주가 실령했다는 것으로 용신이 약하고, 기신은 깊고 무거운 상황에서 월령과 시지는 돌보지 않고 연지도 일지와 불화를 하며 충해주기를 바라는 경우에는 충하지 않고, 합을 꺼리면 도리어 합을 하는 것이니 운에서도 희용신이 무정하고 도리어 기신과 한 덩어리가 되면 비록 오래 살지는 못해도 자식은 있다. 신고라는 것은 신약하고 인성이 너무 왕하거나, 신왕하고 극설(克洩)이 전혀 없는 경우거나, 살(殺)이 너무 무거워 인성을 용하는데 재성이 인성을 깨는 경우거나, 신약한데 인성이 없고 식상만 중첩되어 화가 이글거려 토가 조열하여 갈라 터지는데 목은 바짝 말라 있는 경우이니 이 모두는 요절하면서도 자식이 없다.」

(3) 서락오

「기가 다하고 신이 마른 것은 요절의 징후이다. 삭(索)이라는 것은 생기가 없는 것이요, 탁은 가난하고 고생스러운 모양이다. 일주는 왕한데 설기하는 것이 없거나, 혹은 일간은 약한데 극을 만나면 배합의 정이 없는 것이니 체와 용이 상처를 받게 되고 생극제화(生剋制化)의 도움이 없게 되며 생의 기틀이 사라지는 것이니 이러한 것이 기삭신고(氣索神枯)의 상이다. 장수하면서도 길한 것의 여부나 흉하면서도 요절하는 것의 여부는 모두 같은 것 같으면서도 다른 것으로 기신이 이리저리 공격하면 결단코 장수할 수 없고 희용이 상처를 입으면 특히 흉하니 풍파의 기복이 심한 상이요, 요절하는 것은 체와 용이 무정한 것으로 제화(制化)의 용을 끌어당기지 못하니 생기(生機)가 매몰되어 어릴 때부터 밖으로 일하러 가려 하지 않는바 풍파는 없어도 특별히 장수하는 것도 아니다.」

「옛 사람은 명을 논함에 있어 청으로서 귀를 삼고, 탁으로서 부를 삼았다 하나 이 말은 확실하지 않으니 사를 중히 여기고 상(商)을 가볍게 여기는 축적된 습관에서 비롯된 것이다. 팔자가 좋고 나쁨은 전적으로 유력 · 무력하거나 유정 · 무정에 있으니 희용이 득시 · 득지하거나 배합에 정이 있으면 일종의 정신이 있는 것과 같아 이를 청이라 이르는 것이요, 반대로 편고 · 탁란하면 귀함을 취할 수 없으니 어떻게 부를 이루겠는가? 귀로 인하여 부를 이루는 것은 귀한 것이요, 부로 인하여 귀를 이루는 것 역시 귀함으로 논한다. 부와 귀 양자는 혼합하여 사용되는 경우가 많고, 홀로 사용되는 경우가 적은 까닭에 팔자에서는 같은 종류로 본다. 그 부함은 귀하지 않아도 결정되고, 귀함도 부하지 않아도 결정되니 귀함 가운데서도 문으로 귀한 것과 무로 귀한 것이 있는데 팔자에서만 나누어지는 것은 아니다. 적천수에 어떻게 그 사람의 귀함을 아는가? 관성이 이치에 맞게 모이는 것으로 알 수 있다. 어떻게 그 사람이 부유(富有)한가를 알 수 있는가?

재물의 기운이 문호에 통해 있는 것으로 알 수 있다 라는 부분에서 귀한 것은 반드시 관을 사용하는 것이 아니라 관성이 이치에 맞게 모으면 귀하지 않은 바가 없다라고 했고, 부유함은 반드시 재를 사용하는 것이 아니라 재물의 기운이 문호와 통하면 부유하지 않음이 없다라고 하였으니 이것이 가히 합당한 것이다. 사람의 명은 부와 귀가 혼합되어 있다. 그 가운데에는 역시 곱해지고 나누어지며 쇠하고 성하는 것이 있다. 귀함으로 부함이 감소하기도 하고, 부함으로 귀함이 감소하기도 하는 것은 복록에 정해져 있는 것이다.

부자라 하더라도 처음부터 끝까지 부자가 있고, 처음에는 부자였지만 나중에는 가난한 사람이 있으며, 처음에는 가난했어도 나중에는 부자인 사람이 있으니 역시 같지 않다. 재물을 모으고 싶은 사회의 보편적인 심리는 부유함을 추구하지만 얻기 어려운 것이니 공자는 "부를 가히 얻을 수만 있다면 비록 마부의 일이라도 나는 역시 했을 것이다. 그러나 부를 얻지 못할 일이라면 내가 하고 싶은 일을 할 것이다"라고 하였다. 재물이 재앙을 초래하는 것은 아니지만 어떻게 가난하면서 편안함을 얻을 수있겠는가?」

처음에는 부유했다가 나중에 가난해지는 것은 그 정신상의 고통이 부유하지 않았을 때 더욱 심한 것인바 황량몽(黃粱夢)에서 깨어나니 사대(四大)가 모두 빈 것이요, 생이 가져다준 것이 없고, 죽음도 가져다준 것도 없으니, 여러 사람이 모여 화젯거리로 말할 뿐이요, 후인에게도 이야깃거리로만 제공될 따름이니 가히 끝난 것이리라!

10. 부귀·빈천·길흉·수요의 견해에 대한 종합

귀천은 원래 사회상의 지위가 같지 않음을 가리키는 말로서 무릇 공공사무가 갖추고 있는 결정력이나 지배력은 모두 귀라 칭할 수 있고, 결정 혹은 지배를 받아들이는 것을 가히 천이라 칭할 수 있다. 설령 귀와 같은 것이라 하더라도 역시 크고 작은 차이는 있다. 가령 정무관[4]이나 국회의원, 고급기관의 수장, 대학교장 등은 그 귀함이 비교적 크고, 일부분의 업무를 주관하는 사무관이나 지방의원, 중학교장 등은 그 귀함이 비교적 작다. 천과 같은 것도 역시 지위의 높고 낮은 차이가 있다. 가령 삼륜차 인부는 당연히 천한 것이요, 거지는 아주 천할 것이다. 늙은 포주가 천한 것이라면 창녀나 기생은 더욱 천한 것인가!

근대 민주정치로 말하면 백성은 귀하고 관리는 모두 '공복(公僕)'이라 하니 귀천이 뒤바뀐 것으로 어떤 것이 귀한 것이고, 어떤 것이 천한 것인가? 나누어 말하기 어렵다. 그것은 실재 하늘 아래서는 천함도 없고, 귀함도 없음이니 귀한 것이 없으면 반드시 천한 것도 없는 것으로 명리상의 귀천은 일반 사회지위의 고저를 결정짓는 표준일 따름이다. 주권은 국민에게 있기 때문에 국민 전체를 의미하는 것으로 말하는 것이지 결코 시민 개별로서 말하는 것은 아닌바 시민의 사회적 지위는 실재로 같지 않다.

빈부는 경제적인 지위가 같지 않음을 의미하여 말하는 것으로 개인적으로 쌓아 모아놓은 재산이 많은 것을 부라 부르고, 쌓아 모아놓은 재산이 적은 것, 혹은 처음부터 재산이 없는 것을 빈이라 부른다. 빈부 또한 크고 작은 차이가 있으니 그 등급이 어찌 천만 정도에 불과하겠는가?

---

4) 〈정치〉의원 내각제에서, 장관을 도와 국회와의 교섭 따위의 정무에 관여하는 별정직 공무원.

통상 자산으로서 이자를 늘리거나 이윤을 추구하는 것을 부라 부른다. 자산으로서 이자를 늘리거나 이윤을 추구하는 것이 없거나 심지어 세끼 먹는 것을 이어가기도 어려운 것을 빈이라 부른다. 일반적으로 월급에 의지하여 일가의 생계를 유지하는 보통의 공교인원(公敎人員) 및 직공(職工) 등은 가난하지도 부유하지도 않은 사이에 끼어 있으니, 빈이라고 칭해도 일찍이 헐벗고 굶주리는 우환이 있은 적이 없고, 부라고 칭해도 경우에 따라서는 역시 돈을 미리 앞당겨 쓰는 것을 면치 못하는 경우가 있으니 사회상에는 이러한 종류의 사람들이 가장 많다.

그러므로 명리 상에서는 겨우 크게 부유하거나 크게 가난하거나 혹은 의식에 대한 우환이 없는 것을 가히 구분할 뿐이니, 만약 재물의 다소가 한 가지로 고정되어 변함이 없다고 설득한다면 그 어리석음을 혐오함이 없지 않을 것이다.

길흉은 물건을 접할 때의 처세에 있어 순리적인가, 순리적이지 않은가를 의미하는 것이다. 인생의 과정에 있어 어떤 사람은 처·재·자·록에 한 가지의 결점도 없어 편안하며 한가로운 세월을 보내고 처음부터 뜻하지 않은 재난도 없으며 또한 이르지 못할 재화를 상상할 것도 없으며 불행을 만나게 한다 하더라도 역시 언제나 전혀 개의치 않게 되니 화가 변하고 복이 되는 이러한 것을 길이라 한다. 그리고 어떤 사람은 일생의 행로가 기구(崎嶇)하고 역정(歷程)의 험난함이 극을 달리어 처를 얻으면 즉 처가 죽고, 자식을 얻으면 자식이 상하며, 재화를 얻으면 화가 발생하고, 관직을 얻게 되면 옥살이를 하게 되며 심지어 화가 발생해도 예측하기 어려워 바다에서 죽거나, 태양 아래서 죽거나, 날카로운 칼에 찔려 죽거나 혹은 깊은 물에서 죽는 것을 알 수 없고, 또한 범죄로 인하여 극형을 만나는 것, 혹은 비관하고 소극적이 되어 자살하는 것 등이 흉이라 할 수 있다.

그러나 길흉에서의 차등의 구별에 있어 길함의 처·재·자·록이 반드시 전체적으로 가지런한 것이 아니고, 흉함에 있어서도 역시 개개인마다 혹독한 극형을 만나거나 타살되거나 자살하는 것을 말하는 것도 아니요, 또한 길하다 해도 역시 종국에는 반드시 죽는 것이고 흉하다 해도 또한 자신의 뜻대로 될 때가 있는 것이다.

명조의 길흉에 있어서 대길하고 대흉하는 것은 가히 구분한다는 것은 매우 어려울 뿐만 아니라 소길(小吉)하고 소흉(嘯兇)하는 것까지도 가히 구분하는 것은 쉬운 일이 아니다. 이러한 까닭에 사물은 머리와 꼬리가 서로 연결되어 있어 순환함이 끝이 없는 것이다. 귀천·빈부의 구분은 이러한 관점으로 보아야 한다.

수요는 인간의(수명의) 장단을 의미하여 말하는 것으로 일종의 비교적인 호칭이다. 주례에서는 오십 세를 애(艾)라 하고, 육십 세를 기(耆)라 하며, 칠십 세를 노(老)라 하고, 팔십 세를 질(耋)이라 하며, 구십 세를 모(耄)라 하고, 백세를 기이(期頤)라 하며 통칭 늙어 장수하는 것을 놈(耇)이라 하니 이러한 것은 모두 오십 세 이상의 사람의 칭호로서 일반인은 나이가 차서 오십 세 이상되어 사망한 사람을 수라 부르고, 오십 세 미만이 되어 죽은 사람을 요(夭)라 부른다. 우리나라의 역사상의 전통적인 관념은 이와 같으나 서양인은 도리어 '칠십 세는 겨우 인생의 시작'이라고 하니 비록 강조의 뜻이 없지는 않지만 수요에 대한 간법이 같지 않다는 것을 가히 미루어 알 수 있다.

인명의 귀·천·빈·부·길·흉·수·요는 비록 관념은 다르더라도 불가분적인 사실관계를 나눌 수 있으니 대귀·하천·대빈·대길·대흉·장수·요절 등은 가히 구분할 수 있고 선현의 전심전력의 연구발명으로 말미암아 약간의 궤적을 찾아 확신할 수 있다. 부귀를 모두 갖추고 있는 것, 빈천을 겸하고 있는 것, 길수가 가지런하게 이르는 것, 흉요가 교차하는 것, 천하지만 부유한 것, 귀하지만 가난한 것, 혹은 부귀와 길수가 겨루듯이 아름다운 것, 빈천과 흉요가 싸우는 듯이 화가 미치는 것 등은 모두 대략 팔자의 격국·용신의 배합과 행운의 득실로서 추리하여 알 수 있는 것이다. 이에 특별히 제현의 서술한 바로서 부귀빈천길흉수요의 간법에 대하여 나누어 종합적으로 서술한다.

1) 부귀를 보는 방법

인명의 부귀는 결코 재관으로서 희용을 삼는다는 말을 모두 가리키는 것은 아니니 무릇 명조의 격국이 성립되어 청순한 모양새를 갖추거나 혹은 오행이 유통하여 진신이 득용하면 부하며 귀하지 않을 수 없고, 격국이 성립되면서 용신이 무력하더라도 행운에서 능히 그 희용을 도우면 득력하게 되니 또한 부귀할 것이다. 이것을 분별하여 설명하면 아래와 같다.

(1) 격국이 청순하고, 용신이 득력한 것이 파괴되지 않고 행운에서 그 희용이 순한 사람

예를 들어 정관격에 일간이 관성을 감당할 정도로 강하고 원국의 관이 재성을 얻고, 그 재성이 달라붙어 생조를 하고 있으며, 칠살이 혼잡되어 있지 않고, 겁재가 탈재(奪財)하지 않으며, 식상과 비견의 관성 혹은 형충파해와 극하거나 합하는 것이 없으며, 행운에서 재관으로 득지하는 이러한 것이 격국이 청순한 것으로 용신이 득력하고 행운에서 그 희용이 순하니 가히 부귀영화를 얻게 된다.

또한 상관용재(傷官用財)에 있어 재성이 기운을 얻었고, 재와 상관이 강해지는 운을 만나면 부귀하지 않음이 없다. 그리고 상관용상에 있어 운이 재향(財鄕)으로 가면 부하고 또한 귀할 것이다. 그러므로 무릇 격국이 청순하고, 용신이 득력하며, 파괴를 만나지 않고, 행운에서 그 희용하는 것이 순하면 부유하지 않으면 귀할 것이요, 그렇지 않으면 부귀가 쌍전(雙全)할 것이요, 길수가 가지런하게 이를 것이다.

(2) 격국이 혼탁하더라도 희신 혹은 한신이 능히 탁한 것을 청하게 하고, 행운에서 희용을 얻는 사람

팔자의 구성에 있어서 격국용신의 배합이 청순한 사람은 많지 않으니 가령 정관격이 칠살의 혼잡이나 상관의 파괴를 만나는 것, 재격이 비겁의 분탈(分奪)을 만나는 것, 인격이 재성을 만나 인성이 파괴되는 것 등이니 이러한 것이 격국이 혼탁하고 청하지 않다고 하는 것이다. 팔자에서 재를 용하는데 비겁의 분탈을 만나고, 관을 용하는데 식상의 극합(剋合)을 보며, 인(印)을 용하는데 재성이 인성을 파괴하는 것을 보고, 식신을 용하는데 편인이 도식(倒食)하는 것 등 이러한 것을 용신이 혼탁하여 청하지 않다고 하는 것이다.

격국 혹은 용신을 논하지 않더라도 혼탁하여 청하지 않은 것은 원칙상 모두 아름답지 못한 명조이나 다만 원국에서 희신이나 한신이 충극·합화하여 탁신을 제거하면 격국이 패한 것이 성한 것으로 바뀌고 용신이 잃은 것을 다시 얻게 되는 이러한 것을 '징탁구청'이라 하는데 행운에서 그 희용이 순하면 여전히 부귀할 것이다. 예를 들어 정관격 혹은 칠살격에서 일간이 약하고 관살이 함께 보이면 이러한 것을 관살혼잡이라 하여 격국이 탁하여 맑지 못한 것이나 원국에서 관을 제거하고 살을 남기거나 혹은 살을 제거하고 관을 남기거나 혹은 유력한 인성이 전화시켜 신을 생하고 용으로 사용되면 격국이 청하게 되고 용신이 힘을 얻으며 행운에서 재차 희용의 생왕지지를 만나면 가히 부귀할 것이다.

또한 재격에서 일간이 강하고, 원국에 관성과 상관이 함께 투출한 것을 보면 관성이 비겁을 제압하지 못하여 재만 남게 되니 원국의 천간에 인성과 상관이 투출되고 긴첩(緊貼)하여 극합하면서 행운에 재차 재관득지를 만나면 반드시 부귀할 것이다.

이것이 무릇 격국 혹은 용신이 혼탁하더라도 원국의 팔자배합에서 능히 제거하고 남기는 것으로 청하게 전화시키게 되는 것이요, 행운에서 희용을 얻는바 거듭 그 부귀를 잃는 바가 없게 되는 것이다.

⑶ 팔자가 진신을 득용하였을 때 조후가 적절하고 행운이 배반하지 않는 사람

명리의 진신은 두 종류가 있는데 설명하면 그 첫 번째가 월령의 본기를 의미하여 말하는 것이고, 그 두 번째가 일간의 특수한 수요에 부합하는 것을 의미하고 말한다. 전자는 용신과 득시병령에 의하여 취하게 되니 그 힘이 비교적 커서 부귀 또한 반드시 크다. 후자는 일간의 특수한 수요에 부합하는 것으로 구하지 못할 수 있으나 구하면 마치 큰 가뭄에 단비를 만나거나 오랜 장마에 하늘이 맑게 개는 것과 같아 대단히 기뻐하지 않을 수 없는 고로 역시 명조가 부귀를 이루는 원인의 하나가 된다. 예를 들어 보면 금수상관격에 금한수냉하면 비록 목신을 만난다 하더라도 얼어붙게 되어 발생의 기틀이 없게 된다. 그러므로 관살인 화신이 조후하는 것을 기뻐하는 즉 차가운 금이 따뜻하게 되고 생기가 활발하게 될 수 있는 바이다!

목화상관격에 목이 불꽃에 휩싸여 화가 치열하면 비록 토신을 만난다 하더라도 반드시 조열함으로 인하여 그 사용을 드러내기 어렵게 되는 고로 인성인 수신의 조후를 만나면 기뻐하여 토는 습해지고 생의 기틀을 얻게 되는 바이다! 수목상식격은 재를 기뻐하는데 역시 조후가 필요하다. 고로 선현 심효첨이 말하기를, 「명을 논함에 있어 월령으로 주를 삼아야 하나 역시 모름지기 기후와의 배합을 상호간에 참고하여야 한다. 예를 들어 영웅호걸은 태어남에 그 때를 얻으면 자연히 적은 노력으로도 많은 효과를 거두게 되는 것이고, 순탄치 않고 때를 만나지 못하면 비록 기이한 인재라 하더라도 성공이 쉽지 않다. 이에 인수가 관을 만나면 관인쌍전이라 일러 귀하지 않은 사람이 없고, 겨울의 나무가 물을 만나면 비록 관성이 투간하였다 하더라도 귀해지기 어려우며,

대개 금이 차가운데 수가 더해지면 얼게 되는 것이니 얼은 물은 나무를 생할 수 없는 것이 그 이치이다.

일간과 인성이 모두 왕하면 식신이 투간되어도 귀한 것으로 무릇 인격은 모두 그러한 것이요, 동목의 용은 더욱이 뛰어난 기운이 있어야 하므로 동목은 화를 용으로 삼으면 설신(洩身)을 두려워하지 않으니 이 또한 조후라할 수 있다. 상관이 정관을 보면 재앙이 많지만 금수상관격은 도리어 관을 만나면 수기가 있다. 관이 상관을 두려워하지 않는 것은 아니지만 조후가 시급하니 경중을 분별하여 그것을 써야 한다. 상관에 칠살이 있으면 때(절기)에 따라 쓸 수 있는데 그것을 쓰는 상관대살(傷官帶煞) 겨울 금은 수기가 매우 많다. 상관에 인성이 있으면 때에 따라 쓸 수 있는데 그것을 쓰는 상관패인(傷官佩印) 여름 목이 수기가 많은 것은 화가 수를 조절하고, 수가 화를 조절하기 때문이다. 상관이 재성을 쓰면 본래 귀격이지만 그것을 쓰는 상관용재(傷官用財) 겨울 수는 비록 작은 부는 이룰 수 있어도, 역시 귀가 많지 않으니 얼어붙은 수가 목을 생조할 수 없기 때문이다.

상관격에 재성을 쓴다면 수기가 있지만, 그것을 쓰는 여름 목은 귀하기는 하지만 수기는 거의 없는데 건조한 토는 수기(秀氣)가 거의 없기 때문이다. 봄의 목이 화를 만나면 목화통명이 되지만 여름 목의 경우 이 논리가 성립하지 않는다. 가을 금이 수를 만나면 금수상함(金水相涵; 금수가 서로 윤택함)이 되지만 겨울 금은 이 논리가 성립하지 않는다. 기에는 쇠왕이 있어 취용(取用)이 다른 것이다. 봄의 목이 화를 만나면 목화통명(木火通明)하니 정관(庚辛)을 보면 이롭지 못하다. 그런데 가을 금이 수를 만나면 금수상함하니 정관(병정)을 보아도 장애가 없다. 가령 경금이 신월에 태어났는데 지지에 자수나 진토가 수국을 이루고, 천간에 정화가 투출하여 정관이 되면 천간에 임계수가 노출하지 않으면 귀격이 되어 식신 상관이 정관을 보아도 좋다는 설과 함께 논할 수 있는데 역시 조후 때문이라 할 수 있다.

식신이 비록 정인을 만나면 탈식(奪食)이라 말하지만 여름 목이 화가 왕성하면 그것(정인 임계)을 가볍게 사용하면 수기(秀氣)가 있으면서 귀하니, 목화상관격이 수를 보는 것이 좋다는 설과 함께 논할 수 있는데 역시 조후 때문이라 할 수 있다. 이러한 유형은 매우 많기 때문에 모두 기술할 수는 없으니 배우는 사람이 다양한 유형에 접하여 응용한다면 그것을 신묘하게 밝힐 수 있을 것이다.」 팔자의 구성에서 일간이 특별히 필요한 진신을 용으로 삼고, 행운에서도 또한 진신이 득지 · 득세를 만나면 반드시 부귀가 대발할 것이다.

⑷ 팔자의 오행 · 사행 혹은 삼행이 연환(連環)하여 상생하면서 기세가 유통되고 또한 각각이 녹왕지에 통근하며 행운에서도 배반함이 없는 사람

팔자에 양신이 대립하여 서로가 적으로서 상극하면 세력이 편안하고 고요하지 못하게 되나 만약 통관의 신을 얻어 화해하게 되면 양신이 상생하고 기세는 비록 흐르더라도 통하지는 않는다. 그러나 만약 다른 신이 도와 그것을 유통하게 되면 연환하여 상생하는 삼행은 막힘이 없고 각각이 녹왕에 통근하여 희용이 힘을 얻으면 보통의 격국 혹은 특별한 격국을 논하지 않고 모두 부귀의 명으로 논한다. 팔자의 사행이 연환하여 상생하고 재 · 관 · 인 삼기가 하나의 기운으로 상생할 때 일간이 약하면 인으로서 용을 삼고, 재를 보아도 관으로 전화하니 꺼리지 않음이요, 일간이 강하면 관을 용하고 재를 보태어 생하는데 비견을 보면 관성이 극제하고 식상을 보면 인성이 극제하니 모두 꺼리지 않는다. 만약 사행이 모두 녹왕지에 통근하고 행운에서 희용지를 얻게 되면 역시 부귀가 발달할 것이다.

팔자의 오행이 모두 갖추어져 연환하여 상생하고 상하가 유정.협력하며 좌우가 같은 뜻을 지니면 이것을 「시작할 곳에서 시작하고, 끝날 곳에서 끝나니, 복수부귀가 영원무궁하리라」라고 하니 당연히 부귀할 것이다.

⑸ 격국은 이루어졌으나 희용이 무력한데 행운에서 그 희용을 도와 힘을 얻은 사람

팔자의 격국은 이루어졌으나 희용이 무력한 자, 가령 정관격에서 일간이 약하여 인을 용하는데 인성이 천간에 드러나지 않고 행운에서도 지지로만 오면 재성이 파괴하지 못하고 혹 세운과 원국이 삼합이나 육합이 되어 인국을 이루면 용신이 득세하여 봄바람에 들꽃과 다를 바가 없으니 생기가 활기차고 왕성할 것이다.

가령 정관격에 일간이 강하여 관을 용으로 삼고 재를 희로 삼는데 재성이 지지에 암장되어 있으면 그 힘이 크지 못하다. 그런데 행운에서 재성을 만나 천간으로 드러나면 희신의 맑음이 투출함이니 크게 영달함을 이룬다. 무릇 이러한 종류의 정형(情形)은 또한 가히 부귀가 발달하나 격국이 청순하고 용신이 득력한 것에 비교하면 손색을 면치 못하리라!

⑹ 격국은 이루어졌어도 완전하지 않은 중에 행운에 따라서 이루어지는 사람

정관격에서 일간이 약하여 인을 용하는데 원국에서 재성을 보아 바로 인성을 극하거나 혹은 상관을 보아 바로 정관을 상하게 하면 행운에서 재성을 합거, 합신하거나 상관을 합거하면 격국은 행운 가운데서 패가 성으로 바뀌어 가히 발복할 수 있게 된다. 또한 가종격은 종이 진실하지 않음이나 대운에서 충극沖剋 · 회합거會合去를 만나 불순물을 제거하면 가假가 변하여 진이 되니 역시 발복함이라. 또한 가화격은 화격의 규모에서 원국이 정세(精細)하지 못한 것이니 실제상으로는 오히려 하나의 작은 부분이 진화격이 요구하는 것에 적합하기에는 미진한 것이나 행운에서 가를 진으로 변하게 한다면 가히 발복할 것이다.

무릇 이러한 모든 것이 원래 격국을 이루었다 하더라도 완전하지 않은 것이지만 행운에서 재촉하여 성격이 이루어지면 부귀할 것이나 대부분이 시간이 지나 대운이 바뀌면 언제나처럼 원래대로 지위나 흉화가 발생하는 것을 회복하게 된다. 그래도 비교적 원래의 격국이 청순하고 용신을 득력한 사람은 화복이 크나 같지는 않다.

이상 부귀에 대하여 논함에 있어 첫 번째는 격국이 성립했는지 안 했는지를 보는 것, 두 번째는 그 희용이 득력을 했는지 안 했는지를 보는 것, 세 번째는 그 행운의 향배가 어떠한지 보는 것, 가령 격국을 이루고 희용을 득력하였고 운에서 등돌리지 않았으면 반드시 부유하거나 귀해지거나 부귀를 모두 갖추게 되는 것이다. 격국이 이루어졌으나 완전하지 않은 것, 혹은 희용이 득력하지 못한 것은 행운에서 격국을 이룰 수 있도록 재촉하거나 희용을 돕게 되면 역시 부와 귀를 얻을 것이니 비교해보면 격국을 이룬 것이 완전하고 희용이 득력을 했는지에 대한 손색에 불과할 따름이다.

결론적으로, 사람은 어떻게 부를 이루는가? 어떻게 귀해지는가? 비록『적천수』에「어떻게 그 사람이 부유한가를 알 수 있는가? 재물의 기운이 문호에 통해있는 것으로 알 수 있다. 어떻게 그 사람이 귀한 것을 알 수 있는가? 관성이 이치에 맞게 모이는 것으로 알 수 있다」라고 설하여도 이것은 겨우 일종의 간법으로 아울러 격국 및 취용에 전부 적용할 수 없고, 또한 사람의 명에서는 역시 언제나 부귀쌍전은 뜻밖에도 확실하게 나누어 구분하기 어렵다. 격국을 취용할 수 있는 것은 약간에 불과하니 부하거나 귀하거나 부귀를 모두 갖춘 것을 예단하는 것은 재관격에서 재관을 희용으로 삼는 것, 혹은 기타 격국에서 재관을 희용으로 삼는 것은 행운에서 재관을 얻으면 부귀를 모두 갖추지 않을 수 없고, 관살격에서 인성을 용하거나 혹은 기타 격국에서 인을 용하는 것은 대다수가 귀하고 크게 부유하다.

재격이 식상을 용하거나 혹은 식상격이 재를 용하는 것은 대다수가 부유하고 크게 귀해진다. 선빈후부나 선부후빈에 이르러, 혹은 선천후귀나 선귀후천, 혹은 부귀하다가 부귀하지 못하게 되는 것은 격국의 성패가 행운의 향배와 불일치하는 바에 의한 것이다.

2) 빈천을 보는 방법

빈천이라는 것은 부귀의 반대되는 것으로 그 보는 방법은 부귀의 간법과 흡사하나 차이는 있으니 이에 설명하면 무릇 부귀가 성립할 수 없는 것이 빈천인 즉 이에 빈천은 자연히 귀한 가운데 빈하고, 부한 가운데 천한 것이 대략이나 같지는 않다.

(1) 격국이 혼탁할 경우 원국과 대운을 모두를 막론하고 청한 것으로 전화시킬 수 없는 것

가령 정관격에 일간이 강하여 재관으로 희용을 삼을 때 상관, 겁재를 보면 이를 '배록축마(背祿逐馬)'라 하고, 칠살(七煞)을 보면 관과 섞여지니 이를 '관살혼잡'이라 한다. 칠살격에 일간이 약한데 또한 재성을 만나 왕살(旺殺)을 생하는 것, 상관격에 일간이 약한데 인수가 없고 다시 관성을 보는 것, 식신격에 일간이 강한데 재성이 없고 다시 편인을 보아 일주를 생하고 식신을 제압하는 경우, 재다신약이 중한데 식상을 보는 경우, 신강하고 재가 쇠한 것이 중한데 비겁을 보는 등등 무릇 이러한 것은 모두 격국이 혼탁하여 청하지 않은 것이니 가령 원국에서 청한 것으로 전화시키지 못하고 행운에서도 또한 청으로 전화시키는 것이 없으면 정세(情勢)가 반드시 일생동안 빈천할 것이요, 가령 원국에서 청함으로 전화시키지 못하나 행운에서 청으로 전화시키는 것을 만나도 또한 일시적으로 여의(如意)한 것에 불과할 따름이니 시간이 지나 사정이 바뀌면 다시 예전으로 회복하여 원래의 지위가 된다.

(2) 격국은 비록 이루었으나 희용이 손상되었을 경우 원국 및 행운 모두에서 구호하지 못하는 것

가령 관이 왕하여 인성을 기뻐하는데 재성이 인성을 파괴하는 경우, 관성이 쇠약하여 재성을 기뻐하는데 비견이 쟁재(爭財)하는 경우, 재성이 왕하여 겁재를 기뻐하는데 관성이 겁재를 제압하는 경우, 재성이 가벼워 식상을 기뻐하는데 인성이 탈식하는 경우, 신강하고 살이 얕은데 식상이 득세하는 등등은 모두 희용이 손상을 입은 것이다. 가령 원국 혹은 행운 모두에서 구호할 수 없는 것은 또한 반드시 종신토록 빈천할 것인즉 행운에서 그 꺼리는 바를 제거하는 것을 얻어도 마음에 들고 뜻대로 되는 것은 역시 일시적인 것에 불과할 따름이니 시간이 지나 사정이 바뀌면 여전히 옛 모습 그대로이다.

⑶ 팔자의 오행이 편고하여 기세가 유통되지 않거나 혹은 양신이 대립하는데 통관을 돕는 용신이 없고 행운에서도 또한 재촉하여 이루어지게 하지 못하는 것

가령 보통의 격국에서 일간의 왕함이 극에 달하여 의지할 바가 없고 또한 식상으로 그 기운을 유통시킴을 보지 못하는 경우, 종화격의 기세가 부족하나 생조의 신을 보지 못하는 경우, 기세가 남음이 있으나 설기하는 신을 보지 못하는 경우, 양신이 상호 대립하여 맞서는데 통관·조화하는 신이나 이를 돕는 용신이 없는 경우 등 모두 명국 구성의 결함이 있는 것으로 행운에서도 그 기뻐하는 바를 배신하면 또한 반드시 빈천할 것이다.

이상에서 논한 빈천은 단지 귀하지 않고, 부하지 않을 따름이요, 아울러 빈하다고 해서 설 곳이 없거나, 비천하다 하여 기거할 곳이 없는 것이 대부분인 것은 아니니 그 중에서는 오히려 대빈과 소빈이 있고, 천도 하천과는 같지 않으니 모름지기 격국의 고저 및 행운의 향배 여하에 따라 자세히 구분하고 변별해야 한다.

결론적으로 인명은 어떻게 빈한가? 어떻게 천한가? 비록 『적천수』에 「어떻게 그 사람이 가난함을 알 수 있는가? 재신이 반대로 진실하지 못함으로 알 수 있다, 어떻게 그 사람이 천한가를 알 수 있는가? 둘러보아도 관성이 보이지 않음으로 알 수 있다.」라고 했지만 이 또한 단지 일종의 간법일 따름이다. 무릇 격국의 배합이 혼탁하고, 용신이 실시·실지하여 무력하거나 조후가 마땅하지 않은 것은 모두 부귀를 이루기 어렵지만 격국이 청기(淸奇)하고 용신이 득력하면 귀하기는 하나 부하지는 않다.

가령 정관격에 신약으로 인성을 용할 때 행운에서 한 길로 신을 도우면 비록 관직이 최고에 오른다 하더라도 여전히 청렴결백하니 그 원인을 살펴보면 관인쌍청(官印双淸)이 아님이 없고 이에 정인군자(正人君子)에 속하여 속여 빼앗아 얻길 바라지 않으며 한결같이 나라가 이익되고 국민이 행복하게 되기를 바란다. 천하지만 부유함에 이른 사람은 격국이 청순하고 희용의 배합 역시 적당하나 오직 실시 · 실지하여 무력하거나 혹은 득시하였다 하더라도 충극을 만나니 원국에 결점을 띄우고 있으나 행운에서 그 결점이 제거되면 비록 사회상의 현혁(顯赫)한 지위는 얻지 못한다 하더라도 그런 대로 일시적인 부유함을 누려 의식이 풍족하게 되니 이러한 종류의 팔자는 상인이 대부분이다.

김자초가 말하기를 「일간이 강왕한데 겁인(劫印)의 생조를 만나거나, 혹은 일주가 쇠약한데 살의 공격을 만나거나, 혹은 겁이 중하고 재가 가벼운데 식상이 없거나, 혹은 신이 경하고 재가 중하거나, 혹은 재가 많아 인성을 기뻐하는데 겁재가 관의 극제를 받거나, 혹 살이 많아 인을 기뻐하는데 재가 와서 인을 깨뜨리거나, 혹 재가 약하여 재를 기뻐하는데 재가 합거되거나, 혹 신약에 재를 꺼리는데 재가 합이 되어 많아지거나, 혹 재가 가벼워 식상을 기뻐하는데 인성이 왕하거나, 혹 인을 꺼리고 재를 기뻐하는데 재가 얕은 것 등 이 모든 것이 가난한 명조이다.

가령 신약하여 인성을 용하고 재를 꺼리는데 관을 얻어 해소되는 것, 혹 재가 가볍고 관이 쇠약한데 식상을 만나고 인수를 보는 것 등 이러한 것이 귀하지만 가난한 것으로 소위 이러한 것이 바른 것이다. 무리 지은 겁재가 재와 합하거나 혹은 무리 지은 비견이 관과 합하여 화하지 않으면 종하였으나 진실하지 못한 것으로, 빈하거나 천하니 소위 이러한 것이 바르지 못한 것이다. 일주가 강왕한데 또한 인수가 중첩됨을 만나거나, 혹은 일주가 쇠약한데 거듭 식상이 중첩됨을 만나거나, 혹은 신은 가볍고 관은 중한데 인성이 없거나, 혹은 신왕한데 관은 가볍고 인성이 중하거나, 혹은 신왕에 재가 중하고 관이 없거나 또는 식상이 없는 것은 가난하지는 않지만 천하다. 가령 용신의 힘은 약한데 기신의 세력이 강하고 세운이 어그러져 순하지 못한 것은 모두가 가난하고 천한 것이다.」라 하였으니 참고하기 바란다.

3) 길흉을 보는 방법

명조가 길한 것은 일생 동안 안정되고 편안하며, 예측 불가능한 중대한 변고가 생기지 않으니, 가령 육친이 형(刑)하지도 않고 극하지도 않으며 자신이 관부(官府)에 수감되는 것을 범하지도 않고, 암질(暗疾)이나 잔상(殘傷)을 얻지도 않으며, 수화의 재액(災厄)이나 기타 중대한 화해(禍害)를 만나지 않는다. 명조가 흉한 것은 꼭 길과는 상반되니 일생이 출렁이고 불안하며, 소실부모(小失父母)하지 않으면 중년에 처자의 손해가 있거나 소송으로 인하여 자유롭지 못하거나 암질, 잔상 및 기타 예측하지 못하는 천재나인화가 있다.

『적천수』에서 말하기를 「어떻게 그 사람이 길한가를 알 수 있는가? 희신이 보필(輔弼)하는 것으로 알 수 있다, 어떻게 그 사람이 흉한가를 알 수 있는가? 기신이 여러 방법으로 공격을 하는 것으로 알 수 있다.」하였는데 이것은 명조의 희신과 기신으로서 입론(立論)의 중심을 삼은 것이니 그 설명은 아주 타당한 것으로 선현인 유백온이나 임철초 또는 근현인 서락오까지도 논리를 드러내어 밝힌 것이 상세하고 빠짐없으니 여러분들은 마땅히 더욱 세밀하게 궁구하여 살펴야 할 것이다.

명국 가운데의 용신 및 희신(심효첨은 상신이라 칭한다) 양자가 모두 득력하여 서로 보완하고 서로 협력하면 원국 및 대운에서 기신의 공격을 만나든지 간에 대부분이 가히 서로 호위하게 되니 기신이 회합하거나, 방국을 이루어 세력이 거대해지거나, 혹은 합화하여 희신을 기신으로 변화시키지만 않으면 대부분이 반대로 극을 받음으로 인하여 제복(制伏)된다. 가령 원국에 다시 구응지신(救應之神)이 있으면 비록 중대한 흉화가 있다 하더라도 그런 대로 되살아나게 된다. 재 · 관 · 인 삼기격이 귀한 까닭은 이에 신약이어서 인성을 용할 때 칠살을 만나면 인으로 전화하고, 상관을 만나면 인성이 제복하며, 재성을 만나면 관으로 흘러 통하게 한다. 신강이어서 관을 용할 때 인성을 만나면 재성이 파괴하고, 비겁(比劫)을 만나면 관이 구속하며, 상관을 만나면 인성이 능히 제복하니 사행(일주와 재관인)이 연환(連環) 상생하고 희용이 상호 호위하니 원국과 행운을 논하지 않고 이와 같이 보게 되는 고로 일생 부귀가 쌍전할 뿐만 아니라 또한 중대한 위험이 없다(사주의 상하좌우의 배합이 부당한 것은 마땅히 달리 논한다). 또한 가령 일간이 강한데 관살이 없으면 식상을 용하고 재성을 기뻐하거나 재성을 용하고 식상을 기뻐하게 되나 강력한 인성의 조력을 만나면 재성으로 제압하여야 하고, 관살이 혼탁함을 만나면 식상으로 맑게 해야 하며, 비겁이 일주를 돕는 것을 만나면 역시 식상으로 설화(洩化)시켜야 하니 원국과 행운을 불문하고 모두 이와 같이 본다. 또한 가령 일간이 약하고 관살이 강하여 인성으로 용을 삼고 비겁으로 희신을 삼을 경우 관살을 만나면 인으로 화하고, 재성을 만나면 비겁이 분탈(分奪)하고, 식상을 만나면 인성이 제복하니 원국과 행운을 논하지 않고 모두 이와 같이 본다. 이것이 팔자 원국에 희용의 배합이 적당한 것이니 천투지장(天

透地藏)하고, 상하가 유정하며, 좌우가 협력 · 화합하면 기신으로부터 극충 당하거나 파괴당하지 않으니 그 사람이 일생동안 안정되고 편안한 것을 예측할 수 있다.

서락오가 말하기를 「만약 희신이 운에서 역행하는 것을 구할 수 없다면 비록 보필(輔弼)한다 하더라도 길해지기에는 부족하다」라고 하였다. 이것은 원국에 희용의 배합이 훌륭하고 아름답지 못한 것으로 대개 원국의 희용지신도 아울러 천투지장하지 않으니 가령 용신이 천간에 있고 희신이 지지에 있을 경우나 혹은 용신이 지지에 있고 희신이 천간에 있을 경우에 행운 천간 용신이 해를 입어도 지지 희신의 구호(救護)가 미치지 못하는 경우, 혹은 지지의 용신이 해를 입어도 천간 희신의 구호가 미치지 못하는 경우에 시(時) 또한 흉화의 발생을 면하지 못하는 경우가 있고 이외에도 원국의 한신과 합하는 신이 행운에 있고 시 한 구호의 작용을 발생시키면 기신이 시에 있어도 합거되거나 혹은 합화되어 기신이 희신으로 변하니 고로 『적천수』에서의 '희신'은 마땅히 원국의 희용지신의 '희신'이라는 말을 가리키는 것이 아니라 마땅히 일반적으로 명국 및 행운으로 하여금 꺼리는 것을 기쁜 것으로 변화시켜 흉한 것을 길한 것으로 변화시키는 것을 가리키는 것이다.

명국에 무릇 용신 및 희신이 충극되면 모두가 기신이 되는 것인 즉 용신이나 희신을 합거하거나 합화하여도 희신이 기신이 되는 것이니 역시 마땅히 일률적으로 기신으로 논하는 것이다. 명국 가운데 가령 기신이 득시 혹은 득지, 득세하면 힘이 강한 것이요, 용신이나 희신이 실시 혹은 실지, 실세하면 힘이 약한 것이요, 또한 서로 긴첩(緊貼)하지 않으면 분산되는 것이요, 상하좌우가 기신으로부터 협공이나 합격(合擊)당하는 이 모든 것이 희용이 무력한 것이요, 혹은 가히 용하였으나 용하지 못하게 되어 희용이 실지의 운을 만나고, 기신이 득지의 운을 만나는 이러한 종류의 정형하(情形下)에서는 반드시 흉화참변의 일이 있게 되니 대운이 호운으로 가도 역시 원국의 배합이 마땅함을 잃어 얻지 못할까 걱정하고, 얻은 후에는 잃어버릴까 걱정하며, 정해짐이 없어 방황함을 면치 못하게 되고 심지어 제멋대로 행동하여 화근을 널리 심으니 다시 괴멸(壞滅)하는 운을 만나면 더더욱 수습하기가 불가능해진다. 불현듯 자신을 새롭게 하는 자는 대부분 남 좋은 일을 하며 범속하게 살지만 자신을 맑게 하지 못하고 크게 깨닫지 못한 사람은 뜻밖의 재난이나 참사를 당하거나 혹은 그냥 끝날 따름이다.

결론적으로 인명은 고정적으로 희신과 기신으로서 길흉을 논하니 부유하고 귀한 집안에서 태어나거나 부귀하는 시점에 태어나도 한번 기신이 득세하는 운을 만나고 구호하는 것이 없으면 반드시 재앙이 아니면 뜻밖의 화를 만나게 되니 가령 격국 용신의 배합이 마땅함을 잃으면 희신의 힘이 약한 것이니 빈천한 집안에 태어나거나 빈천하게 되는 시점에 태어나도 대운에서 한 길로 희용이 득지함을 만나면 재앙이 면제되고 뜻밖의 화를 당하지 않으나 부귀해지기에는 어려운 것에 불과할 따름이다. 그러므로 인명의 길흉을 논함에 있어 삼행 혹은 사행, 오행이 유통하거나 혹은 만반(滿盤)이 기신으로 득세, 득지하여 교차로 공격하는 등의 대흉, 대길을 제외한 그 나머지는 반드시 하나하나 상세히 연구하면 비로소 비교적 완전한 결론에 도달할 것이다.

4) 수요를 보는 방법

만육오가 말하기를 「서자평(徐子平)이 인수가 중첩된 것은 장수하고, 팔자가 균형을 이룬 것도 장수하나 육격(六格)이 혐오함을 범한 것은 장수하지 못한다.」라고 한 부분 중 소위 '인수가 중첩된 사람'이라는 것은 팔자에서 극설이 교가하는 것으로 인함을 의미한다. 일간이 대체로 약하면 유력한 인성으로 살을 바꾸어 신을 생조하고 상관을 제압하는 것을 용으로 삼는 것이요, 소위 '팔자가 균형을 이룬 것'은 팔자의 일간이 강하면 관살로 극제하고, 관살이 약하면 재성으로 도와주는 것을, 팔자의 일간이 왕하면 식상으로 설기하고, 식상의 힘이 약하면 재성이 있어 인성을 제압하여 식상을 존재케 하니 오행이 중화되어 기세가 유통되고 편고하지 않음을 의미한다. 소위 '육격이 혐오함을 범한 것'은 팔자의 배합이 파격이 되어 파괴된 용신이 돕지 못하는 것으로 가벼운 즉 흉하고, 무거운 즉 요절하는 것을 의미한다.

앞의 두 항목은 격국의 배합이 적당하고 희용이 유력한 것으로 인함으로 칭하기를 수라 하고, 뒤의 한 항목은 격국이 성립하지 못하여 용신이 손상을 받고 희신이 구원하지 못하는 것으로 인함이니 불수(不壽)라 칭하는 것이다. 「빈천의 명은 건록, 식신이 구신이 되는 것으로 자주 사용되니 명중 이러한 구신이 두 개이면 비록 가난해도 굶주려 곤란한 지경에 이르지 않고, 비록 천하다 하더라도 노비가 되지는 않는다.」라는 부분에서 전자는 일간이 약하고 격국·용신의 배합이 모두 타당하지 않아 임시로 건록의 방신(幫身)을 취하는 것을 의미하는 것이요, 후자는 일간이 왕하고 격국 · 용신의 배합 또한 타당하지 않아 임시로 식신 설기로 왕살(旺殺)을 제압함을 취하는 것을 의미하는 것이니 비록 빈천해도 굶주려 곤란한 지경이나 노비가 되는 것에 이르지 않으나 행운에서 건녹이 충격을 당하거나 식신이 겁탈되는 것을 만나면 희신이 구호할 수 없게 되는 즉 빈천하여 굶주려 곤란한 것이나 노비가 되는 것에서 구제됨을 얻지 못하게 되니 이것이 용신이 손상을 입는 것이요, 희신의 구제가 없는 것으로 마땅히 장수하지 못한다고 논하는 것이다.

『적천수』에서 말하기를 「어떻게 그 사람이 장수하는 것을 알 수 있는가? 성이 안정되고 원신이 두터운 것으로 알 수 있다. 어떻게 그 사람이 요절하는 것을 알 수 있는가? 기가 탁하고 신이 고갈됨으로 알 수 있다.」 소위 성이 안정되고 원신이 두텁다는 것은 응당 격국의 배합이 마땅하고 용신과 희신은 힘이 있음을 의미하여 말하는 것이요, 소위 기가 탁하고 신이 고갈되었다는 것은 응당 격국의 배합이 적당함을 잃고 일간 혹은 희용이 무력함을 의미하여 말하는 것이다. 일간 혹은 용신 혹은 희신이 천간에 허무하게 매달려 있고 지지가 뿌리가 없음을 고(枯)라 부르는 것이고, 통근한 지지의 동류가 적거나 충극을 만나면 역시 약한 것으로 논한다. 격국의 배합이 적당하면 사람 됨됨이와 처세에 비교적 심원한 견해가 있을 뿐만 아니라 또한 성정(性定)이 화순하고 충동적이기 어려워 마음을 닦고 성정을 양성하는 것으로 말할 수 있으니 이미 하나의 계책보다 뛰어난 것이다. 더하여 희용이 득력하면 원국 또는 행운에서 기신이 파괴될 때를 만나는 것을 논하지 않고 침착하게 응전(應戰)하여 적을 이겨 승리하게 되니 '워털루'와 같은 참변에는 이르지 않을 것이다. 반면 격국의 배합이 적당함을 잃으면 사람됨의 처세가 항상 외고집에 자신만이 옳다고 믿으며 혹은 우유부단하고 지나치거나 미치지 못하니 모두가 마땅한 바가 아니다. 더하여 희용이 무력하면 행운에서 한번 기신의 협공을 만나도 어수선해지니 비록 적과 손을 잡는다 하더라도 역시 얻기 어렵다.

전자는 죄인이 스스로를 알지 못함으로 인한 것으로 난폭함으로서 난폭함을 제거하는 것이니 항상 뜻밖의 재화(災禍)를 만나고, 후자는 비관 · 소극적인 것으로 인함이니 안으로 태우고 밖으로 녹이는 고로 때때로 질병에 얽매여 벗어나지 못하고 사망에 이르게 된다. 그러나 팔자 중에는 격국이 청순하고 희용이 득력한 것 혹은 격국이 혼탁하고 희용이 무력한 것을 다 아우를 수 있는 것은 아니니 수요를 논함에 있어 실재로는 전부를 논할 수 없어 여전히 격국 · 용신의 고저 및 세운의 향배 여하에 따라 추단해야 한다. 겨우 설명에 불과한 것이니 무릇 세운에서 격을 깨뜨리고 용신을 파괴하는 것을 만나며 희신의 구제함이 없으면 심각하여 충분히 사망에 이를 수 있는 것이니 50세 이전이면 요절하는 것이고, 50세 이후면 장수하는 것이다.

빈천하지만 장수하거나 부귀하면서 요망(夭亡)하는 것에 이르러서는 더욱이 세운과 원국의 격국 · 용신 · 희신을 자세히 살펴 논해야 하니 무릇 격이 파괴되고 용신이 손상되며 희신의 구제가 없으면 가벼운 즉 흉하고, 무거운 즉 죽게 되니 그 누구도 부귀빈천하는 것을 확고하게 계산하지 못한다. 김자초가 말하기를 「무릇 일주나 용신이 통근하고 득지하며 사주에 충이 없고 합이 없으며 오행이 편(偏)하지도 고(枯)하지도 않으며 정기와 신기 모두가 구족(具足)하고 팔자가 생화(生化)하여 유통하며 운정이 사 · 절지에 임하지 않고 더욱이 목이 일주이며 득령하고 용신이 유력하며 기운이 연(年)에서 시까지 통하고 생화함이 어그러지지 않으며 행운에서 마땅함을 얻으면 반드시 부귀하고 장수를 할 것이다. 빈천하면서 장수하는 것은 대개 신왕하나 재관이 기운이 없는 것, 혹은 혼잡하여 청하지 않은데 대운에서 살이 충극함을 만나 구제되는 것, 혹은 신약하고 재살(財殺)이 태왕太旺한데 운에서 생조生助하여 극설克洩이 없어지는 것이다. 요절하는 것은 장수하는 것과 반대가 되니 무릇 일주가 뿌리가 없고 용신이 세력을 잃은 것, 혹은 지나치게 왕성하거나 지나치게 약하고 오행이 편고하며 사주에 충격이 있고, 정과 신이 모두 절단되며, 희신과 기신이 서로 싸우고, 대운의 대부분이 어그러져 있는 것, 이러한 종류는 모두 요절한다.

바꾸어 말하면 일주는 태약하나 인성이 태왕한 것, 혹은 용신의 힘은 쇠한데 기신의 세력이 성한 것, 혹은 살이 중하여 인성을 용하는데 재성이 중첩한 것, 혹은 신약하고 뿌리가 없는데 극함과 설기함이 교가하는 것, 혹은 신강에 살이 얕은데 (식상이 많아) 제살(制煞)이 태과한 것, 혹은 화가 강하고 토가 조열燥熱하여 나무가 마르는 것, 혹은 금한수냉金寒水冷으로 인하여 토가 습해진 것, 혹은 신왕한데 부조함이 많고 세운에서 다시 기신을 만나는 것, 이러한 것 등은 반드시 죽게 됨을 의심할 필요가 없다. 팔자의 기신이 과중하면 신이 마르는 것이 아주 심하여 땅에 떨어져 죽게 됨이니 세운에서 기신을 만날 필요도 없다.」 가히 참고할 만하다.

15. 부귀·빈천·길흉·수요의 사례

사례 1

육친	傷主傷印	육친	일주와의 관계
사주	庚己庚丁 午巳戌亥	사주	개인의 태어난 연월일시
대운	壬癸甲乙 寅卯辰巳	대운	사주에 따른 변화하는 과정

본 명조는 술월 기토생으로 일주 기토는 앉은자리 사와 시 오화에 통근하고 있으니 원래 약한 것에 속하는 것은 아니나 술중 식신[신금]이 유기하여 그 동류인 상관 두 개가 천간에 투간하였고 아울러 일지에도 통근하고 있으니 고로 상관의 설기가 지나치게 심하다. 고로 일간은 약해지니 마땅히 연상 정화 편인으로 생신하고 상관을 제압하면서 관을 존재케 하는 것을 용으로 삼음이니 이것을 '상관패인격'이라 한다. 원국에 재성은 투간하지 않았고 지지의 술·사·오는 모두 인성으로 존재하니 상관용인은 재를 띄우면 마땅히 관성으로 희신을 삼는 고로 격국이 순수유정해지고 용신이 정수(精粹)하고 득력하며 오행이 유통하여 확실하게 일대 귀격이 되었다.

상관패인은 인성의 운으로 행하면 더욱 적합하고 관살운으로 행하면 인성으로 전화되니 모두가 귀함이 드러나는 것으로 대운이 동남목화지향으로 흐르면 군정(軍政)에서는 수훈(殊勳)을 쌓고 국가의 원수에까지 이르게 되니 문무를 겸한 자질이 있으면 세계의 거인이 된다.

진운에서 제강을 충하면 용신이 약간 상하나 대운 갑진은 갑을목 중 갑목은 천간에 투간하고 을목은 지장간에 있으니 희신이 거한 가운데 조화되고, 계운은 재신으로 바로 편인을 극하니 용신이 제압을 받게 된다. 그렇지만 대운 계묘는 지지가 해묘합목하고 천간이 지지를 생해주는 고로 음덕이 두터우니 희신이 거듭 거한 가운데 조화를 이룬다.

임인운에는 정임이 합목하고 인오술이 모여 화국을 이루니 목화가 통명하여 희용이 가지런하게 이르므로 나라의 이익되고 국민이 행복하게 되었으니 한 사람에게 좋은 일이 있으면, 억조창생이 그 덕을 입는다. 장개석의 명조이다.

사례 2

印主官傷
甲丁壬戊
辰卯子戌

己戊丁丙
未午巳辰

본 명조는 정유년 소한 전 하루에 태어나서 연주는 마땅히 무술로 고쳐야 하니 대운 역시도 마땅히 고치면 순행하게 된다. 정화 일주가 자월 진시에 태어났고 관이 투간하였으니 비록 관살이 모두 보인다 하더라도 연간 무토가 거관유살하여 맑게 전화되었으니 시상 갑목 정인을 취하는 것이 마땅하고 그 갑목은 진과 묘에 통근하여 화살생신(化殺生身)하게 되니 용으로 삼는 것이다. 지지의 진과 술은 멀리 떨어져 있어 충으로 논하지 않고, 자와 진 또한 묘목에 의하여 가로막혀 있어 합으로 논하지 않으며, 일과 시의 묘와 진은 목으로 회국하여 갑목을 투간케 함으로써 화를 생하니 상하가 협동하고 좌우가 동지가 되어 용신이 유력하므로 대귀명이 되었다. 대운 동남목화지향으로 가니 내각총리에서 말미암아 부원수에 이르렀고, 다시 부원수와 내각총리를 겸하게 되었다.

사례 3

印 主 財 食
辛 壬 丙 甲
亥 寅 子 申

壬 辛 庚 己
午 巳 辰 卯

본 명조는 자월에 태어난 임수일주로서 지지가 자신으로 합하여 수국을 이루고 아울러 시지에 통근하였고 시에 신금 인성이 생을 해주고 있으니 일간은 강하여 마땅히 일지에 통근하고 인성을 제압하여 식신이 존재케 하는 월상 편재를 취하여 용으로 삼는 것이다. 이에 연상 식신은 인과 해에 통근하였으니 희신이 된다. 지지의 인해가 합목하여 식신생재하고 기세가 유통하여 희용이 득지하였으며 대운이 목화지향으로 흐르니 수백만의 재물이 발재(發財)하여 일약 거부가 되었다. 본 명조는 비록 병화가 진신으로 득용하였더라도 원국에서 병화는 자수에 앉아있고 인중 병화는 다시 좌우로 극을 당하니 이에 더욱이 대운이 목화의 지지로 가나 천간에는 병정이 투간하지 않았고, 경신임계가 투간하였으니 부유해도 귀하지는 않다.

사례 4

財 主 食 財
甲 庚 壬 甲
申 辰 申 辰

戊 丁 丙 乙
寅 丑 子 亥

본 명조는 신월 건록[5]지에 태어난 경금으로 더욱이 지지의 습토가 금을 생하고 있어 일간이 강하니 마땅히 식신생재를 취하여 용으로 삼아야 한다. 격국이 순수·유정하고 희용은 통근하여 득력하였으나 애석하게도 원국에 관살을 보지 못하였으니 금한수냉하여 토가 차가움을 면치 못한다. 조후는 마땅한 바를 잃어 생발하기가 쉽지 않으니 고로 귀함을 얻기 어렵다. 행운이 수목으로가 희용은 득지하니 겨우 공상계에 뜻을 두었을 따름이다. 일본인의 명조이다.

---

5) 십이운성의 여섯 번째가 건록으로 건록은 십이신살로 망신살(亡身殺)에 해당하며, 안정을 구가하는 중년기로서 일생의 황금기라고 할 수 있다. 정신과 신체가 온전함으로 완숙한 인간미와 지혜와 덕망의 용모를 모두 갖춘 반듯한 성품의 소유자라고 할 수 있다. 건록은 자수성가, 부귀발전, 개운재록, 성실겸손, 건강장수 등의 표상으로 육친 운은 부족해도 현달한 자식을 두게 된다. 장수길명으로 중년부터 크게 발복하여 명리를 이루게 된다. 록이 연지에 있으면, 만년 발복한다. 건록이 월지에 있으면, 상속성의 혜택과 더불어 입신출세를 한다. 여자는 가주의 역할을 하는 경우가 있다. 건록이 일지에 있으면, 예기의 재능을 유감없이 발휘한다. 여자는 직업에 전념하여 독립성을 확보하는 반면 부부의 애정 운은 좋지 않은 편이다. 건록이 시지에 있으면, 귀록격(貴祿格)으로 자식이 현달 발복하고, 당주는 안정된 노년기를 맞는다.

사례 5

財 主 殺 印
癸 戊 甲 丁
亥 午 辰 卯

庚 辛 壬 癸
子 丑 寅 卯

본 명조는 진월의 무토로 앉은자리에 오화가 있으니 원래는 약하지 않으나 천간에 칠살이 묘진해에 통근하고 일간을 바로 극하고 있다. 살이 있으니 단지 살로 논할 뿐이다. 팔자 오행에 금이 없으니 마땅히 일지에 통근한 연상 인성을 취하여 용으로 삼으나 아쉽게도 정재가 시간에 투간해 있고 아울러 월과 시에 통근하여 인성을 파괴시키고 있으니 격국이 혼탁하여 용신은 힘이 없는데다가 행운이 동북 목수지로 흐르고 재성이 왕한 살을 생하니 일생 걸식(乞食)을 하며 어렵게 지내 이미 빈하고 또한 천하다. 해운에 살이 회국하나 원국에 금이 없어 반대로 제지당하니 죽게 되는 것이다.

사례 6

財主殺財
庚丙壬庚
寅寅午午

丁丙乙甲
亥戌酉申

본 명조는 오월 인시에 태어난 병화일주로 연과 일에 인과 오가 거듭 나타나고 양인(羊刃)[6]이 있어 일간은 강하다. 편재가 연과 시에 양쪽으로 드러나니 마땅히 가살로서 비겁을 제압하여 재가 존재케 하는 것을 용으로 삼으나 애석하게도 재와 살은 지지에 뿌리가 없고 천간에만 허무하게 매달려 있으니 마치 한 잔의 물로 수레 위에 불붙은 장작더미에 끼얹는 과오가 없지 않는 격이다. 대운 갑신·을유에는 희용의 뿌리가 생겨 의식이 풍족하였으나 하나를 넘긴 병술에서는 지지가 인오술 삼합으로 화국이 되어 처를 형하고 자를 극하니 이상스럽게 모든 것이 소진됨이 만 가지가 이어져 집안의 재물이 허사가 되고 정해운에서는 천간이 정임합목하고, 지지 또한 인해합목하니 고독과 곤궁함을 견디지 못하여 죽었다. 이것은 희용이 천간에 고독하게 매달려 있고 지지에는 뿌리가 없음이며 행운도 극설이나 합거를 만난 것인 즉 힘을 낼 수 없는 까닭이다.

---

6) 양인의 구성은 일간에서 12운 건록이 되는 바로 다음의 지지가 양인이 된다. 갑의 건록은 인이므로 묘가 양인이 된다. 갑의 건록은 인이므로 묘가 양인이 된다. 다른 것도 이와 같다. 양인은 극왕이 되므로 자신을 상하지 않으면 남을 상하게 하는 흉살이다. 즉 목이 극왕하면 썩어지고, 화가 극왕하면 불살라 없어지고, 토가 극왕이면 무너지고, 금이 극왕이면 숫살이 되고, 수가 극왕하면 넘쳐흐른다. 그러나 양인 하나 만으로 일간이 극왕하다고 볼 수 없으므로 주위 환경에 따라 극왕이 되어 자신과 남을 상하게도 하는 흉살도 될 수 있고, 체와 용의 균형을 맞추어 주는 길신도 될 수 있는 양면성을 띠고 있으므로 함부로 흉하다고만 볼 수 없다. 양인은 권력과 형에 해당하므로 격이 양호할 때는 권력과 권위가 되고, 흉격일 때는 형액이 된다.

사례 7

劫	主	印	殺
己	戊	丙	甲
未	寅	寅	子

壬	辛	庚	己
申	未	午	巳

본 명조는 인월에 태어난 무토로 초춘에는 한기가 상존(尙存)하니 마땅히 병화를 진신으로 삼는다. 연상 칠살이 쌍 인목과 미토에 득시하여 통근하였고 아울러 좌하의 자수 재성이 생조하니 살이 왕성함을 알 수 있다. 그러므로 쌍 인목과 미토에 통근한 월상(月上) 병화를 용으로 삼는 것이요, 아울러 시주의 겁재는 재를 제압하고 살과 합하고 있다. 본 명조는 천간이 살인상생하고 진신이 득용하였으니 격국이 순수하고 유정하며 용신 또한 정수(精粹)하여 힘을 얻고 있다.

대운에서 관살의 극제를 만나도 천간에 투출하고 지장간에 숨어 있는 인성이 설화(洩化)시키고, 대운에서 식상의 설기를 만나도 인성이 제압할 수 있으며, 대운에서 재성을 만나면 살을 생하여 인성을 파괴시키나 천간에 투출하고 지장간에 숨어 있는 겁재로서 가히 제압할 수 있다.

고로 일찍이 과거에 급제하고 일생 동안 길만 있고 흉함은 없었으니 관리가 되어 뜻을 이루고, 퇴직 후에는 유유자적하게 살았으며, 여섯 명의 자식은 모두 과거에 합격하였고, 부부는 서로 아끼고 존경하였으며, 수명은 팔순을 넘겼다. 이것이 아주 크게 길한 명조 중 하나다.

사례 8

印主印官
乙丙甲癸
未寅子酉

戊己庚辛
午未申酉

본 명조는 병화가 장생지(長生地)[7]에 앉아 있고 인이 많아 강하니 관격으로 재를 용신으로 삼는다. 첫째로 관이 앉아 있는 재성이요, 둘째로 천간의 관성이 인성을 생하고, 인성은 일간을 생하며, 지지는 재생관하고, 관생인 하는 것이요, 셋째는 관과 인과 신이 지지에 통근하지 않음이 없는 고로 전국이 재관 인신으로 기세가 유통되고 희용이 파괴되거나 손상됨이 없으니 이것이 '일청도저유정신(一清到底有精神)'이다. 초운에 과거에 급제하였고 중운인 신유·경신에는 희신이 천투지장하여 한림원에서

7) 장생은 십이운성의 하나로 갓 태어난 아기가 포대기에 쌓여 있는 것을 뜻하며, 아무것도 모르고 천진난만하여 누구에게나 귀여움과 사랑을 독차지하며, 어머니로부터 온갖 사랑과 관심 속에서 자라나는 시기이므로 부족함을 전혀 모른다. 초목에 비유하면 새싹과 같은 형상으로 연약하여 세파를 견디어내는 힘이 약해 보이나, 시간이 지나면서 사회적 지위가 향상되고 명예가 따르는 운성이다. 장생은 총명하고 준수하며, 영리하다. 그리고 성격도 온화하고 유순하다. 인덕이 많아서 어디를 가든 모나지 아니하고, 누구와도 융합하며, 또한 주위에 보살펴주는 사람이 많다. 모방과 유행을 즐기며 감수성이 예민하고, 예술과 기능에 소질이 풍부하지만 창의성은 부족하다. 대인관계에서 그 흐름을 잘 따르기 때문에 조직생활에도 적응을 잘 하며, 일주에 장생이 있으면 남녀가 모두 배우자 덕이 좋은 편이라고 할 수 있고, 주변에서 도움을 주는 아주 길한 작용을 하기도 한다. 그러나 장생이 사주원국에 따라 역마의 기운이 강하게 작용하기도 하고 집착력과 고집으로 나타나기도 하며, 여명의 경우에는 배우자의 나쁜 관계를 암시하기도 한다.

이름을 높였으며 말운인 기미 · 무오에는 비록 원국에 구신[8]이 있으나 흉화를 면하지 못하였으니 희용이 무력하여져 늙어 종신토록 한림원에서 지냈다.

사례 9

印 主 殺 財
戊 庚 丙 甲
寅 辰 子 申

癸 壬 辛 庚
未 午 巳 辰

본 명조는 금수상관이나 일주가 약하지는 않다. 그러나 금한수냉으로 토가 차가운 고로 일시지에 통근한 연월 천간 재와 살을 희용으로 삼아 일양으로 해동시킨즉 생기가 활발하다. 이것이 '진신득용'한 것이요, 대운이 동남 목화지지로 흐르니 천간은 무 · 기 · 경 · 신 · 임 · 계가 되어 모두 원국에 갑 · 병을 극하더라도 과거에 급제하였고 벼슬길이 하나로 형통하였다.

---

8) 기신을 제(制)하는 신을 구신(救神)이라고 한다. 소나무를 예로 들면 소나무 자체를 체(體)라 하고, 소나무가 쓰이는 용도, 즉 조림하는 데, 불 때는 데, 집짓는 데, 팽이 만드는 데, 지팡이 만드는 데 등 쓰이는 것을 용(用)이라 한다. 희(喜)는 좋아하다, 기뻐하다는 말이고, 기(忌)는 싫어하다, 꺼리다는 뜻으로 일반적으로 많이 사용된다. 소나무는 물, 햇빛, 기름진 토양을 기뻐하고(喜) 성장에 방해를 주는 추위, 세찬 바람, 제선충(소나무를 말라죽게 만드는 병균)을 꺼린다(忌). 쉽게 말하면, 좋아하면 희신이고 싫어하면 기신이다. 중매쟁이가 소개를 시켜주어 결혼을 하면 중매쟁이는 은인이 되고, 다정하게 잘 사귀고 있는 남여를 이간질시키는 놈은 원수가 된다는 것이다. 그리고 이간질시키는 원수 같은 놈이 있는데 그 원수를 없애버려 남여가 다정하게 지낼 수 있도록 하는 사람은 나를 구해주는 것이다. 구신(仇神)은 원수이고 구신(救神)은 나를 구해주는 사람이다. 기준점은 약간 다르나 은신과 구(救)신, 원신과 구(仇)신은 같은 말이다. 월령이 용신을 이미 얻었으면 반드시 다른 위치에 상(相)이 있는데 왕이 재상이 있어 보필을 받는 것과 같다는 뜻이다. 용신과 상의 관계는 왕과 재상의 관계와 같다는 이야기이고 왕을 보필하는 재상을 상신(相神)이라 한다. 한(閒)은 간(間)과 같은 의미로 가운데라는 뜻이며, 한(閑)의 한가롭다는 뜻과도 같다. 여기저기에 속하지 않고 가운데서 한가롭게 놀고 있는 신을 한신(閒神 또는 閑神)이라 한다.

사례 10

食主印官
丙甲癸辛
寅子巳丑

乙丙丁戊
酉戌亥子

본 명조는 사월에 태어난 갑목으로 원래 물러나는 기운에 이르나 시지에 귀록(歸祿)이 있고 또한 일지가 귀록이 되는 월상 정인이 바로 생조하고 있으니 일간은 약하지 않다. 전체적으로는 관이 재에 앉아 있어, 관은 인성을 생하고, 인성은 신을 생하며, 신은 식신을 생하니 지지가 통근하지 않음이 없어 지나친 살운이 와도 인으로 화하거나 식신으로 제압하고, 재운에서는 식신으로 생하여 관으로 화하게 하니 오행이 유통되고 하나도 희용이 아닌 것이 없는 고로 사람이 강한 것과 부드러운 것이 조화를 이루고 인과 덕을 겸비한 자질을 갖추었으니 귀함이 최고에 이르고, 고향에서 최고의 부를 이루며, 재화와 험난함도 없고, 자식은 13명이며, 수명은 100살에 이르러 병도 없이 생을 마쳤다. 이것은 일주와 원신이 심후하고, 식신이 제살하며, 관인이 모두 청하니 좌우가 협동하고 상하가 유정하며, 오행이 번갈아 생하며, 기세가 유통되고, 충도 없고 극도 없으니 고로 아주 큰 복을 받는 명조이다.

사례 11

財 主 印 印
辛 丙 乙 乙
卯 辰 酉 丑

辛 壬 癸 甲
巳 午 未 申

본 명조는 병화가 뿌리가 없다. 유월에 생하였으니 지지의 습토가 금을 생하고 시상에는 신금 정재가 투출해 있으니 이것이 재가 왕하여 신이 쇠한 것으로 마땅히 일시 묘진에 통근하고 있는 연월 쌍을로 용을 삼아야 한다. 재다용인에 비겁의 도움이 없고 재성은 또한 천투지장하여 득시 · 득지하였다. 더욱이 천간에 두 개의 인성은 재성 위에 앉아 있고 시지의 인성은 재성을 싣고 있다. 상하가 무정하고 용신은 비록 많다고는 하나 진실하지 못하며 더욱이 비견이나 녹인 등의 상호 도움이 되는 희신이 없으니 일간은 수척해진다. 이것이 격국의 희용이 전적으로 아름답지 못한 명조로서 대운 계미 · 임오에 일간은 득지하고 천간으로는 임계를 보나 원국의 인성이 전화시키니 오히려 처를 취하고 자식을 낳게 되나 그 다음 신사에서 천간 신재가 인을 파괴하고 지지가 사유축으로 재국을 이루어 진묘에 소장되어 있는 인성이 손상을 입게 되니 마침내 요절하게 된다.

사례 12

劫主食印
乙甲丙癸
亥寅辰卯

壬癸甲乙
子丑寅卯

본 명조는 진월에 태어난 갑목으로 지지 전체가 목신이 암장되어 있고 시간에는 을목이 투간해 있으니 마땅히 종왕격으로 논하여 지지 인에 통근한 월상 병화 식신이 왕한 것을 설기(泄氣)하는 것을 용으로 삼는다.

그러나 식신은 천간지지 모두 인성의 극을 받으니 힘을 얻지 못하였다. 대운 초기인 을묘 · 갑인에는 인성을 설기시켜 식상을 생해주니 그 약이 화목하였으나 계축운에는 기신이 천투지장(天透地藏)하여 파모이상(破耗異常)이 되나 다행히 습토(濕土)의 땅에 거하게 되므로 오히려 한 번의 죽을 고비를 넘긴다. 그 다음 임자에서는 천간 편인은 식신을 겁탈하고 지지 진자해가 모여 수의 세력을 이루니 용신은 멸절(滅絕)하여 처를 극하고 자식이 해롭게 되며 가정도 깨지고 망하게 되니 스스로 목을 매고 죽게 되었다.

Ⅲ 부모 · 형제 · 처자

부귀 · 빈천 · 길흉 · 수요와 인명의 관계는 가장 밀접한 것으로 그 간법은 전술한 바 있다. 그 다음, 인명과 비교적 밀접한 것은 육친[9]이다. 무엇을 육친이라 하는가? 그 설명은 통상 부 · 모 · 형 · 제 · 처 · 자를 의미하는데 형은 자(姊)를 포괄하고, 제는 매(妹)를 포괄하며, 자는 여를 포괄하고, 여명(女命)에서는 처가 부로 바뀐다. 여섯 가지 중 어떤 것은 인명이 태어날 때 이루어지는 것으로 그 발생관계는 가령 부 · 모 · 형자요, 어떤 것은 출생 이후에 이루어지는 것으로 그 발생관계는 가령 제 · 매요, 어떤 것은 반드시 기다려 장대하게 되고 성숙하여졌을 때 이루어지는 것으로 그 발생관계는 가령 처 · 부나 자녀이다. 육친과 본인과의 관계에 있어 부와 처 혹은 처와 부를 제외한 그 나머지는 모두 혈연의 관계이다.

현행 민법상 부모는 '자신을 낳은 존재'이고, 자식은 '자신이 낳은 존재'이며, 형제 · 자매는 '자신과 같은 근원에서 낳아진 존재'로 모두 혈족이나 다만 부모를 칭함에는 '직계 혈친 중 일촌의 친등(親等, 等親 : 친촌의 관계를 계산하는 등급)으로 웃어른에 속하는 존재'라 하고, 자녀를 칭함에는 '직계 혈친 중 일촌의 아랫사람에 속하는 존재」라 하며, 형제 · 자매를 칭함에는 '방계 혈친 중 이촌의 등친'이라 하는데 오직 부처의 상호간을 칭함에는 '배우(配偶)'라 하여 평등하게 거주한다는 뜻이 있다.

옛 말씀 중 '부위처강(夫爲妻綱)은 아내는 남편을 섬기는 것이 근본임'은 남계 사회

9) 육친이란 원래 父, 母, 兄, 弟, 妻, 子를 말하는데 사주에서는 日干(일간, 日主)을 위주로 본 각 간지와의 관계를 말한다. 十神 또는 六神이라고도 한다. 六神 –六格(食神, 傷官, 財, 偏官, 正官, 印), 十神 –十格, 八格(比肩, 劫財, 食神, 傷官, 偏財, 正財, 偏官, 正官, 偏印, 正印) ① 비화자 형제(比和者 兄弟) 비견(比肩)은 일주와 음양이 같은 것이고 겁재(劫財)는 일주와 음양이 다른 것이다. ② 아생자 자손(我生者 子孫) 식신(식신)은 일주와 음양이 같은 것이고 상관(傷官)은 일주와 음양이 다른 것이다. ③ 아극자 처재(我剋者 妻財) 편재(偏財)는 일주와 음양이 같은 것이고 정재(正財) 일주와 음양이 다른 것이다. ④ 극아자 관귀(剋我者 官鬼) 편관(偏官)은 일주와 음양이 같은 것으로 제압되지 않으면 七殺이라 하고, 제압되거나 인수로 化하면 偏官이라 한다. 정관(正官)은 일주와 음양이 다른 것이다. ⑤ 생아자 부모(生我者 父母) 편인(偏印)은 일주와 음양이 같은 것으로 제압되지 않으면 梟神이라 하고, 식신을 극하면 倒食이라 하며 제압되거나 설기되면 偏印이라 한다. 정인(正印)은 일주와 음양이 다른 것이다. 사주지지는 지장간 정기를 일간대비하여 육친을 판단한다. 甲木일간이 巳는 식신, 午는 상관, 子는 정인, 亥는 편인으로 본다.

제도의 이론에 기초한 것으로 시대가 변천된 지금은 남녀평등이 거룩하게 보일 뿐만 아니라 또한 법제로도 이루어져 있다. 그러나 비록 민법에 속하고 사법 및 임의법에 속해 있어도 남자 위주의 습속을 따르고 여자도 따르게 되는 것은 역시 불가하다고 할 수 없으나 일이 얽히는 것이 발생하여 소송 등이 일어날 때 법정에서는 반드시 법률로서 재판의 근거를 삼는다. 고의례(古儀禮)에서 말하기를 「부인에게는 삼종지의가 있으니 함부로 행동해서는 안 되므로 가정을 이루기 전에는 부친을 따르고, 가정을 이룬 후에는 남편을 따르며, 남편이 죽은 후에는 아들을 따르는 것이다.」 이 삼종의 설법에서 비록 「가정을 이루기 전에는 부친을 따른다」는 것은 민법상으로 인한 규정이지만 부모는 「성년이 되기 전의 자녀를 보호 및 교양할 권리와 의무가 있다」라고 하였고 또한 「법정 대리인」이 되며 아울러 필요범위 내에서 「그 자녀를 징계할 수 있다」라고 하였으니 그러므로 「가정을 이루기 전에는 부친을 따른다」, 「남편이 죽은 후에는 아들을 따른다」는 설법은 남녀평등에 근거하면 부정되거나 상대적인 규정으로 간주된다.

이에 현대에 명을 논함에 있어서는 옛날의 「삼강」이나 의 설법을 고집하여 추론의 기초로 「삼종」 삼으면 그 상이한 것으로 인하여 성취하지 못하고 약간 임기응변하면 사고의 방향이 막힘을 면치 못하게 되니 관념이 맑지 못하게 되는 것이리라!

인명과 육친의 관계가 고정적인 것은 본신의 부귀 · 빈천 · 길흉 · 수요의 가장 밀접하고 중대한 것만 못하나 다만 이에 가족 구성원은 혈연의 상통이거나 날마다 같이 일어나고 같이 거하며 음식을 먹거나 하니 본인과의 관계를 '종족' 및 '가정'이라 하면 기분이 극도로 농후한 우리나라의 사회관념이 있으나 실재로 그것은 불가하거나 떠나는 현상이 있으니 역대의 명리학자들은 이에 대하여 모두 상세하게 추구하였다. 이에 각 명가들의 설명은 서로 같은 것에 불과하니 어떤 것은 하나만을 잡고 논하고, 어떤 것은 남달리 특별한 주장을 내세움이 빈번하니 일반 명서를 읽는 자는 대부분이 그대로 따른다.

명학이 발전된 지금은 이미 천백여 년이 지났으니 후학자들이 만약 옛 학설을 고수하지 않고 혹 편견을 고집한다 하더라도 여러 학자의 설을 일일이 들어 예부터 지금에 이르기까지 비교 연구하여 그 이론의 완전히 정리된 것을 택하고 법을 변별하여 행하니 현대에 증험된 방법을 구하여 궤적을 찾지 않을 수 없음이라 할 수 없다.

1. 제현의 의론

1) 『연해자평(淵海子平)』

「대저 육친은 부모 · 형제 · 처재 · 자식을 말하는 것이다. 일간을 위주로 용하면 정인은 모가 되고, 편인은 편모 및 조부가 된다. 편재는 아버지가 되고, 이에 어머니의 부성이요, 또한 편처이다. 정재는 처가 되고, 편재는 첩이나 아버지가 된다. 비겁은 형제 · 자매가 된다. 칠살은 남자요, 정관은 여자가 되니 식신은 남자 손이요, 상관은 여자 손 및 조모가 된다. 부인의 명조에서 육친을 취함은 남자의 명조와 같지 않으니 관성은 부성이 되고, 칠살은 편부가 되며, 식신은 남자요, 상관은 여자가 된다. 경(經)에 이르기를 「남자는 극하는 간을 취하여 후사(後嗣)로 삼고, 여자는 생하는 간을 취하여 자식 및 노비로 삼는다.」고 하였다. 연은 조상이요, 월은 부모 · 백숙 · 형제 · 문호이며, 일은 처첩과 자기 자신이다. 육친이 극을 받는 것은 어떠한 것과 같은가? 인수가 재를 보는 것은 모친을 극하는 것이요, 재가 비 · 겁 · 양인을 보는 것은 처첩 및 부친을 극하는 것이요, 관살이 많은 자는 형제가 어렵고, 상관 · 식신이 많으면 자식이 어려우며, 효인(梟印)은 자손을 상하게 하고 조모를 극한다. 비유컨대 정인이 작합(作合)하면 모친이 부정한 것이요, 재가 작합하면 처가 부정한 것이요, 정관이 작합하면 여자가 부정한 것이요, 편재가 작합하면 첩이 부정한 것이요, 비견이 작합하면 자매가 부정한 것이요, 상관이 작합하면 조모가 부정한 것이요, 식신이 작합하면 손녀가 부정한 것이다.
가령 갑목일주는 계를 보면 모친으로 삼고, 무진술을 보면 부친이나 첩으로 삼는데 기축미오자를 보면 무와 함께 서로 쟁탈하게 되고, 또한 계수를 상하게 하니 모친을 극하게 되는 뜻이 명확하다! 갑인자를 보면 부친 및 첩을 극하고, 경신자를 보면 주로 형 · 자를 극하며, 신유자를 보면 제 · 매를 극하고, 병오자를 보면 자녀를 극하니 나머지도 이에 준거하여 보면 된다. 이것은 반드시 세운에서 어떠한 글자(오행)를 보아 어떠한 사람(육친)을 극하는가를 보아야 하고 다시 충극쇠왕의 향배에 따라 장차 다가올 운의 육친은 나아가고, 공을 이룬 것은 물러날 것이며 겸하여 고진(孤辰)이나 과숙(寡宿)이 있고 순중에 공망이 있는 것을 꺼리니 금이 공망되면 울리고, 화가 공망되면 발하고, 수가 공망되면 흘러가니 이 세 가지는 길하지만 목이 공망되면 썩게 되고, 토가 공망되면 붕괴하니 이 두 가지는 흉하다.」

(1) 부친

「편재는 부요, 이에 인수의 관성이다. 가령 갑일주이면 무로서 부를 삼으나 다시 갑인자나 완전한 목국을 보거나 혹 사절·충형지에 이르면 주로 부친을 극함이요, 그렇지 않으면 떨어져 살거나 불목하게 되며 질병·잔상이 있게 된다. 만약 경자와 신자를 구하여 얻으면 거의 큰 해가 없다. 만약 갑이 왕하고 무가 쇠하면 역시 부친이 병이 있고 의지할 곳이 적게 된다. 만약 무가 생왕지·귀인지·천월덕지에 임하면 주로 귀하고, 다시 병정의 생조함이 있으면 부친이 복의 무궁함을 누린다. 만약 무토가 살지에 임하면 부친이 타향에서 사망하게 되고, 쇠패지에 거하여 제복을 받음에 처하거나 묘절지에 거하면 부친은 평상인이어서 부친의 힘을 얻을 수가 없게 된다.」

(2) 모친

「정인은 이에 나를 낳았으니 모친이 된다. 가령 갑목은 계로서 모친을 삼으니 기축미를 만나면 주로 모친을 극하고, 하나의 무가 실지하거나 혹은 극을 당하면 주로 모친의 전 남편이 상하고 인성에 도화·목욕이 임하면 모친이 외정이 있다. 가령 인성에 장생이 임하면 모친이 자애롭고 정숙하며 장수하게 되고 남편을 이롭게 하며 자식에게 온화하다. 가령 양인살지에 임하거나 혹은 절·묘지나 고과에 거하면 모친이 현명하지 못하거나 혹은 잔질이 있고 화목하지 않게 된다. 이러한 이치로 추리하면 증험되지 않음이 없다.」

(3) 처첩

「정재는 정처요, 편재는 첩이다. 갑목이 기토를 보면 정재요, 무토를 보면 편재가 된다. 또한 을목의 국을 보면 처가 상하고, 갑인을 보면 처를 극하게 되거나 처가 부정하게 된다. 재가 쇠패절지에 있으면 처가 질병이 있거나 현명하지 못하다. 그렇지 않으면 나이를 먹어서 재가하게 된다. 계자를 보면 첩이 부정하니 계는 이에 무의 처가 되는 까닭이다. 기축미자를 보면 스스로 편안하게 되고, 비견의 분탈을 만나고 재가 목욕이나 도화에 임하면 처첩이 사통한다. 일간 밑에 재가 거한 사람은 처의 내조가 많고, 더욱이 처와 재물을 함께 얻는다. 편재가 자리를 얻으면 첩이 처를 이기고, 정재가 스스로 왕하면 처가 첩을 허용하지 않는다. 관살이 중함을 보면 처첩은 맹독과 같아 두렵고, 재관이 나란히 있으면 아름답지만 처를 두려워하고 살을 보면 더욱 꺼린다. 재다신약은 처가 도리어 남편을 이기고, 신왕하고 재성이 힘이 있으면 처첩이 화순하여 처의 힘을 얻는다.

일주의 앉은자리가 공망이면 처첩이 있기 어렵고, 또한 고과나 음착양차를 보면 주로 처를 극하거나 혹은 친척으로 인하여 가족을 잃거나 쓸쓸하게 장가들거나 데릴사위로 들어가게 된다. 여인이 이것을 범하면 주로 부모의 집안이 쇠락하게 되거나 송사에 이르게 되니 나머지도 이에 준하여 예를 들어보면 된다.

(4) 형제 · 자매

「비겁은 형제이다. 이에 가령 갑을 보면 갑이 형자가 되고, 을을 보면 제매가 되는 것이니 인묘 역시 그러하다. 경을 본 즉 형을 극하고, 신을 본 즉 제가 상한다. 갑목이 왕상하면 형제가 쟁재하고, 갑을인묘가 이미 많으면 형제자매가 쟁재하고 불화하니 싸우게 되거나 화목하지 못하게 된다. 기를 보아 갑과 합하면 형자가 부정하고, 경을 보아 을과 합하면 제매가 부정하다. 가령 살이 많은 것을 보았는데 을목이 합살하여 갑을 구하면 형이 동생의 복만 못하니 동생의 힘을 빌리고 의지하게 된다. 갑이 인월에 태어나고 을목이 극을 받으면 형이 왕성하고 동생은 쇠약하다. 그 나머지 화순하고 화목하지 않은 것은 단지 팔자의 휴왕사절으로 추론하면 증험하지 않음이 없을 것이다.」

(5) 자식

「칠살은 아들이니 가령 갑이 경신을 보면 아들이고, 신유를 보면 딸이다. 만약 병화나 오인을 보거나 혹 살이 양인에 임하면 아들을 극하게 된다. 그렇지 않으면 아들의 질병이 없어지지 않는다. 무기토가 월령을 얻으면 아들은 힘을 얻게 되니 화순한다. 병 · 사를 보면 왕한 병이 신과 합하여 딸이 부정하고, 만약 목욕 · 도화가 임함에 더욱이 겸하여 식신과 암합이 되고 식신이 많으면 그 딸이 사통한다. 만약 살이 장생[10] ·

10) 깨끗한 심성으로 세상에 태어나서 처음 울음을 터트리는 시기와 같다. 12운성에서 갑의 장생은 해가 된다. 12운성표 참조.

월덕[11]·천덕[12]지에 임하고 귀인·녹마[13]·식신·재향으로 흐르면 강한 아버지와 귀한 자식이 있다고 말할 수 있다. 중요한 것은 중화의 기운을 품부 받아야 하는 것이니 양일 양시면 아들을 보는 것이 비중 있고, 양일 음시면 선남후녀이고, 음일 음시면 여자를 보는 것이 비중 있고, 음일 양시면 선녀후남이다. 상관이 관을 보면 자손이 흉악·완고하고, 시상에 상관이 있거나 공망이면 자식이 있기 어렵다. 여명은 상관을 아들로 취하고, 식신을 딸로 취하는데, 만약 인수와 효신을 보면 자식을 얻기 어렵다. 남명에서 관살이 득지하고 중화의 기운을 품부 받은 사람은 아들이 있다고 말할 수 있으니 장차 생성하는 수로 판단하는데 생왕이면 배가되고, 사절이면 반감된다. 태과불급은 이로서 판단하지 않으니 태과하면 자식은 있으나 대부분이 극요하거나 흉완(凶頑)하고, 불급하면 낳아서 기르는 것이 적다. 관살이 득지하고 부조함이 있으며 길요(吉曜)가 많으면 그 자식은 충효하고 현명하나 휴수사에 거하며 절·파패·쇠병·구교(勾絞) 등의 원흉·공허지에 있으면 자식이 마땅히 불초(不肖)하여 빈천하고 잔질이 있게 되며 더욱이 겸하여 고신·과숙이 있으면 의지할 바 없이 외롭게 된다.

비유컨대 갑자일, 갑자시에 경(칠살)은 자(시)에서 사가 되니 사중에 이르면 죽어서(늙어서)까지도 사내아이가 없게 되고, 시가 묘가 되면 둘도 보증할 수 없게 된다. 절중에서도 기운을 받으면 자식이 하나고, 태중에는 첫딸이거나 타인의 딸을 기르게 된다. 양중(養中)이면 자식이 세 명이나 단지 남는 것은 두 명(혹은 한 명)이다. 장생의 위치에 있으면 같은 순중에 반합이니 자식이 일곱이요, 목욕지이면 한 쌍인데 건강하다. 관대·임관은 삼자요, 왕중에는 오자요, 쇠중에는 이자에, 병중에는 일자이다. (경)이 사에서부터 생하여 해에 병이 되니 그 숫자를 이 법에 의지하여 미루어보면 알 것이다. 나머지도 이에 의거하여 추리한다. 또 만약 팔자 중에 자성(子星)이 없고 시상

11) 월지(月支)를 기준으로 하여 천간(天干)을 대조하여 본다. 월덕귀인(月德貴人)이 사주에 있는 사람은 태어날 때부터 부모의 덕이 있어 풍족한 재물과 자애로운 가족들 속에서 지덕체를 겸비한 건실한 인물로 성장하게 되며, 인복이 많아 좋은 배우자를 만나게 되고, 인덕이 높아 예상치 못한 관재구설이 있더라도 물 흐르듯이 넘어가게 된다고 한다.

12) 천덕귀인은 사주 중 월에 해당하는 기둥, 즉 월주의 아래에 있는 월지가 무엇이냐에 따라 결정된다. 예를 들어 월지가 역마적 특성이 강한 인목 사화 신금 해수라면 천덕귀인은 그 글자들 다음 계절의 음간이 된다. 다음으로 월지가 화개적 특성이 있는 진술축미라면 전 계절의 양간이 귀인이 된다. 월지에 진토가 있으면 진토는 봄에 흙이니, 전 계절은 겨울이고 겨울의 천간은 임수와 계수이고, 그중 양간은 임수이니 임수가 천덕이 된다. 마지막으로 월지가 도화적 특성이 있는 자수 오화 묘목 유금이라면 극이 되는 계절 지지의 양에 해당하는 것이 천덕귀인이다.

13) 사주에서 정관과 재(財)를 말한다. 정관은 관(官)에 출사하여 봉록(俸祿)을 받는 신이고 재는 생활의 자원이 되는 금전재화의 신이다. 마(馬)는 본래 역마를 말하는 것으로 편재를 뜻한다.

에서 생왕되지 못하나 운이 관살왕향으로 행한다면 당주(堂主)는 자식을 두고, 운이 관살 왕운을 지나갔다면 자식이 없다. 만약 주중에 관살이 있으나 상관·식신 등의 휴쇠절약운으로 행한다면 그 자식을 잃게 될 것이요, 이 운이 과거에 바야흐로 있었다면 팔자에 일살이면 일자요, 이살이면 이자요, 살이 없으면 자식이 없다. 만약 주중에 신살이 두 개 머물러 있고 살이 왕한 운으로 나아가면 자식이 많은 것으로 판단하고, 또한 재신이 어떠한가를 보고 수시로 증감·크기를 미루어 보면 증험되지 않음이 없다.」

2) 장남(張楠)

「경(經)에 말하기를 연상에 재관이 있으면 주로 조종이 입신출세하고, 월상에 관살이 있으면 주로 형제가 쇠잔하다. 또 말하기를 연으로는 조종의 흥폐의 일을 보고, 월로는 부모가 보존되어 있는지가 정해지는 것으로 추론한다. 연은 조종의 궁에 속하니 재관지에 임하고 이에 녹마지향(祿馬之鄕)에 위치하면 입신출세의 이치가 당연하다. 만약 비견·겁재가 자리하여 있어 재관이 가히 의거할 바가 없으면 이것은 조종이 몰락한 것이다. 그런데 부모의 궁은 또 연상의 조종에도 해당되는바 월상의 형제 양궁(兩宮)과 서로 잘 빗대어 참고하여 보아야 한다. 만약 연월에 재관이 없는 경우에는 대부분 그 기본 뿌리가 천박하나 자수성가하게 되고, 홀로 월령에 관살이 사령(司令)하는 경우, 형제의 손상을 나타내는데 비록 형제가 많아도 형제간에 다툼이 있으니 대개 비견은 형제의 성(星)이 되는데 관살을 보면 극을 받기 때문이다. 그러므로 어찌 형제를 손상되지 않는다고 할 수 있겠는가? 이르기를 관살은 집안과 형의 수요를 나타내고, 살관은 집안과 동생의 죽음을 나타낸다.」고 하므로 월(月)은 이에 문호가 된다. 또한 일간이 월기에 통하고 비견이 왕하면 대다수의 경우 형제가 기러기 떼와 같다. 이치는 비록 이와 같으나 역시 귀함을 통변함에 있어, 만약 일주의 뿌리가 많으면 비견이 태왕해지나 역시 멀리 떨어져 만날 수 없다. 대개의 인연에서 형제가 많은 것은 겁재가 있는 것이니 이 또한 관살을 기뻐하며 형제를 얻을 수 있는 것이다. 편재는 부친으로 비견이 중첩하면 부친이 손상을 입게 되고, 정인은 모친으로 재성이 왕성하면 모친이 상함에 처한다. 관살로 자녀를 삼는데 상관이나 식신이 많으면 대부분 자식이 손상되고, 만약 관살이 지나치게 강하여 일주를 극제하면 자기 자신을 죽음에서 구하는 것도 넉넉지 못하게 되니 어찌 자식을 낳을 수 있겠는가? 반드시 식신·상관으로 관살을 제거해야 자식을 낳을 수 있다. 남자의 명조는 이와 같고, 여자의 명조도 역시 그러하다.
만약 재관이 왕하고 일주가 약하면 부친의 집안은 흥하고 모친의 집안은 쇠락하게 되는데, 그것은 대개 재관은 부친이 왕성해지는 기물이기 때문이다. 그런데 재는 능히 모친을 손상시키고, 관은 형제를 극하니 재관이 왕하고 일주가 약한 것은 대부분 부모·형제가 쇠잔함을 의미한다. 또한 여자의 명조에서 식신·상관이 많으면 설기로 인하여 정신이 손상되는 것이니 자식을 낳을 수 없게 된다. 희신인 인성으로 식상을 제압하면 그 정신이 되살아나 능히 자식을 낳을 수 있게 된다.」
만약 식신·상관이 적은데 인성이 그 식신·상관을 손상시키면 자식이 적거나 없게 된다. 처성·부성·자성을 논함에 있어 모두 팔자에 병이 있는지를 살펴야 하는데 그 병이 제거되면 처와 부와 자가 있게 되니 오성술의 그릇된 설은 믿기 어려운 것이다.

3) 만육오

「혹 묻기를 음양은 어떻게 배합되어 부부가 되고 육친을 이루는가?」
육친은 통상 부·모·형·제·처·자를 가리킨다. 서락오는 이에 육친을 부·모·처·자·형제에 자신을 아울러 여섯이라 하였다. 설법은 같지 않으나 명리에서는 자기 자신의 길흉화복은 별도의 간법이 있으니 마땅히 부·모·형(자)·제(매)·처(부)·자(여) 여섯 가지로 보는 것이 타당할 것이다.
「답하기를 가령 갑목은 을이 매가 되는데 경금과 결합시켜 처로 삼게 하고, 병은 정이 매가 되는데 임수와 결합시켜 처로 삼게 한다. 무는 기로서 갑과 배합되게 하고, 경은 신으로서 병과 배합되게 하며, 임은 계로서 무와 배합되게 하니 일음일양이 배합하여 부부가 되는 것이다. 부부가 있은 후에 부자가 있게 되고, 부자가 있은 후에 형제가 있게 되는 것이니 육친은 부·모·형·제·처·자이다.」
육갑은 기에게 장가들어 기(己)를 처로 삼으니 갑기가 합하여 경신을 생하므로 자식이 되는데, 남자는 극하는 간을 후사(後嗣)로 삼고, 여자는 생하는 간을 자식으로 삼으니 기는 경신의 어머니가 되고, 경신은 기의 자식이 되는 것이다. 경은 을목에게 장가들어 을목을 처로 삼으니 을경이 합하여 병정을 생하므로, 을경은 병정의 부모가 되고, 경은 부, 을은 모가 된다. 그러므로 음간이 나를 생하는 것을 일러 모라 하고, 내가 극하는 양간을 일러 부라 하며, 나를 극하는 것은 관으로 자식이 되고, 내가 극하는 것은 재로 처가 되며, 나와 같은 것은 형제 · 자매가 되고, 나의 처를 생하는 음간은 장모가 되며, 처가 극하는 양간이 장인이 되고, 나의 딸을 극하는 것은 딸의 남편이 되며, 식신은 손자가 되니 그 나머지 육친은 모두 십간 변화의 취용이다. 또한 가령 육갑생인은 계수로서 어머니를 삼으니 정인이 되고, 기토로서 처를 삼으니 정재가 되고, 무토로서 아버지를 삼으니 편재가 된다. 가령 비견을 만나면 아버지가 상하게 되고, 겁재를 만나면 처에 손상이 있게 된다.

육을생인 역시 계수를 어머니로 삼으니 계는 편인이 되고, 무로서 아버지를 삼으니 무는 정재가 되며, 기토는 처가 되고, 무토는 첩이 된다. 갑과 을은 모두 경신으로서 자식을 삼는데 경금은 남아가 되니 갑에게 있어 칠살이 되고, 을에게 있어 정관이 됨이요, 신금은 여아가 되니 을에게 있어서는 칠살이 되고, 갑에게 있어서는 정관이 되는 것이요, 기토는 처가 되고, 무토는 첩이 되니 을목은 기토를 극한다고 말하는 것이다.

비록 음이 음을 보면 배합을 이루지 못한다고 말하지만 음목은 양토를 극하여 얻지 못하는 것이니 부인 또한 음으로서 정을 삼는 것인 고로 말하기를 갑을은 모두 기로서 처를 삼고, 무로서 첩을 삼는다라고 하는 것이다. 만약 여자라면 갑이 경인 칠살을 만난 것이고, 을이 경인 정관을 만난 것이니 모두 부가 되는 것으로, 경은 양이라 이르니 남자로서는 정부가 되고 양에 속하여 신음으로 부를 삼는 것은 옳지 못하다.

다만 양이 양을 많이 보면 대부분 정이 없고 음이 음을 보면 부부가 화명(和鳴)한다. 혹 말하기를 정재는 처로 취하고, 편재는 첩으로 취하니, 여자가 갑일 경우 신은 정부(正夫)가 되는 것은 음양의 정합이다. 갑 · 을 생인은 모두 갑으로서 형자를 삼고, 을로서 제매를 삼는데, 정이 노파가 되는 것은 나의 아버지를 생하는 것으로 조모가 되는 것이니, 정이 무토를 생하기 때문이요, 임수가 공(조부)이 되는 것은 임이 정과 합하기 때문이다. 또한 정화로서 장모를 삼는 것은 나의 처를 생하는 것이 장모이기 때문인데 정은 기를 생하고 기는 갑과 배합하여 갑의 정처가 되는 까닭이다.

임이 장인이 되는 것은 임이 정과 합하기 때문이다. 처의 형제는 처남이 되는데, 기토가 처라면 무토는 처의 형제인 처남이 되는 것이니, 계수는 처남의 처로 처남댁이 되는 것이다. 그 나머지 각각의 간도 모두 이와 같은 방법으로 추론한다. 여자의 취용은 남자와 같지 않으니 내가 생하는 것이 자식이고, 나를 극하는 것이 남편이 되며, 나의 남편을 생하는 것이 시어머니가 되고, 나의 시어머니를 극하는 것이 공(시아버지)이 되며 그 나머지 부모·형제는 남자와 동일하게 판단하나 다만 음양을 자세히 변별하여야만 한다. 갑·을 일간일 경우 병은 남아가 되고, 정은 여아가 됨(병은 양에 속하므로 남자가 되고, 정은 음에 속하므로 여자가 됨)이요, 경은 남편이 되고, 신은 남편의 형제가 되며, 기는 시어머니가 되고, 갑은 시아버지가 된다. 혹 식신은 남아이고, 상관은 여아라 이르는 것은 음양으로 각각 생하는 바를 취한 것이다.

경에 말하기를 연은 조상이요, 월은 부모·형제·문호요, 일은 처첩과 자신이요, 시는 자식이다라고 하였으니 마땅히 사주 가운데에서 부모·형제·처자의 성(星)이 어떠한 지지에 거하는지를 살펴 왕상휴수사를 논한 후에 길흉을 말해야 한다. 가령 부모의 성(星)이 장생·왕·고(庫)·녹마·귀인지에 있으면 부모가 부귀·복수·영요하고, 공망·형·극·살·공망·쇠·패 등이 교차하여 아우르는 지지에 있으면 부모가 빈박·파상·형요하거나 혹은 외지에서 죽거나 좋지 못함으로 마치게 된다.

만약 형을 띠거나, 파·해를 띠면 비록 생·왕·고지에 거하여 부모가 장수한다 하더라도 빈천하게 된다. 형제성이 만약 득시·득령하고 장생·고·왕·녹마·귀인지에 있으면 형제가 많으며 부귀·영화를 누리고, 만약 형·극·살·인·사·절·쇠·패지에 앉아 있으면 형제가 힘을 얻지 못하며, 장생·왕·고지에 있으나 형·충·파·해를 만나면 비록 형제가 있어도 원수가 되거나 힘을 얻지 못한다. 만약 처첩성이 생·왕·고·녹마·귀인지에 있거나 혹은 생하는 것이 있으면 처첩이 부귀·영화를 누리고, 미모가 있으며 다재다능할 것이나 공망·형·극·살·양인·사·절·충·패지에 있으면 처첩이 빈박하고 외모가 추하며 형요할 것이요, 음란하거나 잔질이 있거나 혹은 애를 낳다가 죽거나 힘을 얻지 못할 것이다. 만약 생·왕·녹마지에 앉아 있으나 형·충·파·해를 당하면 비록 장수한다 하더라도 원래의 용모를 잃거나 빈박할 것이요, 녹마·귀인·재고지에 있어도 형·충·극살을 띠면 처는 비록 부귀하나 요절할 것이다.

만약 자식성이 생·왕·녹마·귀인·관인지에 있고 상생하게 하는 것이 있으면 자식이 영화롭고 총명하며, 늙어서도 많은 여생을 보내게 되지만 만약 녹마 · 귀인이 거하더라도 사 · 절지에 있으면 비록 총명 · 준수하나 늙어서 여생을 보내지 못함이요, 생왕지에 있다 하더라도 형 · 충 · 파 · 해를 당하면 자식이 우둔하거나 혹은 잔질을 지닌 채 여생을 보내게 되고, 만약 사절지 또는 형 · 충 · 파 · 해 · 겁재지에 거하면 자식이 힘을 얻지 못하여 설령 자식이 있더라도 잔질을 앓거나 원래의 용모를 잃거나 혹은 비속하게 된다. 여명에서 만약 자식성이 생왕지에 거하면 자식이 많고, 녹마 · 귀인지에 거하면 자식이 부귀 · 복수하며, 공망 · 형 · 극 · 살지에 거하며 아울러 충 · 양인 · 사 · 절지에 있으면 자식이 힘을 얻지 못한다. 만약 첩의 위치가 생왕지에 거하면 뜻밖의 자식이 있는 것이 마땅하다.

부(賦)에 말하기를 「그 권속(眷屬)을 논함에는 그 사절됨을 우려해라 하였고, 삼명에 말하기를 사주로 그 구족(九族)을 보려면 삼원으로 그 육친을 변별하라.」라고 하였다. 혹 물어 말하기를 「갑 · 을 일주는 무 · 계로서 부모를 삼는데 사주 간지를 아울러 계수가 없으며 단지 무와 임 두 글자만이 천간에 드러나 있거나 지지에 숨어 있으면 어떤 것을 부모로 논하는가?」 답하기를, 본 경(經)에 이르는바 「드러난 간이 있을 적에는 드러난 간을 취하고, 드러난 간이 없을 적에는 숨어 있는 지지에서 구한다.」라고 하였다.

만약 사주에 계자가 없고, 단지 무자만 있어 갑을의 아버지가 되면 장차 아버지는 그 모를 구하는바 계모(癸母)가 없으면 단지 임을 모로 삼고 역시 모름지기 무는 부로 논하니 그 무임이 혼인의 배합을 얻어 남녀가 시집장가 가는 것은 아니지만 반드시 초상 기간 내에 결혼한 것이거나 혹은 모가 나이 많은 부와 결혼하거나 혹은 초혼에 실패하고 재혼한 것일 것이다. 혹 또한 물어 말하기를 「갑일주가 연지와 월지가 을목이고, 시지가 갑목일 경우 을이 선이 되고 갑이 후가 되니 어떤 것이 형이고, 어떤 것이 동생인가?」

답하기를 선후를 논하지 않고 단지 강한 것을 형으로 삼고, 약한 것을 동생으로 삼는다. 대저 사람의 생에 있어서 위로는 부모가 있고, 아래로는 처자가 있으며, 가운데로는 형제가 있다. 그 연계되는 소속이 헤어지고 합하고 하는 것이 명이니, 명에 육친이 불급되었다고 말하는 것은 스스로의 편견이다. 다만 세상 사람들이 바른 이치에 도달하지 못하여 마침내 오양간(五陽干)으로서 모 · 처 · 여아를 취하고, 오음간

(五陰干)으로서 부(父)·부(夫)·남아를 취하게 되니 그릇됨이 지나치다.
이 법을 가르치는 사람은 갑은 기를 취하여 처로 삼고, 을 역시 기를 취하여 처로 삼으나 무를 취하는 것은 부당하니 무는 이에 양이요, 갑은 경으로서 후사를 삼고, 무로서 부친을 삼으며, 계로서 모친을 삼음이요, 을 역시 같으니 편정을 불구하고 오직 음양을 변별하여 양남음녀의 이치로 보면 크게 순할 것이다. 신백경(神白經)에 이르기를 「갑인은 정이 부가 되고, 임이 모가 된다. 을인은 무가 부가 되고, 계가 모가 된다. 나머지 여덟 간도 이와 같이 본다.」라고 하였다. 이것은 양남음녀를 논하지 않고 단지 음이 음을 생 , 양이 양을 생하는 것으로 나를 생하는 것이 모가 되고, 모와 간합하는 것이 부가 되며, 부부의 합 이후에 생하는 것이 자식이 되는 것이다. 양간은 상관이 부가 되고, 편인이 모가 된다. 음간은 정재가 부가 되고, 편인이 모가 된다. 이러한 설 역시 통할만 하다.」

4) 진소암

「구설(舊說)에서 정인은 나를 생하는 것이므로 모친을 삼아 취하였고, 편재는 정인을 극하는 것이므로 부로 삼아 취하였으며, 내가 극하는 바는 재가 되니 처로 삼아 취하였고, 재가 생하는 바는 관살이니 자식으로 삼아 취함을 명학가들이 정해진 법으로 받들었으나 실재로는 패려(悖戾)가 다단(多端)하니 일일이 논거를 청해보면, 사람은 부모의 공생으로 말미암는데 단지 정인만이 어머니에 속하니 어찌 어머니 혼자 나를 낳을 수 있겠는가? 이것이 그 패려됨의 하나이다.
편재는 고정적으로 정인의 짝이라고 하나 재는 내가 극하는 것이니 어찌 생아(生我)하는 것이 되겠는가? 이것이 그 패려됨의 둘이다. 대저 지아비가 처를 제(制)하는 도리는 있어도 자식이 아버지를 제하는 이치는 없는데 편재는 내가 극하는 것에 속하니 이것은 자식이 아비를 제하는 것이 되니 그 패려됨의 셋이다. 재는 처첩이 되면서 또한 아버지가 될 수 있단 말인가? 이것은 시아버지와 며느리가 같게 되는 것이니 그 패려됨의 넷이다. 자식은 부처가 공유하는 것인데 재생관살로 취하니 처 혼자 자식을 낳는단 말인가? 이것이 그 패려됨의 다섯이다. 관살은 나를 극하는 신인데 어찌 내 자식이 그럴 수 있단 말인가? 이것이 그 패려됨의 여섯이다. 사람으로서 자식이 아비를 제하고 아비가 자식에게 제를 받는다는 것은 천륜을 거스르는 것이라

할 만 하다. 이것이 그 패려됨의 일곱이다.

아버지는 어머니를 극하는 것으로서 취하고, 자식은 마땅히 아내를 극하는 것으로 취하는 것이 옳으니 관살이 극하는 것이 일주인데 그렇다면 또 며느리와 시아버지가 같단 말인가? 관살이 자식이면 그 자식의 처는 비견, 비겁이 되는데 이렇게 되면 나와 자식의 처, 즉 일주입장에서는 며느리가 일주와 같은 신이 되므로 결국 시아버지와 며느리는 같은 것이 된다는 것을 비판한 말 이것이 그 패려됨의 여덟이다. 일주의 아버지는 일주가 생하는 자식의 할아버지가 되며 일주의 자식은 관살이니 일주가 생하는 자식 관살은 일주를 생하는 아버지 편재의 손자가 되는데 편재는 관살을 생하는 것이므로 손자(관살)가 할아버지(편재)로부터 생기는 것이 되니 이것이 그 패려됨의 아홉이다. 이러한 근거로 생각해 보건대 부부가 있은 연후에 부자가 있다고 말하는 것에 불과할 따름이나 만약 부부 · 부자의 예에 의지하여 논리를 확대해 추론해 보면 삼당(三黨; 부족, 모족, 처족)의 남녀가 복잡하게 얽히게 되니 그 패려됨이 열이다.

이제 남자는 인으로 부모를 삼고, 식신 · 상관을 자식으로 삼으며, 내가 극하는 재를 처로 삼아야 함이요, 여자는 인으로서 부모나 시부모를 삼고, 식신 · 상관으로 자식을 삼으며, 나를 극하는 관살은 남편이 되어야 한다. 인은 정편을 논하지 않고 단지 충극을 만나지만 않으면 부모가 구전(俱全)하고, 억부가 합당하면 부모가 모두 수를 누릴 것이며, 다시 귀기를 띠면 부모가 영현(榮顯)할 것이다. 식신 · 상관도 충극을 만나지 않으면 자식이 있고, 억부가 합당하면 자식이 많으며, 다시 귀기를 띄면 귀자가 있을 것이다. 재가 비겁의 겁탈을 만나지 않고 관살이 충극을 만나지 않으면 부처가 해로하며, 억부가 합당하면 부처가 현숙하고, 다시 귀기를 띄면 부현(夫顯)하고 처영할 것이다. 반대이면 부모가 부전하거나 불귀하며, 자식은 없거나 적고 있더라도 불효하며, 부처는 극하거나 현명하지 못하고 드러나지 않으니 이것 역시 그 대략을 얻은 것일 뿐이라 하겠다.」

인명에서는 종종 인이 없어도 부모가 귀하고 오래 사는 경우가 있고, 식신 · 상관이 없어도 자식이 번창하는 경우가 있으며, 재나 관살이 없어도 부처가 안영(安榮)한 경우도 있는데 이런 경우는 일주와 전체의 국을 보아서 그 근기의 유무를 알면 그 부모를 알 수 있고, 그 생기의 유무를 알면 그 자식을 알 수 있으며, 그 화기(和氣)

의 유무를 알면 그 부처를 알 수 있는데 재·인·관·살·식·상이 드러나 있다 해도 역시 모름지기 이러한 소식(消息)의 뜻을 알아야 한다.
종합하자면 중화가 완벽하게 좋은 사람은 가문에 반드시 복경이 많고, 편고하며 결함이 있으면 골육이 형상(刑傷)을 면치 못할 것이니 이것이 자연스런 이치라 하겠다.
형제는 단지 동류 간지의 기세가 어떠한가를 살펴보는데 순수하고 아름다우면 많거나 귀하고, 이지러지고 손상되면 적거나 천하다. 서로 융합하면 힘을 얻고, 치우쳐 어지러우면 서로 거슬릴 것이니, 만약 동류의 간지가 없으면 일주의 기세를 어떻게 보는가? 생부(生扶)·유정한지, 고간(孤干)·무보(無輔)한지로 그 형제를 알 수 있다.

「육친을 보는 법에서 구서에 연은 조상이 되고 월은 부모가 되며 일지는 처가 되고 시는 자식이 되며 동류는 형제가 된다고 했는데 이 법은 이치가 있다. 예를 들어 길신이 연에 있으면 조상이 영현하고 조상의 음덕을 입으며, 흉신이 연에 있으면 조상이 한미(寒微)하고 박하며 역시 조상의 음덕도 받지 못한다. 예를 들어 길신이 월에 있으면 부모가 귀성하고 또 부모의 보살핌을 입으며 흉신이 월에 있으면 부모가 쇠잔하고 부모의 보살핌을 입지 못한다. 또 만일 길신이 일지에 있으면 처와 해로하고 처덕을 입으며 흉신이 일지에 있으면 처가 상망하고 또 처덕을 못 입는다.
예를 들어 길신이 시에 있다면 자식이 번성하고 자식 덕을 입으며 흉신이 시에 있다면 자식이 영락하고 자식 덕을 입지 못한다. 형제는 정한 위치가 없지만 동류를 보아서 길신이면 형제가 번창하고 형제 덕을 입으며, 동류가 흉신이면 형제가 쇠하고 적을 것이며 역시 형제 덕도 없다. 이 법에 비록 완전히 매이기는 어려우나 그러나 대강은 틀리지 않으니 전법과 참고해서 본다. 구서에 월이 형제가 된다는 말이 있는데 말인즉 월은 일보다 존(尊)하니 형제로 삼을 수 있다 하나 주(柱)에 형제의 위치가 없는 것은 간에 처위가 없는 것과 같으니 어찌 억지를 부린단 말인가?」
세속에 서로 전해오는 것이 부명이 흉하면 능히 자식을 극하고 자명이 흉하면 능히 부를 극한다고 하며 남편의 명이 흉한즉 능히 처를 극하며 처의 명이 흉하면 능히 남편을 극한다고 하여 드디어 골육 간에 서로 원망하고 증오하는 사람이 있게 되었다. 그러나 이 설은 아주 잘못되었으니 대체로 부명에서 자성이 파괴되어 있으면 그 아들이 불초함을 추론할 수 있는 것이지 부명으로 인해서 극자하는 것이 아니다.

또 자명에서 부星이 쇠절되어 있으면 그 아버지가 일찍 돌아갈 것을 미루어 알 수 있는 것이지 자명으로 인하여 극부(剋夫)하는 것이 아니다. 남편의 명중에 처성이 손괴되어 있으면 몇 번이고 상처한다고 추론할 수 있는 것이지 남편의 명으로 인하여 극처하는 것은 아니며 부인의 명에서 부성(夫星)이 사절되어 있으면 그 남편이 죽을 수도 있다는 것을 추론할 수 있을 뿐이며 처명으로 인하여 극부하는 것이 아니다.

5) 심효첨

「사람에게는 육친이 있듯이 팔자에 배합하면 명에도 있다. 궁분에 따라 배속하면 연, 월, 일, 시의 위 [年]에서부터 아래로 조상, 부친, 처, 자식이다. 또한 (육친을) 위로부터 아래까지 지지와 서로 배합하면 그 마땅함을 얻을 수 있으니 바꿀 수 없는 지위이다. 용신(십신)에 따라 육친을 대조한다면 정인은 모친이 된다. 우리의 신체가 나온 곳이므로 나를 생한 것에서 취한 것이다. 그런데 편재는 나의 극제를 받는 것인데 어떻게 부친이 되는가? 편재란 모친의 정관(정부)이 되기 때문이다. 그래서 정인이 모친이면 편재는 부친이 된다. 정재는 처가 되는데 나에게 극제되는 것이다. 지아비는 처의 중심이 되고 처는 지아비를 따르기 때문이다. 만약 관살이 나를 극제하는 것이라면 어떻게 오히려 아들과 딸이 되는가? 정관과 칠살은 재성이 생조하는 것이다. 재성이 처와 첩이 되면 정관과 칠살은 자녀가 된다. 비견의 경우에는 형제가 되니 역시 이치가 분명하다. 그것(육친)들이 힘을 얻었는지 얻지 못했는지, 혹은 길한지 흉한지의 여부는, 바로 사주에 연월 혹은 일시에 존재하는 재성, 정관, 상관, 양인 등이 어떤 육친과 연결되었는지를 살핀 후에 육친을 용신(십신)과 대조하고, 원국에 어떻게 희기로 작용하는지를 참고하여 그것[육친]을 대조한다면 길흉을 명확하게 알 수 있을 것이다.」

「대개 명 중의 길흉은 자신과 가까울수록 더욱더 명확하게 입증된다. 부귀빈천은 자신의 일이니 두 말할 필요가 없을 것이다. 육친의 경우 처는 자신의 배필이고 자식은 후사이므로 이 또한 자신과 긴밀한 관계에 있다. 그러므로 명을 보는 사람은 처와 재물, 자식과 관록 네 가지 일을 함께 논해야 한다. 이 외에 부모는 자신이 출생한 근원이므로 역시 자연스럽게 입증된다. 월령에 힘을 얻고, 혹은 연(年) 천간에 쓰임이 있으면 주로 부모가 모두 온전하며 유력한 분들이다. (그러나) 조상과 형제의 경우에는 거의 입증되지 않는다.」

「처를 통해 논한다면 좌하(일지)에 재성과 정관이 있으면 처는 당연히 현숙하고 귀하다. 그러나 좌하에 재성과 정관이 있어도 처가 불리한 경우도 있고, 상관과 양인을 만나도 처가 오히려 길한 경우도 있다. 어떤 경우인가? 그것은 대개 월령의 용신이 희와 기가 배합된 경우이다. 예컨대 처궁에 재성이 앉아 있으면 길하지만, 인성격을 만나면 오히려 좋지 않다. 처궁에 정관이 앉아 있으면 길하지만, 상관격을 만나면 어찌 순용할 뜻이 있겠는가? 처궁에 상관이 앉아 있으면 흉한데 재성격을 만나면 재성을 생조하며, 칠살격을 만나면 칠살을 제어할 수 있으니 오히려 처가 내조할 수 있다. 처궁에 양인이 앉아 있으면 흉하지만 재성격과 정관격, 칠살격, 상관격 등이 사주에 이미 격국을 이루고 있고, 일주가 무기하여 오직 일주가 양인에 의해 도움을 받고 있다면 처는 반드시 지아비를 도울 수 있다. 한 가지 이치에만 집착해서는 안 된다. 이미 처궁을 본 이후에 또한 처성을 본다. 처성은 천간의 재성이다.
처성이 투출하고 격국을 이룬 경우 예컨대 정관격에 재성이 투출한 것, 인성격에 재성을 많이 만난 것, 식신, 상관격에 투출한 재성이 쓰임을 얻은 것 등은 좌하에 쓰임이 있는 십신을 용신이라고 하고 없어도 주로 처의 내조가 있다. 처성이 투출한데 격이 이루어지지 못한 경우를 파격이라한다. 예컨대 인성격이 경미하고 재성이 투출한 것, 식신 상관격이 정관을 손상한 것, 투출한 칠살격이 재성을 만난 것 등은 좌하에 쓰임이 있는 용신이 있다면 역시 형극을 막을 수 있다. 또한 처성이 투출하고 격이 이루어져 있거나, 혹은 처궁에 쓰임이 있는 용신이 있는 경우라도, 좌하가 형충되면 좋은 처를 얻을 수는 있어도 해로하기는 어렵다. 또한 만약 처성 두 개가 투출하고, 편재와 정재가 혼잡하여 나타나 있다면 어찌 한 남자에 많은 처가 있을 수 있겠는가? 역시 형극의 방법으로 제어해야 한다.」
자식의 경우 자식궁과 투출된 자식성의 희기를 살피는데 그 이치와 논리는 처를 보는 방법과 대략 동일하다. 다만 자식을 볼 때는 장생목욕 가결(歌訣) 또한 당연히 숙독해야 한다. 예컨대 장생이면 자식이 4명이요, 중순이 지나면 2명이고, 목욕이면 길한 자식 2명이며, 관대, 임관이면 3명이고, 제왕이면 5명의 자식이 자연히 번성하며, 쇠이면 2명이요, 병이면 1명이고, 사이면 늙을 때까지 자식이 없을 뿐 아니라(死中至老沒兒郎) 다른 사람의 자식조차 기르기 어렵다.(除非養取他之子) 입묘하면 요절하고, 기가 절이 되면 1명이며, 태이면 여아를 낳아 기르고(胎中頭産養姑娘), 양이면 3명 중에 1명만 남게 되니 남자궁의 자식을 자세히 살펴라. 이 가결이 바로 그것이다.
그러나 장생 등의 방법은 양간일 때만 적용하고 음간일 때는 적용하지 않는다. 예컨대 갑을목 일주는 경금의 장생인 사유축 등의 순행 순서를 적용하지만 신금의 역행인 자신진 등의 순서를 적용하지 않는다. 비록 고서에는 정관은 딸이고 칠살은 아들이라고 하면서도 결국 갑목의 경금을 아들에 적용하면서 양국(양간의 순행)을 사용하고, 을목의 신금도 아들에 적용하면서 음국(음간의 역행)을 사용하진 않는다. 대개 목 일주는 갑목, 을목(양간음간)을 불문하고 모두 경금(양간)은 아들로 보고 신금(음간)은 딸로 보아야 한다. 그 이치 자체가 그러하니 관살이란 명칭에만 구애된다면 어찌 증험할 수 있겠는가? 따라서 팔자를 입수하여 자식을 볼 때에는 먼저 시지를 보아야 한다.
예컨대 갑을목 일주인 경우 그 시지[자식궁]와 경금[자식성]이 어떤 궁과 이어져 있는지, 혹은 생왕한지, 혹은 사절인지, 정해진 자식 수가 많은지 적은지를 살핀 이후에 시 천간과 자식성[관/살]을 그것과 대조한다. 예컨대 재성격이 시 천간에 식신이 투출한 것과 정관격이 시 천간에 재성이 투출한 것 등은 모두 시 천간이 쓰임이 있다고 할 수 있다. 비록 시가 사절을 만나더라도 자식이 주로 고귀하다. 다만 자식이 많지 않을 뿐이다. 만약 생왕을 만나면 슬하에 총명하고 비범한 자식 [인아麟兒]을 어찌 다 헤아릴 수 있겠는가? 만약 시 천간이 좋지 않고, 투출한 자식성이 격국을 파하면 생왕을 만난다하더라도 자식이 어렵게 되며 [난위難爲자식], 만약 사절死絕이면 자식을 바라지 말라. 이것이 처와 자식에 대한 개략적인 설명이다.」

6) 『적천수(부부 인연)』

「부부의 인연은 전생에서 오는 것이며, 희신의 역할로 곁에 있을 수 있다면 선천적으로 타고난 재복이 있는 것이다(부처인연숙세래夫妻因緣宿世來 희신유의방천재喜神有意傍天財).」

(1) 유백온

「처와 자식은 하나의 이치로, 사주 중에 희신이 있으면 일생동안 부와 귀가 있고, 그래서 처와 자식도 그러하다. 대체로 재성에 의거하여 처를 보는데 만약에 희신이 재신이면 그 처는 아름답고 또한 부귀할 것이니, 희신과 재신이 서로 투기를 하지 않아야만 역시 좋은데, 만약 그렇지 않으면 처를 극하거나 혹은 아름답지 않거나 혹은 서로 화목함이 부족할 것이다. 그러나 재신을 살필 경우에는 모름지기 활용방법도 보아야 하는데 예를 들어 재신이 박하면 마땅히 재신을 돕는 것을 용해야 하고, 재신이 왕하고 일주가 약하면 또한 비겁이 반갑고, 재성이 인성을 상하게 할 때는 관성이 필요하고, 재성이 적고 관성이 많을 때는 상관이 필요하고, 재성의 기운이 유통되지 못하면 충할 것은 충하고 설할 것은 설하는 것이 필요하며, 재성의 기운이 유통이 잘되면 반드시 합할 것은 합하고 고(庫)에 들어갈 것은 저장되어야 한다.」

만약에 재신의 설기가 너무 심하고 비겁이 투로(透露)한 것이나 일주가 왕하면서 재성이 없는 것은 반드시 부부의 인연이 아름답지 못할 것이다. 재성이 왕하고 일주가 강한 자가 되어야 만이 반드시 부귀하고 많은 처첩을 거느릴 수 있는 것이니, 명을 보는 자는 마땅히 경하고 중한 것이 어떠한가를 살펴 판별해야 한다.

(2) 임철초

「자평의 법에서는 재로서 처를 삼는데, 재는 내가 극하는 것이요, 사람이란 재로서 나를 시중들게 하는 것이니 이는 정론에서 나온 이치이나 재로서 부를 삼는 것은 후인의 그릇된 논리이다. 만약 이 논리가 정확하다면 시아버지와 며느리가 같은 종류에 속하게 되니 어찌 논리를 잃었다고 하지 않을 수 있겠는가? 비록 편정으로 나눈다 하더라도 결국은 타당하지 않다. 재성의 편정이라는 것은 음양의 다름을 말하는 것에 불과할 뿐이지 다른 기운으로 바뀌는 것이 아니다. 또한 세상에 윗사람을 범하는 도리는 없는 것이니 잘 변별하여 비판하여야 한다.

만약 재성을 부친으로 하고 관성을 아들로 한다면 인륜은 소멸할 것이다. 시아버지와 며느리가 같은 종류에 속할 뿐만 아니라 할아버지가 손자를 낳게 되니 이런 도리가 어찌 있을 수 있겠는가? 그러므로 육친의 법에 대하여 여기에다 고쳐 규정하여 놓는다. 나를 생하는 것은 부모가 되니 정인과 편인이요, 내가 생하는 것은 자녀가 되니 식신과 상관이요, 내가 극하는 것은 부첩(婦妾)이 되니 정재와 편재요, 나를 극하는 것은 관귀가 되니 조부요, 나와 같은 것은 형제가 되니 비견과 겁재이다.

이 이치는 바르고 이름으로써 이에 따르니 바꿀 수가 없는 법이다. 대저 재성을 처로 논하는데 재신이 맑으면 아내가 어질고 능력이 있으며, 재신이 탁하면 하동(河東)의 사자울음 소리를 듣게 될 것이니[14], 청하다고 하는 것은 재성이 희신이 되는 것으로 싸우지도, 질투하지도 않는 것이요, 탁하다는 것은 (재성이) 살을 생하고 인성을 극하는 것으로 싸우고 질투하며 무정하다. 옛 서적에서는 일주의 강약은 상관하지 않고, 뭉뚱그려서 양인이나 겁재는 처를 극한다고 하였는데 규명해보면 그 이치는 실재하지 않는 것이다. 모름지기 일주의 쇠왕을 나눈 다음에 희기를 분별해야 하니 사주의 배합을 활용하여 본다는 것은 이러한 것이다.

만약 재신이 약하고 관성이 없는데 비겁이 많다면 주로 처를 극할 것이고, 재신이 중하고 신약한데 비겁이 없어도 처를 극할 것이며, 관성이 왕하여 인성을 용하는데 재성을 본다면 그 사람은 처가 누추하게 되니 역시 극할 것이고, 관살이 약하고 일주는 왕한데 재성을 보고서 다시 비겁을 만난다면 처가 미인이면서도 극하게 된다. 겁재가 많고 재성이 약한데 식상이 있으면서 다시 편인을 만났다면 그의 처는 반드시 흉사를 당하게 될 것이며, 재성이 약하고 관살이 왕한데 식상이 없고 인수가 있다면 처가 병약할 것이다. 겁재가 왕하고 재성이 없는데 식상이 있으면 처가 어질 경우에는 극하고 누추할 경우에는 상하지 않을 것이며, 겁인(劫刃)이 왕하고 재성이 약한데 식상이 있다면 처가 어질 경우에는 극하지 않고 처가 누추할 경우에는 반드시 죽게 될 것이다.

약한 관성이 식상을 만났는데 재성이 있다면 처가 어질 경우 극하지 않을 것이고, 관성이 약하고 식상이 중한데 인수가 있고 재성을 만난다면 처가 누추하지만 극하지 않을 것이다. 신강하고 살이 약한데 재성이 살을 돕거나, 관이 약하고 상관이 왕한데 재성이 상관을 화해주는 상황이거나, 인성이 중첩되어 있는 상황에서 재성이 기운을 얻었다면 그는 처가 어질면서도 미인이거나 혹은 처로 인해서 재물을 얻어 부자가 된다. 살이 왕하고 일주가 약한데 재성이 살과 당을 이루거나, 관이 많아서 인성을 용하는데, 재성이 인성을 극하거나, 상관이 인성을 만났는데, 재성이 국을 이루면 처가 어질지 않고 누추하며 혹은 처로 인해서 재앙을 받아 자신이 상하게 된다.

---

14) 河東獅子吼 : 아내가 사납고 질투심이 많음을 이르는 말. 蘇軾의 벗 진조의 아내 하동 柳氏가 성질이 사나와 손님 앞에서도 남편에게 큰 소리로 욕설을 퍼부었다는 옛일에서 유래.

일주가 재에 앉아 있고, 재성이 희용신이라면 반드시 처로 인해서 재물을 얻게 되고, 일주가 재를 기뻐하는데 재가 한신과 합해서 재로 화한다면 반드시 처의 힘을 얻는다. 일주가 재를 기뻐하는데 재성이 한신과 합해서 기신으로 화한다면 처가 외정이 있을 것이며 일주가 재를 꺼리는데 재가 한신과 합해서 재로 화한다면 부부의 금실이 불화하게 된다.」

이상은 모두 사주의 정세를 봐서 일주의 희기로 논하게 되거니와 만약 재성이 떠있다면 마땅히 지지에 거둬둬야 하고 재성이 깊이 숨어 있다면 마땅히 충으로 동하게 해서 이끌어 내야 하는데 모름지기 잘 연구해야 할 것이다.

⑶ 서락오

「육친은 부·모·처·자·형제에 자기 자신을 아울러 여섯이 되는 것이다. 명조에 정해진 일신의 순역은 부모·형제·처자이니 모두 본신과의 간접적인 추측에 의하여 말미암는 것으로 보는 방법 역시 하나로 정해져 있는 것이 아니다. 명조에는 겨우 여덟 글자만이 있을 뿐이므로 그 범위는 협소한 것인데 어찌 모든 것을 포괄하고 있겠는가? 그러므로 드러나 쉽게 보이는 것이 있고, 숨어 추측하기 어려운 것이 있으니 모두 추산할 수 있는 것은 아니다.

명서에서도 그 설이 하나가 아니니 옛사람들이 명을 논함에 전적으로 재관을 중시하여 관으로서 용신을 삼고 재생관하는 것을 희신으로 삼았으니 만약 팔자 가운데 희신이 재성이라면 처는 반드시 어질고 아름다우며 내조의 힘을 얻을 것이 확실하다. 그러나 팔자 가운데 반드시 재성이 있는 것은 아니고 재 역시 반드시 희신으로 정해지는 것은 아닌 고로 재로서 처를 삼는다고 말하는 것은 명조를 점치는 가운데 다수일 뿐이지 정해진 법으로 볼 수 있는 것은 아니다.

『궁통보감(窮通寶鑑)』에 처자를 논하는 방법에 있어 용신으로 자식을 삼고, 용신을 생하는 것을 처로 삼으니 만약 관살이 용신이면 재는 처가 되고, 식상이 용신이면 비겁이 처가 되며, 인수가 용신이면 관살이 처가 되고, 재성이 용신이 되면 식상이 처가 되니 연후에 그 희기를 살펴 내조의 득력 여부를 정하는 그 이치가 가장 정밀하다. 재관격으로 비유하면 재로서 희신을 삼는 것과 같은 것이니 처궁은 반드시 어질고 아름다울 것이요, 만약 살용식제격(殺用食制格)으로 비유하면 재가 무리 지으면 살이 꺼리니 처궁은 반드시 완만하지 못할 것이다. 나머지도 이에 의거하여 추론하면 된다.」

「처성은 하나로 정해져 있는 신이 아니나 처궁은 정해진 위치가 있으니 일지가 바로 처궁이다. 처궁이 희신이면 처는 반드시 현미할 것이지만 기신이면 반드시 내조의 힘이 고달플 것이다. 비유컨대 팔자에 살을 꺼리는데 처궁이 식상으로 제살되면 길할 것이요, 재성이 있고 살이 무리 지으면 꺼리는바 처궁 기신 지지 합화하여 꺼리는 것이 기뻐하는 것으로 변하면 처궁은 반드시 평범치 않은 내조를 얻을 것이지만 반대로 기뻐하는 바가 꺼리는 바로 변하면 반드시 내조의 힘이 고달플 것이다. 이것은 합화로 말한 것이나 만약 충을 만나면 반대가 되니 처궁에 희신이 거하고 있는데 충을 만나면 (처는) 아름다우나 해로하기 어렵고, 처궁에 기신이 거하는데 충을 만나면 도리어 이익을 얻을 것이다. 다시 팔자에는 조후의 수요가 있으니 처궁에 조후의 신이 이를 경우, 가령 겨울 금수상관인데 처궁에 관성이 이르거나 여름 목화상관인데 처궁에 인수가 이르는 것은 역시 반드시 평범치 않은 내조의 힘이 있을 것이다.」

이것은 모두 증험되어진 바로서 이상적으로 추측하여 말하는 것이 아니니 고로 처성을 보는 것은 처궁을 보는 것과 같지 않으니 비교하여 파악해야 한다. 또한 처궁을 볼 때 재성을 고수해서는 안 되나 처궁이 용신을 생조하는 것은 대개 내조의 징후이니 가령 계묘 · 병진 · 기묘 · 임신이라는 일개 명조는 신약하여 인성을 기뻐하는데 재와 인이 교차하고 처궁에 묘목을 얻을 것을 기뻐하니 재성이 관성으로 변화되어 인성을 생조하므로 처가 아름답고 어진데 계축 · 임자대운으로 넘어가면 전적으로 처를 의지하게 되고 재물이 활발해지는 것은 묘목 칠살이 희신인 까닭이다.

7) 『적천수(자녀근지)』

「자녀는 나무의 뿌리에서 가지로 한 세대가 전해진 것이므로 희신과 관살이 서로 이어진 것을 살펴야 한다(자녀근지일세전세전子女根枝一世傳世傳 희신간여살신련喜神看與殺神連).」

(1) 유백온

「일반적으로 관성을 자식으로 보는데 만약 희신이 관성이면 그 자식은 현명하거나 뛰어나고, 관성과 더불어 서로 투기하지 않아야만 역시 좋다. 그러하지 않으면 자식이 없거나 혹은 부모의 뜻을 계승하지 못하거나 혹 극을 하게 된다. 그러므로 관성을 살필 때에는 활간(活看)하여 살피는 방법이 중요하니 예를 들어 관성이 경하면 마땅히 관성을 도와주는 것이 필요하고, 살은 중한데 일주가 경하면 단지 필요한 것은 인성과 비겁이요, 관성이 없으면 단지 재성으로 논하고, 만약에 관성이 험하게 막혀 있으면 반드시 생하여 도와주거나 충하여 발하게 하여야 하며, 관성의 설기가 지나치게 심하면 마땅히 합하여 도와주고 멀리서라도 회합을 하여야 한다. 만약에 살이 중하고 일주가 경하면서 살을 제할 것이 없는 자는 딸이 많게 될 것이다.」

(2) 임철초

「관성으로 자식을 삼는 설은 자세히 연구해보면 결국에는 윗사람을 범하는 혐오스러움이 있는 것인바, 무릇 관이라는 것은 관리하는 것으로 조정에서 관을 세우면 만민을 관치하는 것이니 감히 망령되이 행동할 수 없고 표준을 준수하게 되는 것이다. 가정은 반드시 존장이 관리하게 되니 출입이나 행동 모두 조부나 아버지의 말을 따른다. 관부의 다스림에 복종하지 않는 것은 도적이요, 조부나 아버지의 말을 따르지 않는 것은 패륜아인 것이다. 대저 명이라는 것은 도리인데 어찌 관을 자식으로 삼아 윗사람을 범하겠는가? 설마 명을 논함에 결국에는 임금도 없고, 아버지도 없는 것이 되는 것인가? 속언에 이르기를 아버지 없이 저절로 얻어지는 자식은 없다」라고 했으니 만약 관으로 자식을 삼는다면 아버지를 거스르고 자식이 관리하여 다스리는 것이니 확실하게 아버지 없이 저절로 생겨난 것이 된다.

그러므로 아버지를 극하고 어머니를 극하는 풍속을 옳다 하고, 이것이 옳은 이치라 할 수 있겠는가? 이제 다시 정하니 식상을 자녀로 삼아야 함이라. 글에서 말하기를 「식신이 있으면 장수하고 처에게 자식도 많다 하였고, 시에 칠살을 만나면 본래 자식이 없으나 식신이 있어 제압하면 자식이 많다.」고 했으니, 이 두 가지 설은 확실한 근거가 되는 것이리라! 그러나 이 역시 죽은 법이니 혹 국중에 식상이 없고 관살도 없으면 어떻게 논해야 하는가? 그러므로 명리는 한 가지로 집착해서는 안 되며 요점을 통괄하여 변통하는 것이 옳으니 먼저 마땅히 식상으로 인정을 하고, 그런 연후에 일주의 쇠왕과 사주의 희기를 재차 살펴 활용해야 하는바 고로 「희신과 함께 칠살도 서로 연결하여 보아야 한다.」는 말은 이에 통변의 지극한 논리이다. 만약 일주가 왕하고 인수가 없으며 식상이 있다면 자식이 반드시 많다. 일주가 왕하고 인수가 많은데 식상이 약하다면 자식은 적다. 일주가 왕하고 인수가 많은데 식상이 약하고 다시 재성이 있다면 자식이 많고 또 어질다.

일주가 왕하고 인수도 많은데 식상이 없고 재성이 있다면 자식이 많고 또 능력이 있다. 일주가 약하고 인수가 있는데, 식상이 없다면 자식이 반드시 많다. 일주가 약하고 인수도 약한데 식상이 많다면 자식은 반드시 적다. 일주가 약하고 인수도 약한데 재성이 있다면 자식이 절대로 없다. 일주가 약하고 식상은 중한데 인수가 없으면 또한 자식이 없다. 일주가 약하고 식상도 약한데 비겁은 없고 관성이 있다면 반드시 자식이 없다. 일주가 약하고 관살은 중한데 인수가 약한 상황에서 다시 재성이 숨어 있다면 반드시 딸이 많다. 일주가 약하고 편관은 많고 식상은 약하며 비겁이 있다면 딸은 많고 아들은 적다. 일주가 약하고 관살이 중한데 비겁이나 인수가 없다면 자식이 반드시 없다. 일주가 왕하고 식상이 약한데 인수를 만났다가 다시 재성을 봤다면 아들은 적고 손자는 많다. 일주가 왕하고 인수가 중한데 관살이 약하며 재성이 있으면 자식은 비록 극하나 손자가 있다. 일주가 약하고 식상이 왕한데 인수가 있고 재성을 만났다면 자식이 비록 있으나 없는 것과 같다.

일주가 약하고 관살이 왕한데 인수가 있고 재성을 만났다면 아들이 있으나 반드시 부모를 거역한다. 또 일주가 왕한데 인성이 없고 식상이 숨어 있고, 관살이 있는 경우에는 자식이 반드시 많은 자이고, 또 일주가 왕하고 비겁도 많은데 인수도 없고 식상이 숨어 있다면 자식이 반드시 많은 사람이니 대개 어머니가 많아서 자식을 멸하는 모다멸자(母多滅子) 의미가 된다.

그래서 목이 많아서 불이 꺼질 경우에는 금이 목을 극하여 화를 생조하고, 불이 많아서 토가 갈라 터지면 수로 화를 극해서 토를 살리게 되고, 토가 너무 많아서 금이 묻힐 지경이면 목으로 토를 극해서 금을 생조하게 되고, 금이 많아서 물이 배어들면 화로 금을 극해서 수를 생조하게 되며, 물이 많아서 목이 뜨게 되면 토로 수를 극해서 목이 살아나게 되니 관살을 아들로 삼는다는 말은 이것을 이르는 것이다.」

겉으로는 비록 관살이 아들이 되나 속으로는 오히려 식상이 아들이 되니 이렇게 거꾸로 된 국에서 도리어 극하여 생해주는 법이 있기 때문에 마침내는 관살이 아들이 되는 것이 아니다. 대저 「신왕하면 재성이 자식이 되고, 신약하면 인성이 자식이 된다.」라고 하였으니 이는 모두는 내가 시험해보고 증험한 바이니 따라서 감히 다시 정하여 자세히 추리하면 응하지 않음이 없을 것이다.

(3) 서락오

「자성을 보는 것과 처성을 보는 것은 같다. 재관격 및 재자약살격(財滋弱煞格)에서는 관살을 용신으로 삼는 고로 관살이 자식이 된다. 무릇 팔자의 일주는 자기 자신이고 그 나머지 일곱 글자는 그 사람의 환경이다. 용신은 나와 가장 밀접한 관계에 있는 것으로 내가 의탁하는 사람이다. 환경 가운데 가장 밀접하게 의탁하는 것은 누구인가? 자녀만 못하다. 고로 용신을 자식으로 보는 것을 따르는 이치가 가장 정확하고 알맞다. 용신으로 자식을 삼는 것은 다시 모름지기 자식궁을 보아야 하니 생시가 그것이다. 일원이 쇠약하고 기신은 왕한데 제지할 것이 없으면 대체로 아들이 없다. 일원은 왕하지만 용신이 미약하고 생시 또한 용신을 극제하면 역시 자식이 없는 상이다.

용신이 일주를 보조하면 자식이 어질고 능력 있으며, 일주가 설기로 인하여 약하면 (자식이) 우둔하거나 불초한다. 비유컨대 화토상관은 관살의 조후가 필요한데 시에 관살이 투간하면 반드시 자식의 힘을 크게 얻지만 남아와 여아가 하나씩이요, 여아가 있으면 아들은 없게 되니 팔자 가운데 가장 분별하기 어렵다. 책에서 말하기를 양간은 남아요, 음간은 여아다라고 하였고 또 말하기를 「관살이 시에서 태(胎)를 만나면 먼저 딸을 낳고, 나중에 아들을 낳는다.」라고 하였으나 이것은 모두 이상적인 말로 반드시 정확한 것은 아니다. 고로 팔자 가운데 자식은 겨우 유무와 다과를 보거나 나에게 도움이 되는지 안 되는지를 간접적으로 추측할 수 있음에 불과할 뿐이다.」

「처재와 자록(子祿)은 명을 논함에 있어 중요한 것으로 녹은 즉 관이고 관은 자식이요, 재는 처인 고로 처재·자록은 실재 고수할 필요가 없는 것이다. 『궁통보감』에서 처자를 논함에 용신을 자식으로 삼고, 용신을 생하는 것을 처로 삼았다. 그 방법은 지극히 활간할 수 있는 것이니 가령 식상이 용신일 경우 식상은 자식이 되고 비겁은 처가 됨이요, 재가 용신일 경우 재는 자식이 되고 식상은 처가 됨이요, 인성이 용신일 경우 인성은 자식이 되고 관은 처가 됨이니 고로 처재·자록을 말함에 관성으로 용신을 삼는 방법은 옳지 못하니 그 나머지도 대략 그러하다.

옛 사람들은 명을 논함에 전적으로 재관에 비중을 두었으므로 겨우 관을 용하는 방법을 말하였지 그 나머지를 말한 것은 아니다. 또 말하기를 「신왕하면 재성이 자식이요, 신약하면 인성이 자식이다.」라고 하였으니 이 역시도 신왕용재와 신약용인을 가리켜 말한 것이다.」

고인의 비법이라는 것은 매번 그 이치를 밝혀 말하려 하지 않음이니 스스로 깨닫기를 바란다. 『궁통보감』의 이러한 방법도 역시 밝혀 말한 것이 아니니 밝혀 말하지 않는 원인에 후인들이 해답을 구해도 얻지 못하니 이에 오해가 생기는 것이다.

「무릇 자식의 숫자를 볼 수 있는 것은 많아야 다섯 명이고, 더 많은 것은 명리서에는 실리지 않았거나 또는 자녀 하나이다. 자식은 겨우 그 유무와 다과, 나에게 도움이 되는지 안 되는지 만을 볼 수 있는 것이니 이는 형제를 보는 방법과 같아 많아야 세 명에서 그친다. 또한 명조 가운데서 뚜렷한 것과 뚜렷하지 않은 것이 있으니 이해관계가 밀접하고 진퇴가 서로 같은 것은 드러나 쉽게 보이나 그렇지 않은 것은 중하게 여길 도리가 없으니 대개 간접적인 추측이므로 확정짓기 어렵고 또한 명조에는 겨우 여덟 글자만 있는 바 그 범위가 협소하므로 그 가운데서도 하나하나 드러내 보이기 어렵다. 또한 그 자식을 보는 방법에서 팔자의 지위를 제외하고는 생극 역시 겸하여 보는 것이 마땅하다. 여자의 명조에서는 용신을 자식으로 삼고, 용신을 생하는 것이 지아비가 되니 근래에 자세히 살피건대 역시 모두 합치하지는 않는다.

결론적으로 말하면 육친은 이에 간접적인 추측으로 본래 아주 확정적인 것이 아니니 희용 · 의기(宜忌) · 생극 · 제화를 보지 못하면 참고하지 못함이니 칼을 물속에 떨어뜨리고, 그 위치를 뱃전에 표시하여 검을 찾듯이 아무런 성과 없는 헛수고만 하게 되니 이러한 지경에 처해서는 안 된다.」

「고법에서 처자를 보는 것은 전적으로 합신을 보니 배우되는 것이 처가 되는 고로 합이 된 간을 처로 보는 것을 따르고, 합신이 생하는 것을 자식으로 보는 것을 따른다. 합신은 단지 양간만을 논한 것으로 음간은 논하지 않으니 음간은 양간이 취하는 것을 따른다. 고로 갑기가 서로 합을 하면 갑목은 기토를 처로 삼는 것이고, 을 역시도 기토를 처로 삼는 것이다. 병신이 상합하면 병화는 신금을 처로 삼는 것이고, 정화 역시 신금을 처로 삼는 것이다. 무계가 서로 합을 하면 무토는 계수를 처로 삼는 것이고, 기토 역시 계수를 처로 삼는 것이다. 을경이 서로 합을 하면 경금은 을목을 처로 삼는 것이고, 신금 역시 을목을 처로 삼는 것이다.

정과 임이 서로 합을 하면 임수는 정화를 처로 삼는 것이고, 계수 역시 정화를 처로 삼는 것이다. 양간과 상합하는 것은 재인 고로 재를 처로 보는 것이요, 처가 생하는 것은 자식이라 재생관하는 고로 관을 자식으로 보는 것도 역시 다섯 양간으로 논한 것이지, 다섯 음간으로 논한 것이 아니다. 『자평진전』에 처자를 논한 구절에 의하면 '장생목욕지가'[15]에서 장생 등의 방법은 양간일 때만 적용하고 음간일 때는 적용하지 않는다.

예컨대 갑을목 일주는 경금의 장생인 사유축 등의 순행 순서를 적용하지만 신금의 역행인 자신진 등의 순서를 적용하지 않는다. 비록 고서에는 정관은 딸이고 칠살은 아들이라고 하면서도 결국 갑목의 경금을 아들에 적용하면서 양국(양간의 순행)을 사용하고, 을목의 신금(辛金)도 아들에 적용하면서 음국(음간의 역행)을 사용하진 않는다.」 대개 목일주는 갑목, 을목(양간음간)을 불문하고 모두 경금(양간)은 아들로 보고 신금(음간)은 딸로 보아야 한다고 하였다.

처를 논하고, 자식을 논하는 그 이치는 일관된 것으로 대개 생왕사절은 단지 오행을 논한 것이지 십간을 구분한 것은 아니니 양이 극에 달하여 음이 생긴다고 장생이 되는 것은 아니다. 후인들이 종종 오해하는 것은 모두 음이 장생에서 일어난다는 것에 말미암은 것으로 재가 이르면 처로 삼고 관을 자식으로 삼는 방법은 역시 따를 바가 못 되니 이것은 원리가 연구되지 않음에 말미암은 까닭이다.

8) 『**적천수**(부모흥여)』

「부모가 혹 융성하거나 더불어 혹 쇠퇴하거나 세월과 관계되는 것이 결코 적지 않다(부모혹흥여혹체父母或興與或替 세월소관과비세歲月所關果非細).」

(1) 유백온

「자평의 법에서는 재성을 아버지로 삼고 인성을 어머니로 삼아 그 길흉을 판단하는데 열이면 아홉을 증험하였다. 그러나 세운과 월령을 긴요하게 보아야 하는 것이므로 세운의 기가 월령에 유익하고, 세운과 월령이 희신을 상하지 않으면 부모는 반드시 번창할 것이요, 세운과 월령의 재기가 시간(時干)을 상하게 하면 먼저 아버지를 극하고

---

15) 長生四子中旬半, 沐浴一雙保吉祥, 冠帶臨官三子位, 旺中五子自成行, 衰中二子病中一, 死中至老沒兒郎, 除非養取他之子, 入墓之時命夭亡, 受氣爲絕一個子, 胎中頭產養姑娘, 養中三子只留一, 男子宮中子細詳. (장생이면 자식이 4명이요, 中旬이 지나면 2명이고, 沐浴이면 吉한 자식 2명이며, 冠帶, 臨官이면 3명이고, 帝旺이면 5명의 자식이 자연히 번성하며, 衰이면 2명이요, 病이면 1명이고, 死이면 늙을 때까지 자식이 없을 뿐 아니라 다른 사람의 자식조차 기르기 어렵다. 入墓하면 요절하고, 氣가 絕이 되면 1명이며, 胎이면 여아를 낳아 기르고, 養이면 3명 중에 1명만 남게 되니 男子宮의 자식을 자세히 살펴라.)

세운 월령 인기(印氣)가 시지를 상하게 하면 먼저 어머니를 극하게 된다.

또한 반드시 그 사주 중에 대세를 활간해야 하며 오로지 재성과 인성만을 논해서는 안 되고 중간에 숨어 있는 것이나 드러나 있는 것으로 흥하고 망하는 기미가 반드시 인성과 재성에만 있는 것이 아니다. 재성이나 인성을 생하는 신과 더불어 손익과 서배(舒配)를 얻어서 음양의 많고 적음을 논한다면 증험되지 못할 바가 없다.」

⑵ 임철초

「부모란 나를 낳아 준 근본으로 연월의 소관이니, 연월이 흥하게 하는지 쇠퇴하게 하는지가 한결같지 않음을 아는 것을 바뀌지 않는 바른 법이라 말할 수 있을 것이다. 그러나 원주에서 끝내 재성과 인성을 아버지와 어머니를 나누어 배속하였고, 또한 극부, 극모의 설로 논하고 있는 것은 무지하여 파악함이 없고 속서의 오류에 미혹되어 있기 때문이다. 어찌 부모를 '극'자로써 설명을 다할 수 있다고 하겠는가? 그러므로 부모를 잃거나, 처를 잃거나, 자식을 잃는 지극한 이치들을 마땅히 다시 정해야 한다. 가령 연월에서 관인상생이 되고 일시에서 재성과 상관이 범하지 않는다면 위로는 조상의 음덕이 있고 아래로는 자식이 영화로우며 연월에서 관인상생이 되지만 일시에서 형상충범하면 조업을 모두 탕진하고 가문을 무너뜨리게 되며 연에 관이 있고 월에 인수가 있거나, 월에 관이 있고 연에 인수가 있으면 조상이 청고하며 일주가 관을 반기는데 시나 일에서 재성을 만나거나 일주가 인수를 기뻐하는데 시나 일에서 관을 만나면 반드시 조상의 업적을 훌륭히 계승하여 종묘를 발전시키며 일주가 관을 기뻐하는데 시나 일에서 상관을 만나거나 일주가 인수를 반기는데 시나 일에서 재성을 만나면 반드시 조업을 무너뜨려 종묘를 욕되게 하며 年에 재성이 있고 월에 인수가 있으며 일주는 인수를 기뻐하는데, 시나 일에서 관이나 인수를 만나면 그 아버지를 도와 집안을 일으키게 됨을 알 수가 있다.

연에 상관이 있고 월에 인수가 있으며, 일주는 인수를 반기는데 시나 일에서 관을 만나면 그 부모가 창업했음을 알 수 있으며 연에 인수가 있고 월에 재성이 있으며 일주는 인수를 기뻐하는데, 시상에서 관을 만나면 그 부모가 재산을 탕진했음을 알 수 있으며, 연에 인수가 있고 월에 재성이 있으며 일주는 인수를 기뻐하는데, 시나 일에서 인수를 만나면 자신이 창업을 하여 가문을 이룬 것을 알 수 있느니라. 연에 관이 있고 월에 인수가 있으며 일주는 관을 기뻐하는데 시나 일에서 재성을 만나면 출신이 부귀하고 조업을 잘 지켜 보존하며 年에 상관이 있고 월에 비겁이 있으며 일주는 재성을 기뻐하는데, 시나 일에서 재성이나 상관을 만나면 출신은 가난하고 궁색하지만 스스로 창업을 하게 되며 年에 비겁이 있고 월에 재성이 있는데 일주가 재를 기뻐하면 용감하고 풍성하게 유업을 이어가며, 연에 비겁이 있고 월에 재성이 있는데, 일주가 비겁을 기뻐하면 청고하지만 가난하며 연에 관이 있고 월에 상관이 있으며, 일주는 관을 기뻐하는데 시나 일에 관이 있으면 반드시 자손이 훌륭하게 되고, 연에 관이 있고 월에 상관이 있으며, 일주는 관을 기뻐하는데 시나 일에서 비겁을 만나면 반드시 패하여 파산하게 된다.

총괄해보면 재나 관이나 인수가 연월에 있어 일주가 기뻐한다면 부모가 귀하지 않으면 부자이나, 일주가 꺼린다면 부모가 가난하지 않으면 천하니 마땅히 상세하게 살펴서 말해야 한다.

⑶ 서락오

「구설에서 편재는 아버지가 되고, 정인은 어머니가 되는 데 인성을 모친으로 보는 것은 지극한 증험에 따른 것이요, 또한 정인은 친모가 되고 편인은 계모나 서모가 되는 것은 여러 번 시험해보았으나 명백하지 않다. 재성을 부친으로 보는 것도 모름지기 유연하게 보아야 하는 것이지 고집할 필요는 없다. 임씨의 주에서 배척해야 하는 것은 관살을 부친이나 조부로 보는 것을 따른 것이니 이는 완전히 이상에서 나온 것으로 천하의 부모 된 자가 자손들을 위한다고 말이나 소 노릇을 하지는 않으니 그런 사람이 몇이나 있겠는가? 만약 자식이 현명하고 능력 있다 하더라도 어리고 약할 시에는 부모의 보살핌과 양육을 받지 않을 수 있겠는가? 무양(撫養)과 봉양은 이름만 다를 뿐이다. 육친의 뜻은 경역(京易)에서 나온바 천지는 의효(義爻)로 부모이니 인성을 부모로 보는 것을 따르는데 실재 이치가 바르고 편재가 부친이 되는 것은 인에 의한 것을 따르는 것이다.

비유컨대 갑은 계를 정인으로 삼으니 모친이 되고 무는 편재로서 계와 합하는 고로 편재는 부친이 되는 것이다. 추측의 방법은 궁위에 중점을 두고 세월을 살피는데 신약이면 일원이 세월에 통근해야 하고, 신강이면 희용이 세월을 취하게 되니 윗사람의 은혜를 입지 못함이 없다. 인성이 투간하여 나를 생조하면 상도비음(上叨庇蔭: 윗사람의 은혜를 입다)의 복이요, 인성이 투간하여 나를 해하거나 혹 용신을 합하여 얽어매면 반드시 부모로 인한 장애가 발생하여 그 사람의 운정(雲程)을 견제하니 이러한 이치는 지극히 증험한 것이다.」

만약 자수성가로 창가입업(創家立業) 했거나 혹은 조업을 파괴한 것은 명조의 우수함과 용렬함에 속하는 것으로 부모에 의한 것이 아니나 유산(有産)과 음덕(蔭德)을 누림이 있는 것은 명에 근본이 있는 것이고, 유산과 음덕의 누림이 없으면 명에 근본이 없는 것이니 만약 명에 근본이 없으면 부모가 물려준 재산이 풍부하다 하더라도 역시 지키지 못하게 되고, 명에 근본이 있으면 부모가 물려준 바가 없다 하더라도 스스로 창립하여 일어나는 것을 나는 많이 보았다.

9)『적천수(형제폐흥)』

「형제 사이에 누가 폐하고 누가 흥한가는 제강과 용하는 재신이 중한가 경한가를 봐야 한다(형제수폐여수흥兄弟誰廢與誰興 제강용재신간중경提綱用財神看重輕).」

(1) 유백온

「비견 · 겁재 · 양인 모두가 형제이며 반드시 제강의 신과 더불어 재신과 희신과 그 경중을 비교하는 것이 필요하다. 재성과 관성이 약한데 삼자가 나타나 재관을 빼앗는 것의 자취가 보이면 형제는 반드시 강할 것이다. 재성과 관성이 강하고 삼자가 나타나 일주를 돕는 노력이 있으면 형제는 반드시 아름다울 것이다. 일주와 더불어 재성과 관성이 균등하고 그 삼자가 숨어 있고 나타나지 않으면 형제는 반드시 귀할 것이다. 비견이 중하고 상관 · 재살이 역시 왕하면 형제는 반드시 부자가 될 것이며 일주가 강하고 삼자가 나타나지 않고 인수가 있으면 형제는 반드시 많을 것이다. 일주가 왕하고 삼자가 또 나타나고 관성이 없으면 형제는 반드시 쇠할 것이다.」

(2) 임철초

「비견은 형이고 겁재는 아우인데 녹과 양인도 역시 이와 같이 논한다. 가령 살이 왕한데 식상이 없거나 살이 중한데 인수가 없을 때, 재를 패하고 살과의 합을 얻으면 반드시 동생의 도움을 얻게 되고 살이 왕한데 식신이 경하거나, 인수가 약한데 재성을 만났을 때, 비견을 얻어 살을 대적하면 반드시 형의 도움을 얻게 되며 관이 약하고 상관이 중한데 비겁이 상관을 생하여 제살태과(制殺太過)가 되거나 비겁이 식신을 도우면 반드시 형제가 누를 끼치게 되며 재가 약하고 비겁이 중한데 인수가 상관을 억제하면 사마(司馬)의 근심을 면하지 못하며 재관이 세력을 잃었는데 비겁과 양인이 방자하게 날뛰면 주공(周公)의 근심이 있을까 두렵다.

재가 살의 무리를 생하는데 비겁이 일주를 도우면 형제가 정이 두터우며 살이 중하고, 인수가 없는데 일주는 쇠약하고 상관이 숨어 있으면 형제가 성공하지 못하여 탄식할 것이고, 살이 왕하고 인수가 숨어 있는데 비견도 무기하면 아우가 비록 형을 공경해도 형은 반드시 실패하며 관이 왕하고, 인수가 약한데 재성이 기운을 얻으면 형이 비록 동생을 보살펴도 동생은 성공하지 못한다. 일주가 비록 쇠약해도 인수가 왕하거나 득령을 하면 형제가 서로 협력하여 돕지만 신왕한데 다시 효신(梟神)을 만나거나, 비겁이 중한데 관성이 없으면 홀로 자신을 지켜야 한다. 재성이 약하고 비겁이 중한데 식상이 비겁을 변화시키면 가히 한 말의 좁쌀과 한자의 삼베가 없어도 즐거우며 재성이 약한데 비겁을 만나도 관성이 뚜렷이 나타나면 가난해도 형제가 화목하고 효신과 비겁이 중중한데 재성이 약하고 살도 숨어 있으면 형제간에 슬픈 일을 면하지 못하며 일주가 쇠약하고 인수와 재성이 있을 때 비겁을 만난다면 도리어 형제가 우애로써 출세를 경쟁하게 된다. 월령만으로 형제의 희기를 논하는 것은 불가하고 오로지 일주가 사랑하는지 미워하는지에 의거하여 자세히 살피면 마땅히 증험되지 않을 바가 없음을 단정하게 된다.」

(3) 서락오

「비겁은 형제로서 간두(干頭)에 투출하면 뚜렷한 것으로 삼지만 만약 지장간에 숨어 있으면 명확하지 보이지 않으니 녹인(祿刃)이 모두 지지 안에 숨겨 있으면 둘을 함께 언급하지 않는다. 무엇을 제강에서 사용되는 재신이라 할 수 있는가? 대개 비겁의 용으로, 중점은 재성을 나눔에 있으니 재는 월원(月垣)용신에 중점을 두는 것이다. 가령 재성과 식상은 태왕하고 일원은 비겁의 도움을 받고 있으면 반드시 형제가 힘이 있는 것이나 만약 재성이 미약하면 비겁이 쟁탈하게 되어 재앙이 되지 않음이 없다. 육친 중 부모와 처자는 이미 간접 추측에 속하고 형제는 더욱이 간접적이니 만약 길흉이 서로 공통된 것이라면 쉽게 드러나 보이지만 이득이 없는 해로운 관계라면 숨겨져 알기 어려우니 사람들 각각의 노력에 의한 앞길은 어찌 명에 일일이 드러나겠는가!」

그러므로 형제의 흥폐는 겨우 월령 제강의 용신 방면으로 알 수 있으니 재성의 경중으로 그 이해관계를 논할 따름이다.

2. 부모 · 형제 · 처자 간법(看法)의 사례

사례 1

殺	主	印	比
癸	丁	乙	丁
卯	酉	巳	未
庚	辛	壬	癸
子	丑	寅	卯

본 명조는 사월에 태어난 정화일주로서 사주에 목화가 왕성하니 마땅히 시상의 칠살 조후를 용신으로 삼고 월일이 사유합금으로 금생수 하는 것을 희신으로 삼는다. 출신은 빈한하나 계운에 처재를 얻고 인운에 등과하여 중년 후 행운(行運)이 신축 · 경자로 흐르니 현관으로 말미암아 군수에 이르게 되었다. 본 명조에 만약 유금이 처궁에 들어있지 않다면 행운이 금수의 지지로 흐른다 하더라도 처재를 얻기 어려웠을 뿐만 아니라 공명 역시 가망이 없었을 것이다.

사례 2

殺 主 財 印

壬 丙 庚 乙
辰 申 辰 亥

乙 丙 丁 戊
亥 子 丑 寅

본 명조는 진월 병화일주로 습토가 생금하고 칠살이 천간에 드러나 있으며 일주가 뿌리가 없으니 마땅히 연상에 인성을 용신으로 삼으나 애석하게도 을경이 합하여 금으로 변하니 그 용이 무력하고 기신인 금 재성이 처궁에 들어 시지에 있는 진중 을목을 극합하며 중년 또한 수향을 만나는 고로 그 처가 투기함이 사납고 이상하였으며 종국에는 자식도 없이 죽었다.

사례 3

傷	主	財	官
甲	癸	丙	戊
寅	巳	辰	申
辛	庚	己	戊
酉	申	未	午

본 명조는 진월에 태어난 계수일주로서 전국에 재관·식상의 도설이 지나치게 심하니 일간은 비록 신진에 통근하였다 하더라도 여전히 약한 것으로 논하는 고로 신사에 소장되어 있는 경금을 용신으로 삼고 비겁을 희신으로 삼는다. 용신 경금은 시지에서 절지가 되고 더욱이 천간에는 상관이 투출하니 목화가 아울러 왕성하여 중년 후 행운이 경신 · 신유로 흘러도 원국의 병 · 사 · 인의 화가 반대로 극을 하니 자식을 기대하기는 어려워도 희신 비겁이 지지 신진에 심장(深藏)되어 있어 금수운에 상생함이 유정한 고로 현량한 처와 말년까지 즐겁게 보냈다.

사례 4

財	主	食	財
甲	庚	壬	甲
申	辰	申	辰
己	戊	丁	丙
卯	寅	丑	子

본 명조는 건록지建綠地에 경금일주로 습토가 생금하니 강하고 편재 두 개가 투간하였으니 마땅히 식신으로 통관함을 취하여 용신으로 삼고 재성으로 생발되는 것을 희신으로 삼는다. 임수 식신은 시지지 신에서 장생이 되고 시천간에 갑목이 투출하였는데 중년 후 행운이 수목지로 흐르니 기세가 유통되는 고로 네 아들이 모두 상당한 교육을 받았고 희용이 처궁에 들어 있으니 비록 시지에 신을 만나도 신진공합이 되니 천간에 투출한 임수가 용신인 고로 운의 흐름이 수목지로 유정하여 그 일생 동안 사업의 발전이 처에 의하여 이루어지고 그 조력이 아주 컸다.

사례 5

比	主	財	傷
甲	甲	己	丁
子	寅	酉	巳
壬	癸	甲	乙
寅	卯	辰	巳

약평(若萍)의 원적은 복건성 진강현 하시구 금풍향 계저촌으로 1934년에 대만으로 왔다. 유월에 태어난 갑목일주로 지지가 사유반합하고 연상 정화가 사 상관에 앉아 있으니 비록 월상에 기 재성으로 전화되었다고는 하나 어쩔 도리 없이 기토는 천간의 양 갑목과 쟁합하고 있어 식상재관살로 억제되어 극벌과 도설이 지나치게 심하므로 일간은 비교적 약하니 부득이하게 관살이 시지의 자수로 화하여 일주를 생하고 식상을 제압하는 것을 용신으로 삼고 비견으로서 희신을 삼는다. 원국에 갑기쟁합으로 불화하고 연월이 다시 혼탁하여 견디지 못함으로 인하여 빈곤한 집안에서 출생하였는데 초년 무신대운에 재살이 왕지가 되어 양자로 가 다른 성씨를 사용하였고 행운이 정미 · 병오로 가도 명조가 태약하지는 않아 식상으로 수기(秀氣)를 토하니 상당한 교육을 받게 되었다. 교육 일에 종사하면서 연이어 국문, 국사, 헌법을 강의하기를 지금에 이르기까지 20여 년이 되었다. 국가의 2급 문과직 대우 [간임簡任)][16]를 입은 것은 행운이라 말할 수 있겠다. 원국에 인성이 시에 있고 이에 임수가 제왕(帝旺)이 되니 천간에 투출한 갑목과 함께 희용이 유정하게 되어 현처의 도움이 있었던 것도 역시 사실이었다. 인성을 용신으로 삼았으니 생모와 양모가 모두 장수하였고 재성은 쟁합을 만나 무력하였으니 생부와 양부는 모두 불행히도 장년(壯年: 삼

16) 簡任 ; 신해혁명에서 중화인민공화국 성립 직전까지의 2등급 문관.

사십대)의 나이에 세상을 떠났다. 화기(化氣)가 이루어지지 못하여 고아로서 타인의 성을 사용하였으나 생가와 양가의 형제, 자매가 서로 멀리 떨어져 만나기 어려웠고 [천각일방(天各一方)][17]매우 적은 숫자가 한자리에 모이게 되는 것은 역시 명이라 말할 수 있겠다.

사례 6

殺	主	印	殺
癸	丁	甲	癸
卯	酉	子	亥
庚	辛	壬	癸
申	酉	戌	亥

본 명조는 자월 정화일주로 관살이 지나치게 왕하니 마땅히 시지 묘목에 통근한 갑목을 용신으로 취한다. 신쇠인작아(身衰印作兒)[18] 묘시에 인성이 제왕이 되니 마땅히 다섯 아들을 두어야 하나 애석하게도 유금이 옆에서 충을 하니 중년 또는 신유·경신운에 처가 여덟 딸을 낳고, 첩도 여덟 딸을 낳아 마지막에는 하나의 자식도 없었다.

17) 天各一方 ; 서로 멀리 떨어져 만나기 어렵다.

18) 신쇠인작아(身衰印作兒): 일주가 약하면 인성이 자식」

사례 7

印 主 傷 官

丁 戊 辛 乙
巳 戌 巳 未

丙 丁 戊 己
子 丑 寅 卯

본 명조는 화가 생조하여 토가 강하나 연상 관성은 월상 상관의 극을 받아 용신으로 사용하지 못하는 고로 왕한 것을 설기시키는 상관을 용신으로 삼고 재성을 희신으로 삼는데 팔자 오행에 수가 없고 화가 치열하여 흙이 메마르며 시지는 금의 장생지나 시천간과 일지지 인성에 극을 당하는데다가 더욱이 오행에 재가 없어 행운이 화토로 연속하니 두 명의 처를 잃고 열 두 명의 자식을 낳았으나 겨우 두 사람만이 남았고 나머지는 모두 불행히도 요절하였다.

사례 8

比	主	傷	印
戊	戊	辛	丁
午	子	亥	巳
丙	丁	戊	己
午	未	申	酉

본 명조는 해월 실령지(失令地)에 태어난 무토일주로 비록 연과 시에 화토가 돕는다 하더라도 지지가 자오충하고, 사해충하여 화토가 오히려 약한 고로 마땅히 사오에 통근한 연상의 정인을 용신으로 삼고 일주를 돕는 비견을 희신으로 삼는다. 희용이 연주에 집중되어 있는 고로 조상은 일대 부호였으나 기신이 월주에 집중되어 있으니 아버지 대에 이르러서 파산하여 남는 것이 없었다. 초년 금운의 반생은 혼란하여 불행했지만 정미에 접어들어 병오까지의 이십년간은 원하는 바를 크게 이루어 발재되니 재물을 셀 수가 없었다.

사례 9

官 主 食 印

乙 戊 庚 丁
卯 午 戌 酉

丙 丁 戊 己
午 未 申 酉

본 명조는 술월 무토일주로 득시하였으나 천간의 관성과 식신이 아울러 지지에 통근하였으니 극설이 교가하는 고로 일간은 오히려 약해졌으니 술오에 통근한 연상의 정인을 용신으로 삼아 제극하는 것을 화(化)하게 하였으니 마땅함을 얻었으나 원국에 재가 없으니 소시(少時)에 엄한 아버지가 별세하였고 인성을 용하는데 그 인성이 유력하므로 어머니는 자애롭고 현숙하였으며 수명이 팔십에 이르렀다. 대운이 화지로 흘러 귀함이 드러난 것이다.

사례 10

比 主 財 傷

甲 甲 戊 丁
子 辰 申 酉

壬 癸 甲 乙
寅 卯 辰 巳

본 명조는 신월 실령지에 태어난 갑목일주로 재가 생하여 살이 왕하고 상관이 관을 보아 극벌과 도설이 연월에 집중되어 있으니 마땅히 지지에 신자진 삼합 인국(印局)으로 일주를 생하는 것을 용신으로 삼는데 초년 대운인 정미·병오에는 운이 가지런하지 못하여 부친을 일찍이 별세하고 자애롭고 현숙한 어머니는 장수하였는데 행운이 수목의 지지로 흐르니 크게 되어 귀함이 드러났다.

사례 11

印 主 財 財

戊 庚 乙 乙
寅 申 酉 卯

辛 壬 癸 甲
巳 午 未 申

본 명조는 유월 양인지의 경금일주로 좌하에는 녹신(祿神)을 깔고 있어 왕함이 지나치니 마땅히 신중 임수로 왕함을 설하여 재를 생하는 것을 용신으로 삼는데 원국에 재성은 두 개가 투출되어 있고 두 개가 암장되어 있어 비록 지지가 모두 충을 한다 하더라도 여전히 무 인성에 미치는 그 힘이 크니 초행 갑운에 자애로운 어머니가 별세하였으나 엄한 부친은 장수하였다.

사례 12

劫	主	殺	劫
丁	丙	壬	丁
酉	子	寅	亥
戊	己	庚	辛
戌	亥	子	丑

본 명조는 초춘 인월에 생한 병화일주로 초춘 인월은 한기가 상존(尙存)하고 월상 천간 칠살은 해자에 통근하는데다가 시지 유금이 생조하니 살의 기세가 두려울 지경인데 다행히 연월 천간 정임, 지지 인해가 각각 별도로 합하여 목으로 화하고 시상 정화 겁재 또한 재성을 극제하니 꺼리는 것이 기뻐하는 것으로 변하여 전국이 새롭게 바뀌어 일곱 형제자매가 모두 학자풍모에 형제의 우애가 좋으며 온 집안이 부모에게 효도하고 윗사람을 공경하였다.

사례⑬

傷	主	劫	財
癸	庚	辛	乙
未	戌	巳	巳
丁	戊	己	庚
丑	寅	卯	辰

본 명조는 사월에 태어난 경금일주로 화기가 아주 왕성한 것이 지지가 모두 화성(火星)을 소장하고 더욱이 연상 을목이 지지 미토에 통근하고 있어 살을 생하고 인성을 제압하고 있는데 초년 동방목운에 형제가 없어졌다.

사례 14

財 主 食 官

庚 丙 戊 癸
寅 午 午 巳

甲 乙 丙 丁
寅 卯 辰 巳

본 명조는 오월 병화일주로 좌하에도 오화가 있고 다시 연시 지지에 인사를 보고 있는데 연월 천간 이무계합화 한데다가 양인이 극도로 왕성하다. 시상에 투출한 경금은 인오의 지지에 있고 연월간상의 관성과 식신 또한 모두 합화合化당하여 꺼리게 되는데 행운이 화목의 지지로 가 왕성함이 극에 달하여 의지할 바가 없으니 형제 여섯이 하나도 성공한 사람이 없고 서로에게 누를 끼치며 몇몇은 가정도 이루지 못하였다.

사례 15

官	主	印	官
乙	戊	丙	乙
卯	子	戌	巳
壬	癸	甲	乙
午	未	申	酉

술월 득지에 태어난 무토일주나 연시 천간에 쌍을관성이 시지 묘에 통근하고 있고 아울러 일지 자수 재성이 생조를 해주고 있으니 일주를 구속하는 힘이 강하여 마땅히 연월 지지에 통근한 월상 병화를 용신으로 삼아 취하니 관인이 쌍청하여 일대 귀격이 되었다. 형제 다섯이 아주 화목하고 모두 사회상의 지위가 있었다.

사례 16

印	主	食	殺
乙	丁	己	癸
巳	巳	未	未
甲	乙	丙	丁
寅	卯	辰	巳

본 명조는 미월 정화일주로 미토는 음인(陰刃)인데다가 화토의 조열함이 심하니 마땅히 연상의 칠살로 조후함을 기뻐하나 네 지지에 통근한 월상 식신의 제살함이 지나치게 심한고로 연월 지지에 통근한 시상 을인이 제식하고 살을 존재케 하는 것을 용으로 삼는데 비견이 중첩(重疊)하여 형제는 비록 많다 하더라도 초운이 화토로 기신이 연이어 이르니 하나도 성공한 사람이 없고 병 겁재운에는 마침내 형제끼리 누를 끼치게 되어 감옥에 수감되는 고통을 겪었다. 후운(後運)인 을묘 · 갑인에 일명경인(一鳴驚人)[19]하여 양미토기(揚眉吐氣)[20]하게 되었다.

---

19) ① 한 번의 새 울음소리가 사람을 놀라게 한다. ② 평소에는 두드러진 활약을 보이지 않다가 단숨에 놀랄 만한 성적이나 성과를 내다. 평상시에는 아무런 특별한 것이 없다가 한번 시작하면 매우 뛰어난 성과를 나타내다

20) 눈썹을 치켜뜨고 기를 토하다. 기를 펴다.

Ⅳ 여명론(女命論)

1. 명을 보는 방법
2. 여자의 명을 보는 방법
3. 선현들의 여명을 보는 방법에 대한 논의
4. 여명을 보는 방법의 사례

1. 명을 보는 방법(남녀가 동일)

격을 정한다.

용신을 취한다.

희기와 행운의 득실을 밝힌다.

2. 여자의 명을 보는 방법

여자는 결혼을 하게 되면 남편의 귀천을 함께 하게 되므로 관성의 길흉이 중요해진다.

연월 : 조상, 부모

일지 : 지아비

시 : 자식

초운 : 부모의 영향을 많이 받는다.

중운 : 지아비의 영향을 많이 받는다.

만운 : 자식의 영향을 많이 받는다.

연월 및 초운에 희용이 집중되어 있고, 충극과 회합으로 인하여 희신이 기신으로 화함을 만나지 않는 사람으로 부귀한 집안 출신이거나 부모의 총애를 받는다.

일지 및 중년에 희용이 집중되어 있고, 충극과 회합으로 인하여 희신이 기신으로 화함을 만나지 않는 사람으로 남편의 애정과 보호를 받는 사람이다.

시주 및 만운에 희용이 집중되어 있고 충극과 회합으로 인하여 희신이 기신으로 화함을 만나지 않는 사람으로 자식의 봉양을 받은 사람이다.

3. 선현들의 여명을 보는 방법에 대한 논의

1) 만육오(萬育吾)

- 부인은 남편을 따르게는 되는 것이니 먼저 부성(夫星)을 살펴 출신의 귀천을 정할 것이요, 그 다음으로는 자성을 살펴 만년에 영욕됨을 볼 것이다.
- 관살과 재성이 득지 : 부성(夫星)이 이로움
- 식신이 득지 : 자식이 이로움
- 남편성이 이롭다면 부귀한 집안에서 나온 출신성분으로 일생동안 복을 누리게 된다.
- 자식성이 이롭다면 말년에 두터운 공양을 받고 총애함이 넓어져서 봉작을 받게 된다.
- 이러한 것은 식신으로서 재성을 생하게 하면 재성이 관성을 생하는 연고일 뿐이다. 이와 반대이면 그렇지 못하다.
- 여자는 자신을 극하는 자를 남편성으로 삼고, 내가 생하는 자를 자식성으로 삼는다.
- 관과 살이 혼잡됨을 꺼린다.
- 관성은 한 자리에 있어야만 좋게 되는 것이니 두 자리에 관성이 있으면 살이 없어도 잡된 것이고 순살이 되어도 관의 혼잡됨이 없으면 어진 부인이 된다.
- 거듭 본신이 자왕함을 얻으면 더욱 아름답다. 다만 왕성해도 태과太過함은 불가하다.
- 본신이 지나치게 왕한 것도 적당치 않고 부신이 암장된 것, 상관傷官 · 칠살七殺 · 괴강魁罡 · 상형相刑 · 양인태중羊刃太重 · 합다유정合多有情 모두 아름답지 못하다. 세운에서도 또 역시 그러하다.
- 보는 방법은 여덟 가지이니 순純 · 화和 · 청淸 · 귀貴 · 탁濁 · 남濫 · 창娼 · 음淫이 그것이다.

(1) 순(純)이라는 것은 일(一)이다.

하나의 관성, 혹은 하나의 살성이 순수하고 재성 · 인성이 있으며 형충을 두지 않고 서로 혼잡되지 않는 것이다.

丙 辛 戊 癸
申 酉 午 巳

본신은 전록(專祿)이라 왕하여도 종으로 화하지 않음. 신은 병으로서 관성을 삼아서 부성(夫星)이 되고 오월은 화가 왕성하여 남편이 강건함. 병은 계를 사용하여서 관성을 삼는데 귀인의 자리에 앉았고 무를 보아 식신을 삼는지라 한가지로 사에서 귀록(歸祿)이 되니 신금(辛金)이 생하는 임수를 자식으로 삼는다. 임수는 신시를 장생지지로 당겨들게 하는 것이니 천간 무계 · 병신은 수화기제(水火旣濟)라 지지 사오 · 유신은 재고(財庫)를 공협(拱俠, 미목고 未木庫)하였으니 소위 시집가는 것을 관성으로 삼은 것이며 식신은 천록(天祿)이라 남편은 영화롭고 자식은 귀한 명이 되었다.

(2) 화(和)라는 것은 염정(恬靜)이다.

몸이 유약할 것 같으면 유독 한자리에 남편성이 있어야 하는데 사주에 충파하고 공격하는 신이 없고 그 중화의 기운을 품부 받았다면 화함이 된다.

己 己 辛 壬
巳 卯 亥 辰

기는 갑으로서 부성을 삼음. 해는 이에 갑의 장생지로서 천시와 지리를 얻은 것이라 갑은 신으로서 관을 삼는데 금은 사에서 생이 되고 기는 금으로 자식을 삼는바 역시 사에서 생하므로 부(夫)가 관성을 얻었다 이르고 자식은 장생을 얻었다 하는 고로 주로 남편은 유익하게 되고 자식은 왕성하게 되는 것이니 비록 스스로가 묘지(卯支) 칠살에 앉았다 하더라도 사중 경이 제복함이 있는지라 거살유관으로 논하여 여자로서는 귀한 명이 되는 것이다.

(3) 청이라는 것은 결정(潔淨)이다.

여자의 운명이 혹 일관(一官)과 일살(一殺)이 혼잡하지 않는다면 청하다 이르니 부성이 득시하기를 요망하며 주중 재성이 있어 관을 생하고 인성이 있어 몸을 도와서 일점이라도 혼탁한 기운이 없어야만 바야흐로 청순한 귀가 된다.

甲乙壬己
申未辰未

을은 경으로서 남편을 삼는데 경록(庚祿)은 신(申)에 이르고 정은 자식이 되는데 정이 미에서 왕성해지고 임으로서 인성을 삼는데 임은 신에서 장생이 된다. 또한 좌하의 신(未土)으로 을목은 재성을 삼는데 재가 왕성하면 능히 관을 생하고 사주에 형충파패가 없다. 경에서 말하길 "재성 관성 인수 삼반(三般)의 물건을 여자의 운명이 만나면 필히 남편이 왕성하다." 하였으니 그러므로 부인(夫人)의 명이 된다.

(4) 귀라는 것은 존영(尊榮)의 이름이다.

명중에 관성이 있고 그 재의 기운을 얻어서 서로 돕고 삼기가 그 용을 얻어 사주에 귓병(鬼病)을 두지 않으면 이에 여명은 요순임금처럼 좋을 것이다. 경에서 말하길 "여인의 명에 살이 없고 하나의 귀(관)만 있다면 가히 양인을 얻는다." 하였고 또 말하길 "여명에 살이 없고 이덕(二德)을 만난다면 가히 양국에 봉해진다." 하였으니 이덕이라 하는 것은 천월이덕이 아니라 곧 재성이 일덕이 되고 관성이 일덕이 된다. 인수나 식신을 첨가하면 귀함보다 낫다.

癸 辛 丙 乙
巳 卯 戌 亥

신은 을로서 재성을 삼는데 해에서 왕성해 진다. 병은 부성이 되는데 고지에 앉아 있고 시사에서 귀록이 된다. 계수는 부성의 관(관직)이 된다. 신금이 계를 생하여 계는 자식이 된다. 좌사 상으로 부록(夫祿)과 같이 하는지라 이런 것은 또 귀한 신(사는 계수의 천을귀인)이 되고 또한 재관쌍미도 되니 이에 남편과 자식이 다 귀함을 얻은 것이라 봉작을 얻은 부인이 되었다.

(5) 탁이라는 것은 혼이다.

이에 오행이 자리를 잃은 것으로 수토가 서로를 상하게 된 것이니 그 신이 태왕하여 정부(正夫, 관)가 드러나지 않을 것이며 편부(偏夫, 살)가 어수선하고 난잡하게 된 것이라 사주에 분별이 많아 재성 관성 인성 식신이 없어 하천하여 저속하고 혼탁함과 같이 되거나 혹 창기나 비첩과 같이 음탕한 사람이 된다.

己 癸 乙 己
未 丑 亥 亥

계수는 십월에 생하여 크게 범람하고 癸는 戊를 남편으로 삼으나 드러나지 않고 시에 기미 편부를 당겨오는 지라 혐오하는 것은 축미가 모두 토이므로 혼잡하게 하며 주중에 재성이 없고 을목은 식신이 되어 간이 왕성한 지라 기토의 극을 받아서 귀패(鬼敗)로서 몸에 임하여 五行이 실위(失位)하였으니 주로 먼저 맑고 후에 흐려져 능히 복을 누리지 못했다.

⑹ 남(濫)이라는 것은 남(婪)이다.

주중에 밝게 부성이 드러나 있고 많은데 암중에 재성이 왕성하고 간지에 또 살을 띠우고 있는 것을 말하니 반드시 주색으로 인하여 어둡고 사사로운 방법으로서 재물을 얻게 된다 할 것인데 이러한 종류의 명은 혹 비첩이 되고 혹은 남편을 극하고 재가한다.

丁	庚	丙	庚
亥	申	戌	寅

경신(庚申)은 녹을 깔고 있어 전적으로 자왕하고 병화로서 남편을 삼는데 인술이 회국되고 시간(時干) 또한 정을 보아 중화(重火)를 사랑하여 정이 있고 경신 금이 암으로 인해 목을 극하여 재성이 되려니와 해중 임수 식신이 재성을 생하니 그 사람이 비록 아름다운 미모이고 복을 가졌으나 재물을 얻는데 탐욕스러움을 면치 못했다.

⑺ 창(娼)이라는 것은 기(妓)이다.

이에 신왕하여 부가 절지에 들은 것이나 관이 쇠하고 식신이 성한 것을 말하는 것으로 주중에 관살이 보이지 않고 혹 있어도 상관한테 상진당하고 혹 관살이 혼란하고 식신이 왕성하면 이는 필히 창기의 명이 된다. 그렇지 않다면 비구니나 비첩이 되거나 남편을 극해 하여 음탕함으로 도망 다닐 것이다.

庚	戊	庚	丁
申	辰	戌	亥

무는 갑으로서 남편성을 삼는데 구월이라 시절을 잃었음에 기운이 없다. 또 경의 극절함을 입으니 시에 신을 끌어들여 경으로 식신을 삼는데 건록이 신에 있어 무진 괴강(魁罡)은 신을 생함이 태왕하고 해중임수 재성 역시 왕성하므로 이르기를 신왕하고 장생을 만났으니 식을 탐하고 재성을 탐하는 지라 부성이 사절이 되는 바람에 수려한 모습이라도 창기가 되었다.

⑻ 음(淫)이라는 것은 일(泆, 물이 넘쳐 출렁임)이다.

이에 본신이 득지하였어도 부성이 명암교집 된 것으로 일간이 자왕하고 주중에 관살 모두가 있는 것이 바로 이러한 것이다. 干으로도 드러나 있고 지에도 암장되어 있어 사주에 관살이 태과한 것을 말하는 것이니 가령 하나의 정이 세 개의 임을 보거나 진자가 많은 것이 이러한 예이니 이르기를 교집한 사람이라 하니 들이지 못할 바가 없다.

丙	癸	壬	戊
辰	亥	戌	辰

계해는 본래 자연득지한 것이고 무토 정부(正夫)는 드러나 있고 진술 편부는 암장되어 있다.

甲	乙	戊	庚
申	酉	子	戌

경술 무자 을유 갑신이라는 명조에 있어서 을은 경으로서 명부를 삼는데 신이 앉은 것은 유지(酉地)인데다가 시의 신 또한 암부가 되어서 당기면서 서방금왕지지로 운

행한다. 이 두 명조는 다 부성의 명암이 교집된 것이라 음탕함을 말하지 않아도 알 것이다.

2) 진소함(陳素庵)

여명(女命): 유한 것을 좋아하고, 강한 것을 싫어하며 정한 것을 좋아하고 동하는 것을 싫어한다.

부자(夫子) : 왕함을 좋아하고 쇠함을 싫어하며 생함을 좋아하고 절됨을 싫어한다.

재인의 화목한 것을 좋아하고 사나운 것을 싫어한다. 귀와 합할 때는 적은 것을 좋아하고 많은 것을 싫어한다. 상인비겁(傷刃比劫), 충전형해(沖戰刑害)는 없는 것을 좋아하고 있는 것을 좋아하지 않는데 이것이 대체적인 여명에 관한 법이다.

그러나 일주가 지나치게 약하면 생조하는 것이 마땅하며 부자(夫子)가 태왕하면 마땅히 손하거나 설기함이 좋다. 때로 재를 써서 인을 제하기도 하고 효신(梟神)을 써서 식신을 제하기도 하며, 상관을 써서 관을 제하기도 하고 살을 써서 비겁을 제하기도 하며 비겁을 써서 재를 제하기도 하고 길신을 불러 합해 용하기도 하며 형충을 써서 기신을 내보내기도 하니 쓰임이 적당하기만 하면 흉도 도리어 길로 쓸 수 있다.

국에 부성이 없는데 부귀(夫貴)한 자가 있고 국에 자식성이 없는데 자식이 많은 경우도 있는 것은 반드시 암생 · 암회함이 있기 때문이다.

부성(夫星)이 투출하고 드러나 있어도 부가 천한 경우나 자식성이 분명하게 나타나 있어도 자식이 적은 경우는 암손 · 암파함이 있기 때문이다.

부다夫多해도 부가 없고 자다해도 무자하다면 극하지 않고 화하지 않았기 때문이다.

- 부귀빈천길흉수요에 관해서는 제격(諸格)으로 추론한다. 단 그 중에 강건(剛健), 위무(威武)의 국과 암충 暗沖 · 암합暗合 · 용양인用羊刃 · 용마用馬의 류는 여명에게 좋지 않다.
- 만약 정(貞)과 사(邪) · 순(順)과 려(戾)를 분별하려 한다면 반드시 일주와 격국을 봐야 하는데 순정자(純靜者)는 정(貞)하며 강강자(剛强者)는 사나운데 이러한 것은 단지 오행으로 취단(取斷)해야지 구서에서 처럼 망령되이 만든 신살에 얽매여서는 안 될 것이다.

구서에서 여명을 논할 때 관 하나에만 그쳐야 했으며 거듭 보면 좋지 않다고 했는데 이렇게 양간, 양지에서 거듭 보면 위태하여 마땅치 않지만 만약 갑관이 인을 띠면 득록(得祿)한 것이고 을살이 묘를 띠면 제함이 있는 것이니 이것은 길하고 유력한 것이다. 또 관살을 둘 만나도 거류(去留)가 법에 맞으면 역시 해로움이 없다. 대개 인재식상(印財食傷) 모두 그러하다.

3) 심효첨

여자 명조의 경우 "귀가 많으면 노래하고 춤을 춘다."고 하였는데 귀가 많다는 말은 정관(正官)이 많은 것이다. 여자에게 정관은 지아비가 되니 지아비가 어찌 중첩할 수 있겠는가? 한 여자에 여러 지아비가 있다면 노래하고 춤을 추는 직업은 이치가 그러하다.

만약 귀인이 곧 하늘의 별을 가리킨 것이며 또한 지아비가 아니라면 어찌 많은 것이 장애가 되며 반드시 창기가 된다고 할 수 있겠는가? 그런데 성신명서(星辰命書)를 볼 때 책에 언급된 기록에만 집착하는 것은 옳지 못하다.

"귀인 위에 재성과 정관이 있으면 부와 귀가 있다."는 언급의 경우 대개 재성과 정관은 사람의 미모와 같고, 귀인은 사람의 의복과 같으니 용모가 아름다운 사람은 의복이 아름다우면 더욱 돋보이기 마련이다. 그러나 사실상 재성과 정관이 격을 이루고 있다면 귀인이 나타나 있지 않아도 어찌 부귀하지 않을 수 있겠는가!

여명을 논하기를 "살이 없고 이덕인 천덕(天德)· 월덕귀인(月德貴人)이 있으면 두 나라의 봉읍을 받는다."고 했는데 여자의 명에 "흉살이 없다"라는 것은 격국이 청귀하고, 또한 이덕이 있으면 반드시 영화로운 봉읍을 받게 될 것이라는 말이다.

- 만약 이덕만을 중심으로 말한 것이라면 어째서 "이덕이 있으면 두 나라의 봉읍을 받을 것이다."라고 하지 않고, 반드시 "흉살이 없으면"을 먼저 말했겠는가? 격국을 고려한 말이 아니라면 만약 좋지 않은 격국을 만난 경우 사주에 이덕이 있다면 흉을 만났지만 구조함이 있어 위태로움을 면할 수 있을 것이니, 그러한 경우도 있다. 그러나 결국은 이덕이 격국의 귀천과는 관계가 없는 것이다.

4) 『적천수(논부논자)』

지아비와 자식을 논함에는 안정되어 상서로움이 있기를 요하며 기세가 고요하고 평화로워야 부도(婦道)가 밝으니 삼기나 이덕이 좋다고 말하는 것도 빈말이고 함지나 역마는 반절 정도만 참고할 만하니 상세히 추리해야 한다(논부논자요안상 기정평화 부도창論夫論子要安詳 氣靜平和婦道彰 삼기이덕허호화 함지(도화)역마반추상三奇二德虛好話 咸池(桃花)驛馬半推詳).

(1) 유백온

- 만약 관성이 너무 왕하면 상관을 남편으로 보고,
- 관성이 너무 쇠약하면 재성을 남편으로 보며,
- 비견이 왕한데 관성이 없다면 상관을 남편으로 보고,
- 상관이 왕한데 재성과 관성이 없으면 인성을 남편으로 보며,
- 관성이 가득하여 일주를 업신여기고 있을 때에 인성이 희신이라면 남편은 일주를 극하지 않는다.
- 사주에 인성이 가득하여 관성의 기운을 설기하고 있을 때에 재성이 희신이 되면 일주가 남편을 극하지 않는다.
- 상관이 너무 왕하면 인성을 자식으로 보고,
- 상관이 너무 미약하면 비견을 자식으로 보며,
- 인성이 왕하고 상관이 없으면 재성을 자식으로 보고,
- 재성이 왕하여 식상을 설기하고 있다면 비견을 자식으로 본다.
- 그렇지만 관성 하나로 남편을 논해서는 안 되고, 오로지 식상으로만 자식을 논해서도 안 된다.
- 이덕이나 삼기 등은 논할 필요가 없고, 함지나 역마는 적중이 될 때도 있지만 하여튼 이치적으로는 별로 맞지 않으니 이 중에 포함되어 있는 이치를 자세히 연구하여 살펴보아야 한다.

(2) 임철초

- 여명의 남편은 용신이 되고, 자식은 희신이 되니, 무조건 관성이 남편이고 식상이 자식이라고만 할 것은 아니다.

- 여명은 먼저 부성의 성쇠를 보면 곧 귀천을 알 수 있고, 다음으로 격국의 청탁을 살피면 곧 어질고 어리석음을 알 수 있다.
- 이덕 · 삼기는 호사가들이 망령되이 지어낸 것이고 함지살 · 역마살도 후학들을 그릇되게 하는 말이다.
- 관성이 뚜렷이 나타나 있으면 남편은 출세를 하고, 기세가 고요하고 화평하면 아내의 도를 지켜 유순하게 된다.
- 관성이 태왕하고 비겁이 없으면 인성이 남편이고,
- 비겁이 있고 인성이 없으면 식상이 남편이고,
- 관성이 너무 약하고 상관이 있으면 재성이 남편이고,
- 재성이 없고 비겁이 왕하면 또한 식상이 남편이고,
- 비겁이 가득한데 인성도 관성도 없으면 또한 식상이 남편이고,
- 인수가 가득한데 관도 상관도 없으면 재성이 남편이고,
- 상관이 왕하고 일주가 쇠약하면 인성이 남편이고,
- 일주가 왕하고 식상이 많으면 재성이 남편이며,
- 관성이 약하고 인성이 중해도 또한 재성이 남편이다.
- 재성은 남편에게 은혜를 베푸는 성분이므로 여자의 사주에서 신왕하고 관성이 없을 경우에 재성이 국을 이루고 있다면 상격(上格)이 된다.
- 관성이 미약하고 재성이 없는데, 일주가 강하고 상관이 중하다면 남편을 반드시 극한다.
- 관성이 미약하고 재성이 없는데, 비겁이 왕하면 반드시 남편을 속인다.
- 관성이 미약하고 재성이 없는데 일주가 왕하고 인성이 중하다면 반드시 남편을 속이면서도 극하게 된다.
- 관성이 약하고 인성은 많은데 재성이 없다면 남편을 반드시 극한다.
- 비겁이 왕하고 관성이 없는데 인성이 왕하고 재성이 없다면 반드시 남편을 극한다.
- 관성이 왕하고 인성이 약하면 반드시 남편을 극한다.
- 비겁이 왕하고 관성이 없는데 상관이 있고 인성이 많다면 반드시 남편을 극한다.
- 식상이 많은데 관성이 미약하고 인성이 있는데 다시 재성을 만났다면 반드시 남편을 극한다.

- 일주가 왕하고 상관도 왕한데 인성이 없고 재성이 있다면 자식이 많고 귀하다.
- 일주가 왕하고 상관이 왕하며 재나 인성이 없다면 아들이 많고 강하다.
- 일주가 왕하고 상관이 약한데 인수가 있고 다시 재성이 국을 이루면 자식이 많고 부자이다.
- 일주가 왕하고 식상은 없으며 관성이 국을 이루면 아들이 많고 어질다.
- 일주가 왕하고 식상은 없으며 재성이 있고 관살이 없다면 아들이 능력도 있으면서 많다.
- 일주가 약하고 식상이 왕한데 인성이 있고 재성이 없다면 반드시 아들이 있다.
- 일주가 약하고 식상은 약하면 재성이 없어도 반드시 아들이 있다.
- 일주가 약하고 재성도 약한데 관성과 인성이 왕하다면 반드시 아들이 있다.
- 일주가 약하고 관성은 왕한데 재성이 없고 인수가 있다면 반드시 아들이 있다.
- 일주가 약하고 관성이 없는데, 상관과 겁재가 있다면 반드시 아들이 있다.
- 일주가 왕하고 인수가 있는데 재성이 없다면 아들이 적다.
- 일주가 왕하고 비겁이 많은데 관성이 없고 인수가 있다면 아들이 적다.
- 일주가 왕하고 인수도 왕한데 재성이 없다면 아들이 없다.
- 일주가 약하고 상관은 많은데 인수가 약하면 반드시 아들이 없다.
- 일주가 약하고 재성이 많은데 인성을 만나면 아들이 없다.
- 일주가 약하고 관살이 왕하면 아들이 없다.
- 일주가 약하고 식상이 왕한데 인수가 없으면 아들이 없다.
- 불은 이글거리고 토는 메마르면 아들이 없다.
- 토가 습하고 금이 막혀있으면 아들이 없다.
- 물이 넘쳐서 목이 뜨게 되면 아들이 없다.
- 금은 차갑고 물은 얼면 아들이 없다.
- 인수가 너무 중첩되어 있으면 아들이 없다.
- 재관이 태왕하면 아들이 없다.
- 식상이 가득하면 아들이 없다.
- 아들이 없는 경우에 만약 아들이 있다면 반드시 남편을 극하였을 것이고, 남편을 극하지 않았다면 또한 요절을 했을 것이다.

- 일주가 왕하고 관성이 미약한데 재성이 없어서 일주는 족히 (관성에게 대항해서) 싸울 수 있는 자를 말한다.
- 일주가 왕하고 관성이 미약한데 식상이 중하며 재성이 없어서 일주는 족히 (관성을) 속일 수가 있는 자를 말한다.
- 일주가 왕하고 관성이 약한데 일주의 기운이 다른 글자를 생조하러 가버린 자를 말한다.
- 일주가 왕하고 관성이 약한데 관성의 기운이 일주와 합해서 화하는 자를 말한다.
- 일주가 왕하고 관성이 약한데 관성의 기운이 일주의 세력에 의지하는 자를 말한다.
- 일주가 왕한데 재성은 없고 식상이 있는데 인성을 만나서 일주가 스스로 대단히 왕하여 스스로 주인이 되는 자를 말한다.
- 일주가 왕하고 재성이 없는데 관성은 약하고 식상은 중하여 관성이 의지를 할 곳이 없는 자를 말한다.
- 일주가 왕하고 관성은 뿌리가 없는데 일주는 관성을 돌보지 않고 재성과 합하여 가버린 자를 말한다.
- 일주가 약하고 식상은 중한데 인성이 약한 자를 말한다.
- 일주가 약하고 식상이 중한데 인수는 없고 재성이 있는 자를 말한다.
- 식상이 월령을 잡고 재관은 세력을 잃은 자를 말한다.
- 관이 (약한데) 재성의 도움이 없고 비겁이 식상을 생조하는 자를 말한다.
- 사주에 상관이 가득한데 재성이 없는 자를 말한다.
- 사주에 관성이 가득한데 인성이 없는 자를 말한다.
- 사주에 비겁이 가득한데 식상이 없는 자를 말한다.
- 사주에 인성이 가득한데 재성이 없는 자를 말한다.
- 대저 위의 꺼리는 것을 범한 자는 다 하천한 팔자가 되는데, 한마디로 상관은 너무 왕함을 꺼리니 상관이 중하면 반드시 아름다운 미모를 갖고 있으면서도 경박하게 되기 때문이다.
- 상관이 많아 신약한 경우에, 인성이 있는 경우이거나 신왕하고 재성이 있는 경우에는 반드시 총명하면서 용모도 아름답지만 정숙하고 순결하게 된다.

(3) 서락오

- 소위 여명의 일주 또한 왕한 것을 마땅히 여기지 않는 것은 왕한 것은 스스로 권력을 장악해야 하니 복이 아니라고 하는 것이다.
- 그 약한 것을 혐오하지 않은 것은 약한 자는 타인으로 하여금 일이 성사되게 하는 것이 마땅함에 합치하기 때문이다.
- 결국 지나치게 왕한 것은 마땅하지 않은 것이 되었고, 지나치게 약한 것 역시 마땅하지 않은 것이 되었으니 당연히 화평해야만 귀해지는 것이 되었다.
- 간지가 서로 싸우고 극하면 풍파와 기복이 있어 여명에서는 마땅한 바가 아니니 당연히 기가 안정(安靜)된 것을 숭상한다.
- 용신은 이해관계가 가장 밀접한 것으로 내가 기탁(寄託)하는 사람이니 여명에서 밀접하게 기탁하는 사람은 지아비가 아니라 자식인 고로 용신과 희신을 지아비와 자식 두 성(星)이 되는 것이다.

(4) 위천리(韋千里)

- 여명이라면 부자 이성(夫子 二星)을 중히 여기는 것이 취용의 도이니 지아비, 자식, 자신의 삼자를 겸하여 보면 가장 묘할 것이다.
- 만약 편안하기를 바란다면 일주가 비록 약하더라도 부성과 자성의 기운을 꺾으면 안 된다. 재차 반드시 부성이 온전한가를 반드시 돌아보고 다시금 자성이 온전한가를 돌아보아야 한다.
- 전반적으로 부 · 자 두 개가 온전하면 상격이요, 부 혹은 자가 모두 약하거나 어느 하나에만 기댄다는 것은 완전히 믿을 수 없으므로 하격이다.

(5) 김자초(金子樵)

- 여자의 명은 대체로 관을 부성으로 삼고 식상을 자식으로 삼음이요, 일지를 부로 보고 시상을 자식으로 보는데 그 귀천 · 수요 · 궁통 · 병액은 남자의 명과 크게 다를 바가 없으니 마땅히 남자의 명을 보는 방법을 참조해야 한다.
- 옛날에 여자에게 중요한 것은 삼종사덕이었는데 현재는 남녀가 평등하여 처도 능히 자립할 수 있으니 남편에게 기대는 것이 불필요하여 명을 논함에 역시 마땅히 시대가 같지 않음을 따라야 한다.

- 다만 여자의 명조는 전반적으로 온화하고 순정(順靜)해야 하니 단정하고 장중하며 우아하면 귀할 것이다.
- 일간이 강왕하고 통근한 관이 투출하였는데 혹 상관이 재로 화하고 있고 관성을 용신으로 얻으면 지아비가 귀하고 본인 역시 귀할 것이다. 식신이 힘이 있으면 그 자식이 반드시 아름다운 것은 이치가 당연한 것이다.
- 다만 국중에 관성과 식신이 없으면 어떻게 논하는가? 반드시 사주의 희기와 오행의 생극제화를 참고하여 살핀 후에 결정해야 한다.

4. 여명을 보는 방법의 사례

사례 1

比 主 官 財

壬 壬 己 丁
寅 戌 酉 巳

癸 壬 辛 庚
丑 子 亥 戌

본 명조는 유월에 태어난 임수일주이므로 인격이다. 지지가 인술로 오화를 공합(拱合)하고 연천간 정화는 사에 앉아 있으니 재가 강하고 인이 약함을 혐오하지 않을 수 없다. 그러므로 지지의 사유합금을 기뻐하며 아울러 월상 정관으로 인화(引化)하고 시상임수로 일주를 도우면 재생관, 관생인, 인생신하여 오행이 유통되니 마땅히 금수를 기뻐하고 화토를 꺼리는 것으로 논한다. 금수대운에 희용이 득지하니 지아비가 귀하게 되어 국민대표대회의 대표를 지냈고 자녀는 다섯이었다.

사례 2

食	主	官	財
乙	癸	戊	丁
卯	丑	申	巳
壬	辛	庚	己
子	亥	戌	酉

본 명조는 무계합을 하였지만 화하지 않았다. 재가 생하여 관이 왕성하고 식신으로 설기하니 마땅히 득령의 월인 인성을 취하여 용신으로 삼고 비겁의 부조를 기뻐한다. 오행의 기세가 유통되어 행운이 금수의 지지로 흐르게 되니 지아비는 영화롭게 되고 자식은 귀하게 되어 몸소 조정으로부터 일품부인으로 봉하여졌다.

사례 3

印	主	官	財
甲	丁	壬	辛
辰	巳	辰	酉
丙	乙	甲	癸
申	未	午	巳

본 명조는 정임합을 하였지만 화하지 않았다. 지지가 진유합재하여 관을 생하고 시지에 다시 습토를 만나니 마땅히 진중여기가 투간한 갑목 인성을 용으로 삼는다. 일지는 사화에 앉아 있으니 전국이 금이어도 차갑지 않고, 수가 냉하지 않으며, 목은 메마르지 않고, 화는 지나치게 타오르지 않는다. 더욱이 재관인 삼기가 득지하였고 일간은 진기가 된다. 오행의 기세가 유통하여 운이 목화의 지지로 가니 희용이 서로를 호위하는 고로 지아비는 영화롭고 자식은 귀하게 되었다.

사례4

印	主	財	官
壬	乙	戊	庚
午	酉	寅	辰
壬	癸	甲	乙
申	酉	戌	亥

본 명조는 재생관이 강하고 을목이 초춘에 태어나 한기가 상존(尙存)하니 마땅히 시지 오화로서 조후하고 인중 갑목을 존재케 하는 인성을 용신으로 삼으니 인성의 생부를 기뻐한다. 대운이 수목지지로 흐르는 것이 마땅하니 신유를 만나도 원국에 인오의 화가 돌아 극하고 경신을 만나도 원국에 임수 인성으로 전화되니 오행이 유통하고 기세가 안정 · 화합되어 지아비는 귀하게 되고 다섯 아들에 스물 세 명이나 되는 손자를 두었으니 일생 질병이 없었고 부부는 다정하였으며 수명은 팔순을 넘기고, 자손 또한 귀하게 되었다.

사례 5

食	主	官	財
乙	癸	戊	丁
卯	丑	申	未
癸	壬	辛	庚
丑	子	亥	戌

본 명조는 재생관이 강하고, 식신으로 설기하니 마땅히 득령한 신금 인성을 취하여 용신으로 삼고 비겁의 부조를 기뻐한다. 대운이 금수의 지지로 가니 지아비는 귀하게 되었고, 여섯 아들과 두 딸이 모두 수려하였다.

사례 6

印	主	印	財
己	辛	戊	乙
亥	酉	子	丑
甲	癸	壬	辛
午	巳	辰	卯

본 명조는 신금일주가 전록격(專祿格)으로 지지는 해자축하여 수국을 이루고 오행 중 화가 없으니 금한수냉을 면치 못하고 월상 인수 또한 바싹 붙은 을목에게 극을 당하고 있는 고로 임시로 시상 기토를 용신으로 취한다. 묘운에 합목하여 지아비를 극하고 자식을 가르치는데 고심하였지만 남방화운에는 조후의 마땅함을 얻어 오행이 유통되니 자식이 마침내 귀하게 되었다. 이러한 금한수냉의 명조는 지아비와 자식이 모두 온전하기 어렵다.

사례 7

殺 主 財 食

辛 乙 己 丁
巳 亥 酉 酉

癸 壬 辛 庚
丑 子 亥 戌

본 명조는 유월에 태어난 을목일주로 관살이 이미 많고 왕성한데다가 식상과 재성이 서로 경쟁하듯 도설하고 있으니 일간은 약하다. 마땅히 화살생신하고 식상을 극제할 수 있는 해중 임수를 용신으로 삼고, 해중 갑목의 부조를 기뻐하는데 희용은 일지에 집중되어 있다. 대운이 수목의 지지로 가니 지아비는 아주 귀하게 되었지만 원국에 지지가 사해상충하여 갑목이 손상 받음의 정도가 지나치고 중년 이전에 수운이 다하니 자식을 낳아도 기르지 못하게 되는 고로 결국에는 자식이 없었다.

사례 8

官	主	傷	殺
丙	辛	壬	丁
申	巳	子	丑
丙	乙	甲	癸
辰	卯	寅	丑

임철초가 말하기를「임수가 정화 칠살을 합거해버리고 병화 관성이 일지에 녹을 얻어 아름다운 것으로 보인다. 그래서 구가(舊家: 대대로 뼈대 있는 집안) 출신으로 태어났고 그로 인하여 미모가 뛰어나서 자태가 아름다워 주변에서는 양귀비가 다시 태어났다고 칭송을 했을 정도였다. 4~5세가 되었을 적에 눈썹과 눈이 수려하였으며 나이 13~14세가 되니까 더하여 애교(嬌冶)까지 나타나서 그림 속의 미인과 같았다. 18세에 선비의 처가 되었는데 그 선비는 원래 사람이 소박하고 부지런하며 학문을 좋아했는데, 사랑에 빠져서 몇 년 사이에 학문을 집어치우더니 마침내 피로 증세로 사망했다. 그 후에도 이 여인은 음란함을 견디지 못하다가 몸도 망치고 명예도 찢어지게 되어서 한 몸을 의지할 곳이 없자 스스로 목을 매어 죽었는데, 이 사주는 합이 많아서 그렇게 되었으니 대저 십간의 합 중에서 오직 병신합이 관으로서 상관을 만드는 것인바 합을 탐하여 관을 잊는다고 하고, 또 사신합 역시 상관으로 화하고, 정임합은 또 재성으로 화하려고 하니 그 의중에는 장차 병화 외에도 다른 남자가 있음이 분명한 것이다. 그 마음에는 필시 정임합 일변(一邊)으로 향했을 것이니, 하물며 간지가 모두 합이 되니 그 마음대로 다른 남자에게 갈 수도 없었을 것이다.」

본 명조는 자월 신시에 태어난 신금일주로 병화와 합을 하고 있어서 원래는 합하여 수가 되어야하나 연월지지 자축이 합하여 토가 되었으므로 파격이 되었으니 화기(化

氣)가 이루어지지 않은, 즉 마땅히 보통의 격국으로 추론하면 전국에 관살과 상관이 경쟁하듯 투간하여 일간은 약해졌으므로 마땅히 연월의 자축합토를 용신으로 삼는다. 그러므로 출신이 좋은 것이요, 비겁의 부조를 기뻐한다. 초운 계축에는 설기가 지나치게 심하여 자신이 화근을 키우게 되었고 갑인운에는 재성이 인성을 파괴하여 지아비가 사망에 이르렀으며 을묘운에서는 약한 명조가 적을 둘 바가 없게 되어 마음 내키는 대로 합신(合神)을 유혹하니 마침내 음탕함이 지나치게 되어 지위도 잃고 명예도 땅에 떨어져 죽게 되었다. 『적천수』에서 말하기를 「합에는 마땅한 바와 마땅하지 않은 바가 있으니 합이 많으면 기이하지 못하다.」라고 하였으니 이에서도 알 수 있는 것이다.

사례 9

官殺混雜

戊癸戊戊
午酉午子

甲乙丙丁
寅卯辰巳

본 명조는 오월 오시의 계수일주로 무계합을 하고 있으니 원래는 합하여 화로 화(化)하여야 하나 자가 오화를 충하여 파격이 되었으니 관의 생을 받고 다시 일주를 생해주는 유금을 용신으로 삼는다. 일주를 부조하는 자수를 기뻐하나 유금은 오화의 극을 받고 있고 자는 무와 합하고 있으니 희용이 모두 힘을 얻지 못하였는바 여러 관과 쟁합을 하고 있어 몸을 마음대로 하지 못하였지만 진운에 진유합금하여 결혼은 하였으나 을묘운에 목이 생하여 화가 왕성해지고 사정(四正)이 모두 갖추어져 충을 하여 유금이 전패(戰敗)하게 되니 지아비가 사망하였고 이후 갑인운는 상관이 관을 보게 되니 재화가 다단(多端)하게 되었으며 극벌과 도설이 교집하게 되니 음란함을 견디지 못하였다.

사례 10

財	主	劫	食
庚	丁	丙	己
戌	亥	寅	亥
庚	己	戊	丁
午	巳	辰	卯

본 명조는 인월 술시에 태어난 정화일주로 천간에 병화가 투간되어 있고 지지는 인해합목으로 목이 생하여 화가 강하므로 마땅히 조후해주고 일주를 잡아주는 해중 임관을 용으로 삼고 경금 재성이 생관함을 기뻐한다. 그러나 해중 임수는 토신(술토)이 바로 옆에 있어 극을 받고 있고 시상 경금은 화고에 앉아 있으니 역시 무력한데 대운이 목화의 지지로 흘러 하나도 의지할 곳이 없는 고로 방탕함이 속박 받지 않으니 음천(淫賤)함을 견디지 못하였다.

사례 11

財	主	印	傷
辛	丁	甲	戊
丑	未	寅	寅
戊	己	庚	辛
申	酉	戌	亥

본 명조는 인월에 태어난 정화일주로 미토 위에 앉아 있고 월상 정인은 득령하였으며 아울러 인과 미에 통근하였으니 목이 생하여 화가 강하므로 마땅히 고지에 앉아 있는 신금으로 인성을 제압함을 용신으로 삼고 식상이 재를 생함을 기뻐한다. 초행수의 지지에서는 재성이 설기되어 인성을 생조하니 그 출신이 변변치 못하였고 경술 · 기유 · 무신 삼십년은 토금의 지지이므로 희용을 얻은바 지아비가 크게 재물을 이루었고 세 아들이 모두 귀하게 되었으며 조정에서 작위를 받았으니 늦은 운의 발복은 자식의 귀함으로 인한 까닭이다.

사례 12

財	主	傷	劫
壬	戊	辛	己
戌	辰	未	酉
丁	丙	乙	甲
丑	子	亥	戌

본 명조는 미월에 태어난 무토일주로 득시하였고 아울러 연상 기토와 지지 진술의 부조를 얻었으니 일간은 강하다. 월상의 상관은 재를 생하고 모든 지지에 통근되어 있으니 마치 부명자수(夫明子秀)한 것처럼 보이나 아쉽게도 지지에 진술이 상충하여 진중의 계수는 없는 것과 같고 연상의 기토는 멀리에서 시상 임수를 극하여 재성이 손상을 받는다. 초행은 금수의 지지로 가니 벼슬아치 집안 출신으로 태어났고, 유운에 혼인을 하여 자식을 얻었으며 지아비는 등과하였으나 갑술대운에는 갑기가 합하여 토로 변해 수가 끊어지니 지아비는 세상을 떠나고 집안은 나날이 쇠퇴하였으나 고심 끝에 뜻을 세워 아들을 가르쳤다. 후에 운이 북방수로 전화되니 자식이 등과되어 벼슬이 군수에까지 이르렀고 조정으로부터 부인(夫人)의 작위까지 받게 되었다.

V
성정론(性情論)

1. 제현들의 성정 간법에 관한 논의

1) 『연해자평』

성정은 희노애락애오욕의 발한 바이며 인의예지신의 펴는 바이다. 아버지의 정기와 어머니의 혈기로 형체가 이루어졌으니 모두 금목수화토가 관계한다.

- **목**은 곡직이요, 맛은 시고, 인을 주재하고, 측은지심이 있으며, 자상하고, 개제(愷悌)[21]하며, 사물을 이루어 백성을 이롭게 한다. 고아를 구휼하고 과부를 생각하며 편안하고 고요하며 청고하며 사람이 청수하다. 신체는 크고 얼굴색은 청백색인고로 목이 성하면 인이 많다.

태과하면 꺾이며 사물을 대함에 성품이 치우친다.
불급하면 인이 적고 마음에 투기하는 뜻이 생긴다.

- **화**는 염상이요, 맛은 쓰고 예를 주재한다. 사양지심이 있으며 공경하고 위의(威儀)가 있다. 자질은 중후하고 순박(淳樸)[22]하고 인물은 위가 뾰족하고 아래는 둥글고 인당(印堂)[23]이 좁고 콧구멍은 드러나며 정신은 빛이 난다. 말은 급하게 하고 뜻은 빠르고 마음은 애태우며 얼굴색은 혹 푸르거나 붉으며 앉으면 무릎을 흔들거린다.

태과하면 족히 공손하고 총명하며 성품은 조급하고 수염은 붉다.
불급하면 누렇게 마르고 뾰족하며 투기한다. 시작은 있으나 끝은 없다.

---

21) 容貌와 氣像이 和平하고 端雅함.

22) 素朴하고 純眞함.

23) ① 경외기혈(經外奇穴). 두 눈 사이의 중간점이다. 두통, 현운(眩暈), 콧병, 소아 경풍(驚風)에 쓰는데 침은 1~3푼 깊이로 가로놓는다. ② 두 눈썹 사이.

◉ **금**은 종혁이요, 맛은 맵고 의를 주재한다. 수오지심이 있으며 의를 의지하고 재물을 멀리 한다. 과감하고 용기가 있으며 호걸의 기질을 지니고 있고 청렴함과 부끄러움을 알며 중용이 있고 골육이 상응하며 얼굴은 모나있고 백색이다. 눈썹은 높고 눈은 깊으며 코는 높고 귀는 우러러본다. 음성은 맑고 강하고 굳세어 결단성이 있다.

태과하면 어진 마음이 없고 싸우기를 좋아하고 탐욕스럽다.
불급하면 생각이 많으며 과단성이 적고, 인색하며 일을 해도 좌절한다.

◉ **수**는 윤하니 맛은 짜고 지를 주재한다. 시비지심이 있으며 지혜가 많고 계략에 능하다. 기관(機關)은 깊고도 멀다. 문학에 총명하다.

태과하면 속임수가 많고 정처 없이 떠돌아다니며 무력하여 잘 엎어지며음모와 악을 좋아한다.
불급하면 담이 적어 도모함이 없으며 도리어 사람이 마르고 작다.

◉ **토**는 가색이요, 맛은 달며 신을 주재한다. 성실지심이 있으며 돈후하여 지극히 성실하다. 말과 행실을 서로 돌아보고 신불(神佛)을 좋아하고 공경한다. 등은 둥글고 허리는 넓으며 코는 크고 입은 모나며 눈썹과 눈이 청수하다. 얼굴은 담벽 같고 얼굴색은 누렇다. 일을 처리함에 경솔하지 않다.

태과하면 어리석고 고집이 세며 둔한 듯하다. 또한 孤介(孤介; 성질이 곧아 남과 어울리지 않음)하고 인색하여 여러 사람들에게 정을 얻지 못하며 심독낭려(沈毒狼戾)[24]하여 신임을 잃어 넘어진다.
불급하면 안색이 근심한 듯하며 코는 낮고 얼굴은 치우쳤으며 소리는 무겁고 탁하며 소박하나 집요(執拗)하다.

---

24) 이리같이 마음이 삐뚤어진 것을 의미함.

2) 상심부(相心賦)

사람은 육합(상하좌우전후)에 거하고 심상은 오행에 있으니 일생을 밝히고자 하면 형상을 분별하고 성(性)을 살필 것이다.

- **관성**은 개제(愷悌; 용모와 기상이 화평하고 단아함)하고 귀한 기운이 헌앙(軒昂; 의기가 당당함)하여 성품이 넉넉하고 인자하며 관대하다. 생각은 활달하면서 음성은 화창하고 자태는 아름답고 수려하며 성격은 민첩하고 총명하다.
  인수는 지혜가 많고 신체가 풍부하고 자상한 마음이 있고, 식신은 잘 먹으며 신체는 통통하고 노래를 좋아한다.
- **편관(칠살)**은 세력이 삼공(三公)[25]을 누르고 주색을 좋아하고 다툼에 치우쳐 싸우기를 좋아하고 기세가 당당함을 사랑하고 약한 자를 붙들어주고 강한 자를 업신여기며 성정은 호랑이 같고 바람같이 조급하다.
- **효인(梟印)**은 권세를 맡아 심기(心機; 책략)를 부림에 처음은 부지런하고 끝은 게으르며, 학예를 좋아하여 많이 배우나 성공은 적다.
- **겁재(양인)**은 조상을 떠나 집을 달리한다. 외상(外象)은 겸화(謙和)하고 의를 숭상하나 내심은 사납고 독하여 알 수 없고 각박(刻薄; 매몰참)한 뜻이 있고 자혜심(慈惠心)이 없다.
- **편재**가 드러나면 재물을 가벼이 하고 의를 좋아하며, 사람을 사랑하여 받들어 추종한다. 시비의 말을 좋아하고 술을 즐기며 색을 탐함은 역시 이와 같은 것과 관련이 있어서이다.

3) 만육오

대저 귀천은 팔자에 관계되어 있고, 성정은 오행에 상응되는 것이다. 선악인의예지신은 마음에서 생한 바요, 희노애락애오욕(칠정)은 정에서 생한 바이다.

- **목**은 동방에 속하고 이름을 곡직이라 하는데 오상(인의예지신) 중에서도 '인'을 주재하고, 그 색은 청색이며, 그 맛은 신맛이고, 그 성은 직이며, 그 정은 화이다. 왕상

---

25) 三政丞 : 태위(太衛), 사도(司徒), 사공(司空)을 말함.

하면 주로 박애와 측은지심이 있고, 자상하며 부드럽고 온화한 뜻을 가지고 있어 사물을 구제하고 사람을 이롭게 하며 고아를 구제하여 주며 과부를 염려하고, 곧고 질박해선 청고하며, 행적이 대범하고, 예쁜 자태가 수려하며 골격은 가늘고 긴 모습이며 수족은 섬세하고 매끄러우며 입은 튀어나온 듯 아름다우며 낯 빛은 청백색이며 말은 헌앙하며 이것은 목이 성하면 대부분 어질다는 뜻이다. 휴수되면 주로 마르고 길며 터럭이 적고 꺾어진 성품과 편벽한 마음을 지니고 있으며 질투가 있어 어질지 못하니 이것은 즉 목이 쇠하여 성정이 모자란다는 뜻이다. 사절이 되면 눈과 눈썹이 바르지 않으며 쩨쩨하고 비루하며 인색하고 피부가 건조하며 목덜미는 길고 목구멍은 튀어나왔으며 앉음이 평온하지 못하며 몸의 대부분이 기울어졌다. 화를 만나면 적색을 띠고, 토를 본다면 황색을 띠고, 금을 만나면 백색을 띠고, 수를 보면 흑색을 띤다. 그 나머지 사행도 이와 같이 보는 것이다.

- **화**는 남방에 속하고 이름을 염상이라고 하는데 오상에 있어서는 '예'를 주재한다. 그 색은 적색이고, 그 맛은 쓰며, 그 성품은 급하고, 그 성정은 공손하다. 왕상이 되면 주로 사양 단근(端謹)[26]의 풍모를 보이고 공경 겸화(謙和)의 기운이 있으며, 위엄 있게 거동하고 늠름하며 세차고, 순박함을 존숭한다. 얼굴 모양은 위는 뾰족하고 아래는 활달하고 형체가 머리는 작고 다리는 길며 인당은 좁고 눈썹은 짙으며 코는 높게 드러나고 귀는 작으니 정신은 빛나고 말하는 것은 급속하며 성품은 급하나 독은 없으며 총명하게 행동한다. 태과하면 목소리는 타는 듯하고 얼굴은 붉으며 무릎을 가만히 두질 못하고 움직이는 것을 좋아한다. 불급하면 누렇게 야위고 뾰족하게 모가 나며 속이고 질투함이 독하며 언어는 망탄(妄誕)하고 처음은 있으나 끝은 없다.

- **토**는 중앙에 속하고 이름을 가색이라 하는데 오상에 있어서는 '신'을 주재한다. 그 색은 황색이고 그 맛은 달며, 그 성은 중하고 정은 후하다. 왕상이 되면 언행을 뒤돌 보고, 충효가 지성스럽고, 신불(神佛)을 공경하길 좋아하고, 신의를 속이는 것을 상쾌하지 못하게 여기고, 등은 둥글며 허리를 활연하고, 코는 크며 입은 모나고, 눈썹은 맑고 눈은 수려하며, 얼굴에는 살이 있고 황색이 나며, 관후한 도량을 가졌으며, 일처리가 정확하다. 태과하면 하나에만 집착하여 고지식하고, 어리석고 옹졸해 밝지 못

26) 단정하고 삼가는 자세나 태도를 말함.

하다. 불급하면 안색에 우울함을 띠고, 얼굴은 기울고 코는 낮으며, 중탁(重濁)한 성음에 사리가 통하지 않으며, 잔인하고 도리에 어긋나는 행동을 하며, 대중의 정을 얻지 못하고, 엎어져 넘어지고 신의를 잃으며, 쩨쩨하고 인색하여 망녕되이 행동한다.

- **금**은 서방에 속하고 이름을 종혁이라 하는데 오상에 있어서는 '의'를 주재한다. 그 색은 백색이고, 그 맛은 매우며, 그 性은 굳세고, 그 정은 세차다. 왕상이 되면 영웅호걸이니 의로움에 의지하여 재물을 가벼이 여기고, 염치를 알며, 부끄러워함과 미워함을 식별할 수 있다. 골육은 상응하여 몸은 건강하고 정신이 맑으며, 얼굴은 반듯하고 희고 깨끗하며, 눈썹은 높고 눈은 깊으며, 코는 곧고 귀는 붉으며, 목소리는 청량하며, 강하고 굳세며 과단함과 결단력이 있다. 태과하면 용맹함을 좋아하나 지략이 없고, 탐욕스럽고 어질지 못하다. 불급하다면 쩨쩨하고 인색하며 술을 탐하고, 일에 있어 좌절(挫折)됨이 많으며, 사려함은 많으나 결단하는 것이 적으며, 각박하고 안으로는 독을 품고 있으며, 음탕(淫蕩)함을 탐하고 죽이기를 좋아하며, 몸바탕은 야위고 작다.
- **수**는 북방에 속하고 이름을 윤하라 하는데 오상에 있어서는 '지'를 주재한다. 그 색은 검고, 그 맛은 짜며, 그 성은 총명하고, 그 정은 선량하다. 왕상하면 기관이 심원하고, 지모(智謀)가 뛰어나며 족하고, 학식은 다른 사람에게 뛰어 넘고, 속임이 없고 지극하며, 얼굴색은 검고 광채가 나며, 언어는 청화(淸和)하다.

태과하면 시비를 가리고 움직이기를 좋아하며, 방랑끼(표탕 飄蕩)가 있고 음란함을 탐한다.
불급하면 인물이 왜소하고, 일을 행함에 도리어 이랬다저랬다 하며, 성정이 항상 하지 못하고, 담이 적어 간략함이 없다.

4) 『삼명지미부(三命指迷賦)』

문장이 명민한 것은 모름지기 화가 성함으로 정해지는 것이고, 권세가 강렬한 것은 이에 금이 많기 때문이며, 목이 성하면 측은지심을 품고 있음이고, 수가 많으면 민첩하며 약삭빠른 지혜를 품고 있음이고, 만약 토의 성질을 지니고 있으면 중후하니 귀하다.

5) 심성편(心性篇)

효신(梟神)[27]과 칠살이 양투(兩透)하면 성품이 유비(劉備)같으니 외모는 겸화(謙和)하고 마음은 잔인하다.

상관과 칠살이 양투하면 부모를 대함에 감정이 없다.

칠살이 강하고 양인이 왕한데 식신의 제압함이 없고 지지가 충을 만나면 사람됨이 불충불효한다.

자오묘유가 삼형을 만나면 황당하고 논리가 어지러운 시정잡배가 된다.

귀인이 두상에 임하고 겁살이 있으면 다른 것을 보고 원래의 마음이 옮겨간다.

역마[28]와 귀인이 육충을 만나면 주인을 팔아 영화로움을 구한다.

신약한데 인성이 없고 충을 만나면 매사에 조금도 자신의 뜻이 없다.

식신이 왕하여 신약한데 인성이 절지에 있으면 매사에 자신의 주장이 없다.

6) 진소암

구서에 오행을 나누어 사람의 성정을 논하기는 했으나 이것에 구속돼서는 안 된다. 예를 들어 목은 인(仁) · 수(壽) · 자(慈)를 주하지만 성국 입격한 목에도 불인한 자가 있으며 금은 숙살을 주한다 하나 득시 · 득세한 금이지만 살벌하지 않은 자가 있으니 반드시 주중의 신 · 정 · 기의 세를 먼저 봐서 정대하거나 광현(光顯)하거나 순후(純厚)하거나 영발(英發)하면 모두 현인이고, 혹 치우치고 어지럽거나, 어둡고 우매하거나, 강하고 사나우며, 낮고 자질구레하면 모두 현인이 못된다.

또 격과 용을 취해 보아 중정 · 현백(顯白)하면 탐하거나 끄달리거나 포장(包藏)하는

---

27) 효신살(梟神殺)은 올빼미 효(梟), 귀신 신(神) 자를 쓰며, 말 그대로 올빼미 귀신이 씌었다는 의미이다. 올빼미는 중국에서 동방불인지조(東方不仁之鳥)라고 하여 어미의 포근한 보살핌에서 태어나 움직일 힘이 생길 만큼 자라면 어미의 배를 쪼아 죽인다고 하는 악조(惡鳥)로 알려져 있다. 이러한 이유로 효신살이 끼면 어머니와의 관계가 원만하지 못해 상호 불화가 끊이지 않는다고 한다. 효신살은 일주로 판단한다. 갑자(甲子), 을해(乙亥), 병인(丙寅), 정묘(丁卯), 무오(戊午), 기사(己巳), 경진(庚辰), 경술(庚戌), 신미(辛未), 신축(辛丑), 임신(壬申), 계유(癸酉) 총 60가지의 간지 중에서 자신이 태어난 날의 간지가 위의 12가지에 해당되면 효신살이 된다.

28) 역마(驛馬)란 한 곳에 오랫동안 머물러 있지 못하고, 계속 밖으로 나돌아 다니게 된다는 뜻으로 어떤 일이든 적극적으로 임하고, 활동성이 강하다는 것을 나타낸다. 특히 먼 거리를 나설 때 이 살(煞)을 살피는데 이는 고향을 떠난 후 돌아오지 못할 수가 있기 때문이다. 십이지지(十二地支), 열두 가지 띠 가운데 원숭이띠, 돼지띠, 범띠, 뱀띠(申亥寅巳)를 역마살(驛馬煞)이라고 한다.

것이 없고 교묘하게 가려 굽으면 타협하고 어지러운 경우가 많으니 이로 말미암아 성정의 대강을 볼 수 있다.

그런 연후에 오행으로 추리하면 깊게는 그 폐부를 볼 것이요. 얕게는 그 대강을 알 수 있으며 처음에는 바르다가 나중에는 삿되게 되거나, 처음에는 어지럽다가 나중에는 순수한 자가 되는 것은 행운 때문에 그러하다.

7) 『적천수(오행)』

오행이 어그러지지 않으면 성정이 바르고 화평하지만 탁하여 어지럽고 편고(偏枯)하면 성품도 어그러지고 뜻을 거역하게 된다. 화가 맹렬하여 성격이 조열한 자는 금수를 만나면 격렬해지고, 수가 패주하면서도 성품이 부드러운 자는 전적으로 금과 목의 신으로 인한 까닭이다. 목이 남으로 패주하면 연약함을 겁내고, 금이 수를 보면 유통이 된다. 가장 잘 꺾이는 것은 가을 물이 남으로 가는 것이고, 지극히 강한 것은 봄의 불이 전화되어 겨울로 가는 것이다. 순생(順生)의 기틀은 충격을 받으면 저항하고, 역으로 생하는 구조에서는 한신을 보면 발광한다. 양명(인오술)함이 금을 만나면 울(鬱)하여 번뇌가 많고, 음탁(유축해)함에 화가 암장되어 쌓여져 있으면 막힘이 많다.

양인으로 국을 이루어 싸움이 일어나면 위엄을 과시하고, 약하다면 일을 두려워한다. 상관격이 청하면 겸화(謙和)하지만 탁하면 강맹(剛猛)하다. 용신이 많으면 성정이 항상하지 않고 시지가 메마른 자는 호랑이 머리에 뱀의 꼬리와 같다.

8) 유백온

순생의 기틀이 격신(擊神)을 만나면 저항하게 되는 것은 예를 들면 목이 화를 생하고, 화가 토를 생하여 순서대로 나가게 되면 서로 평화롭게 되는데, 만약 그 중간에 충극의 격신을 만나면 부득이 순서대로 생하여 나가지 못하니 저항하여 용맹하게 된다. 역으로 생하는데 한신이 있게 되면 미쳐 날뛰게 된다는 것은 예를 들어 목이 해수의 생을 받고 있는데 술유신이 보면 기운을 거역하게 되니 성질이 안정하지 못하게 되는데 일단 한신을 만나게 되면, 가령 사유축이 역으로 되어 있다면 반드시 미쳐 날뛰게 될 것이다.

양명함이 금을 만나면 울하여 번뇌가 많다고 하는 것은 인오술을 양명이라 할 때 금의 기운이 안에 숨어 있으면 울울(鬱鬱)함을 이루어 번민(煩悶)이 많게 된다. 음탁함에 화가 암장되어 쌓여져 있으면 막힘이 많다는 것은 유축해를 음탁이라고 할 때 그 안에 화가 암장되어 있으면 빛을 발하지 못하므로 지체됨이 많은 것이다.

9) 서락오

오기는 오행의 기운이요, 려(戾)는 도리에 어긋나는 것이다. 사람이 품부 받은 것은 오행의 기운에서 생겨나는 것이니 품부 받은 바의 기운이 어지럽고 거스르면 그 사람의 성정은 도리에 어긋나 괴팍함을 따르고, 품부 받은 바의 기운이 중화되면 그 사람의 성정이 자연 깨끗하고 올바를 것이니 이러한 이치는 지극히 증험한 것이다. 비유컨대 사주가 순수한 음이면 그 사람은 반드시 마음이 깊고 조용할 것이고, 사주가 순수한 양이면 그 사람은 반드시 공정하고 단백하며 강건 · 조급할 것인데 이는 여러 번 시험을 해봐도 틀림이 없다.
삼명통회의 간명구결을 기재해보면「사주가 모두 양이면 입은 거칠어도 마음은 착하고, 사주가 모두 陰이면 버릇이 없고 매우 탐욕스러우며 독한 마음을 지니고 있다.」라고 하였으니 가히 참고할 만하다.

인의예지신과 금목수화토의 배합에 이르러서는 융통성이 없는 것 같지만 어느 정도 합당한 부분이 없지 않아 역시 증명할 만한 것이 있으니 비유컨대 상관격은 대개 총영(聰穎)하니 지금껏 학문과 문장에서의 불후의 작품은 대부분 금수상관격이 많았으므로 지혜의 설명은 가히 믿을 만하다.

목은 어질고 장수함을 주관하고, 금은 과감 결단함을 주관하고, 화는 강직함을 주관하고, 토는 후덕하고 중후함을 주관하는 것은 역시 증명할 만하고 특히 팔자의 배합에 있어서는 당연히 그 밖으로 표출되는 것이 어떠한 물건인가를 보아야 하니 그 성정의 중추(中推)는 변하지 않는다는 한 가지 생각에 집착해서는 안 되니 비유컨대 수는 지를 주관하지만 토가 있으면 혼탁해지니 도리어 우둔하게 되고, 목은 인수를 나타내지만 춘목이 금을 보면 도리어 요절하게 된다.

하나의 신이 전일(專一)하게 왕성한 격국 역시 모름지기 그 배합의 희기를 살펴 동일한 예로 논해서는 안 된다. 그러므로 오행의 정성을 살피는 것은 사람의 정성이 그 가운데 있기 때문이리라!

수는 전적으로 금목의 신이니 그 성질이 유하므로 금의 예리함을 설기시키고 목을 생한다. 가령 금목이 대치되어 있을 경우 수로서 가지런해지지 않으면 양자도 온전할 수 없는데 목은 주로 어진 것이고, 수는 주로 지혜로운 것이며, 금은 주로 과감하고 결단성이 있는 것인바 강경 결연한 기세가 전화되면 지혜와 仁厚(仁厚)의 성질이 된다.

금수상관은 스스로 총명함을 이루는 기질을 지니고 있으니 강한 금이 물을 얻었다고 말하는 것은 칼끝의 예리함을 꺾었다는 것이니 수는 전적으로 금의 신이 되는 것이다.

양명함과 음탁은 기상을 지칭하는 것으로, 말하자면 양명은 목화에 머무르는 것이 아니고 목화를 포괄하고 있는 것이고, 음탁은 금수가 다가 아니라 금수를 포괄하는 것이다. 비유컨대 춘목이 화를 만나면 양명의 상이고, 병화가 임수나 경금을 보는 것 역시 양명의 상(象)이다.

금이라는 것은 숙살지기요, 수라는 것은 음한지기이니 금의 가치는 수를 겸하고 있다고 할 수 있다. 양명함이 금을 만나면 밖의 모양은 원활하고 순조롭지만 안으로는 답답함을 품고 있게 되니 생명력이 유한한 즉 성정에도 반드시 번만(煩懣)함이 많을 것이다.

비유컨대 봄에 태어난 갑목이 병화를 만나면 기뻐하는 것은 목화통명의 상을 이루기 때문인데 만약 사주에 금이 숨겨져 있으면 생기(生機)가 어두워 장애와 손해를 받게 됨이고, 병화가 임수를 보고 목 인성을 얻으면 가지런함을 이루어 기뻐하는데 금 재성을 만나는 것을 꺼리니 인을 파괴하고 살을 무리 짓게 하기 때문이며, 병화가 신금을 보고 축토를 얻으면 쇳물을 부어 만드는 틀을 이룬 것이라 기뻐하고 관살을 만나 제지당함을 꺼려하는데 다시 재차 금수를 보면 음탁의 기운이 성하게 되고 양명함은 포위 당하게 되니 생기가 창발(暢發)하지 못하여 자연 번만함이 많은 모양이 될 것이다.

가을 금이 수를 보거나 겨울 수가 금을 보는 것은 모두 음탁의 모양인데 사주 가운데 한 점의 화가 있으면 이것이 발동의 기틀이 된다. 다만 반드시 운에서 인출(引出)되어야 바야흐로 그 용을 이룰 수 있게 되고 만약 운이 금수로 흐르면 움직임의 기틀은 있으나 움직임의 모양이 없으니 그 행동함은 반드시 순탄하지 못할 것이다.

칠살과 양인은 모두 흉살이나 상호 견제하는 것으로 용을 삼으면 인성으로 그 기운을 조화시키는 것이 가장 합당한데 운에서 살을 도우면 전극지상(戰剋之象)을 이룬다. 그러므로 명에 양인을 범한 자는 성질이 강폭하고 측은지심이 없는데 충과 합을 크게 꺼리므로 원국에 충과 합이 있고 세운에서 다시 보면 반드시 재앙이 있고 처를 상하며 재물이 파괴되니 그 어려운 바를 면할 수 없다.

대개 양인으로 격을 이루면 일간은 반드시 왕성하게 되는데 왕함이 그 정도를 지나쳐 가득함이 극에 달하면 손해를 초래하는데 충합이 가중되면 세력은 반드시 의외의 사고가 있게 된다.

격국의 청탁은 모름지기 그 배합을 보아야 하는데 식상이 투간하여 청영(菁英)함을 설기하면 마땅히 그 자재(自在)롭게 유출됨을 감당할 수 있으나 장애물이 있으면 불가능하다.

가령 여름의 목화상관패인격에서 인성은 마땅히 지지에 있어야 하고 상관은 마땅히 천간에 투간하여야 하는데 인성이 손상되어 서로 장애가 되지만 않으면 자연히 맑고 깨끗함이 보이고, 겨울의 금수상관 또한 역시 그러하나 만약 인성이 손상되거나 혹은 관이 손상되어 투간하면 탁이라고 이른다.

청하면 총명하고 재능이 뛰어나며 성질이 겸손하고 화합하나 탁은 거만하고 교만하며 화합함을 용납하지 않는다. 굳세고 사나운 것에 이르게 되면 이러한 상황에서 상관은 총영(聰穎)함의 성질이니 매사에 거역하게 되는 즉 도리어 행동이 거스르고 고집을 부리는 것은 역시 필연의 기세라 할 수 있을 것이다.

용신이 많은 것은 이에 월령의 신이 중첩되어 보이는 것이지 둘, 셋, 넷, 다섯 용신을 지칭하여 이르는 것이 아니다. 옛날에는 月令에 의한 격국으로서 용신을 삼았으니 가령 심효첨이 말한 바에 의하면 월령을 용신으로 칭한 것이라 할 수 있다.

용신은 두 개가 있는 것도 불가능한데 어떻게 하물며 많을 수 있겠는가? 궁통보감에서 말하기를 "용신이 많으면 설기시키는 것이 마땅하고, 극하는 것은 마땅치 않다." 하였는데 여기에서 '용신다(用神多)'라는 세 글자는 동일하다는 뜻이다.

가령 월령이 상관인데다가 식상이 중첩됨을 보면 팔자에 네 다섯 글자 정도가 되거나 혹은 월령이 관살인데다가 관살이 중첩되어 팔자에 네 다섯 글자 정도가 되면 원국에서 일주는 통근을 할 수도, 취할 수도 없으니 많은 것이 돕는 것을 용신으로 하지 않을 수 없는 것이므로 이것이 소위 용신이 많다는 것이다.

용신이라는 것은 나의 환경 가운데서 가장 밀접하게 기탁하는 신이니 만약 중첩하여 아주 많으면 환경의 지배하는 바의 자유가 적은 것으로 매사에 하나의 뜻을 영구히 갖게 됨은 적고, 변화하는 마음을 가지는 것은 많다.

시는 귀숙처이니 만약 팔자의 연월일은 왕상하고 시지가 사절이면 그 사람은 반드시 재주는 있으나 발전이 없고, 뜻은 있으나 결실이 어려우니 일을 행함에도 시작은 부지런하나 마무리는 게으르고 하기도 전에 멈추므로 호두사미(虎頭蛇尾)의 꾸짖음을 초래한다.

10) 위천리

목은 주로 인을, 화는 주로 예를, 금은 주로 의를, 수는 주로 지를, 토는 주로 신을 나타낸다. 팔자 가운데 오행이 어그러지지 않으면 중화되어 순수하니 측은, 겸양, 성실의 정이 있고 만약 편고하고 혼탁하여 태과하거나 불급하면 즉 시비, 괴역, 교오한 성품이 되는 것이다.

화가 많은데 극제함이 없으면 급조(急躁)함의 흠을 함양하고 있고, 수가 많은데 극제함이 없으면 총영聰穎하나 의지가 견고하지 못하며 역시 또한 움직이기를 좋아하고, 목이 많은데 극제함이 없으면 정이 많고 어짊이 두터우며, 금이 많은데 극제함이 없으면 총명하고 야무지나 예민하며 날카롭고, 토가 많은데 극제함이 없으면 자비롭고 후덕하나 고요함을 좋아한다.

2. 성정을 보는 방법의 사례

사례 1

財 主 印 殺

壬 戊 丙 甲
子 午 寅 戌

壬 癸 甲 乙
戌 亥 子 丑

본 명조는 중학교 여자 교원인 윤○○(尹○○)의 명조이다. 인월 무토일주로 실시하였고 연상 칠살이 득시하여 왕성하다. 살이 있으면 단지 살로 논해야 하므로 마땅히 인오술 삼합화국이 투간한 월상 인성을 용으로 삼으니 용신은 강하고 유력하기 때문에 부귀한 집안에서 태어났다. 애석하게도 시주에서 습토가 금을 생해주는 것을 보지 못하고 도리어 양수가 양인지에 앉아 용신과 충하여 적대하고 있는데 병과무의 양인은 오이고, 임수의 양인은 자이므로 간지가 서로 혼전하고 있다. 「경신부」에서 말하기를 "만반이 양인이면 반드시 죽을 때 몸이 쪼개진다." 하였고 더욱이 원국에 "인성이 앞서고 재성이 뒤라면 도리어 그 욕됨을 이룬다."에 해당하므로 이미 재앙의 뿌리가 심어진 것과 같다. 초행 을축대운에 축은 습토의 지지요, 또한 금의 고지가 되니 총명 수려하여 가정의 보배로서 지냈고, 이후의 운인 갑자에는 두 개의 자수가 오화를 충하나 다행히 갑목이 거한 가운데 수화의 싸움을 전화시켰다. 그러나 개성이 강강(剛强)하였으니 비록 부친이 엄하고 모친은 자애로웠으나 역시 그 유화됨이 없어 마침내 자기 주장대로 대학 3학년 때 1학년 학생에게 시집을 갔다. 행운 계해에는 오히려 해중 갑목이 수화상쟁의 중재의 신이 되었지만 28세인 신축년에 대운과 원국지지가 해자축 삼회로 북방수가 되고 더욱이 천간이 병신합수되어 수화의 싸움이 더욱 치열하여져 돌연 개성이 강강함으로 인하여 그 남편으로부터 벽돌로 머리를 맞아 죽었으니 역시 처참하였다.

사례 2

印 主 印 比

甲 丙 乙 丙
午 子 未 戌

庚 己 戊 丁
子 亥 戌 酉

본 명조는 미월 병화일주로 천간 지지에 인성과 비겁이 아주 많으므로 목이 화를 생함이 강하여 토가 마르니 일지 자수로 조후하려 하나 원국에 유력한 금신의 도움이 없고, 또한 왕성한 화를 수렴해줄 습토도 없기 때문에 전국이 목화로 편고되었지만 종왕으로서도 진실하지 않은 것은 일지 자수가 무리지어 왕성한 것을 범하는 혐오가 있음이고, 토신으로 화를 설기하는 것을 용신을 삼으려 하나 또한 강한 목에 의하여 극을 받으니 역시 계책을 얻지 못하였다. 행운이 서북으로 가지만 천간은 화토가 오니 한 곳도 의지할 바가 없어서 사람됨의 성정이 까다롭고 괴팍하며 처세에 교만함이 많고 또한 바람과 불처럼 조급하여 그 마음에 들면 천금의 재물도 아깝지 않게 행동하나 그 성격에 거역한다면 겨자 씨앗 하나를 놓고서 나누려고 하는 사람이니 이로 인해서 가업이 다 깨어지고 남은 것이 없었다.

사례 3

殺	主	印	比
乙	己	丁	己
丑	卯	卯	酉
壬	癸	甲	乙
戌	亥	子	丑

본 명조는 묘월 기토일주로서 목이 많아 금이 깨져 살을 제압하는 공이 없고 시지에 통근한 연상 기토는 왕성한 목과 거리를 두고 있지만 역시 대단한 기세가 없으며 월상 정인을 용으로 삼으나 또한 통근하지 못하였는데 행운이 수목의 지지로 흘러 살의 기세를 더욱 강하게 하니 어질지만 어질지 못하고 토가 약화되고 금이 이지러지니 신의가 전혀 없었으며 더욱이 사주가 순전히 음으로만 되어 있어 무조건 불꽃을 좇듯이 권세에만 붙고 항상 타인의 불행을 보고 기뻐하는 마음을 지니고 있어 언제나 남에게 손해를 끼치고 자신의 이득만 도모하는 행동을 하였다.

사례 4

印	主	印	財
甲	丙	甲	辛
午	子	午	巳
庚	辛	壬	癸
寅	卯	辰	巳

본 명조는 오월 오시에 태어난 병화일주로 천간에 두 개의 갑목이 투간되어 있고 연지사화를 보고 있어 목은 화의 세력을 좇는데 전국에 그 성질을 흡수하는 습토도 없고 금도 무력하여 수가 원천이 없는데다가 쓸데없이 자수가 두 개의 양인과 충을 하고 있어 한 잔의 물로 수레 위의 불붙은 장작더미에 끼얹는 형국이 되었으므로 화의 세력은 더욱 강렬해졌다. 초행 수운에 일찍이 부모를 여의고 형님과 형수에게 의탁하여 생활하다가 16~17세에 산도 들어 옮길 수 있는 기세와 담대함과 용맹스러움을 지녔지만 날마다 초야에서 무뢰한들과 패거리를 지어 어디에도 얽매이지 않고 자기 마음 내키는 대로 행동하였으니 형과 형수도 통제하지 못하였는데 후에 호랑이와 싸우다가 호랑이한테 물려 죽고 말았다.

사례 5

殺 主 劫 劫

戊 壬 癸 癸
申 子 亥 未

己 庚 辛 壬
未 申 酉 戌

본 명조는 해월 임수일주로 지지에 자신이 합을 하고 천간에 두 개의 계수가 투출하여 득시, 득지, 득세하였으므로 일간의 강함을 한 번에 알아볼 수 있으므로 왕함이 극에 달하여 설기시키는 것은 마땅하나 극하는 것은 마땅치 않은데 시상칠살이 투출하였으니 마땅히 연월지지 해미합목을 용으로 삼는다. 그러나 목신은 투간하지 않았고, 토신은 천간 지지에 있으니 마침내 왕신을 격노하게 하는 혐오를 범하였는데 초연 술지에는 소소한 건달 짓을 하더니 이후 신유·경신대운에 그 강왕함의 기세를 따르나 용신과 적대되어 비록 크게 흉함은 없었지만 여전히 옳지 않은 행동을 하였고 옳은 것을 틀리다 하고, 틀린 것을 옳다고 하였다. 기미운으로 바뀌어서는 원국에 갑을의 구제함이 없어 원국의 토를 도와 수를 격하게 만들게 되니 비명횡사하였다. 팔자가 종왕격을 이루지 못하였고 식상과 관살이 병용(竝用)되지 못하여 이와 같이 된 것이다.

사례 6

食	主	比	食
丙	甲	甲	丙
寅	申	午	戌
庚	己	戊	丁
子	亥	戌	酉

본 명조는 오월 갑목일주로 지지가 인오술 삼합화국을 하였고 천간에는 두 개의 병화가 투간하고 있으니 일간은 비록 인에 통근하였고, 아울러 갑목 비견의 부조를 얻었다고는 하나 식신이 변하여 상관이 되었고, 인신은 또한 충을 하니 그 극설의 기운이 지나치게 심하다. 목이 남방으로 패주하면 일간은 약해지고 더욱이 유약해지므로 사람됨이 우유부단하고 여우처럼 의심이 많았다. 대운에서 금수운을 만났어도, 천간에 화토가 투간하였건 혹은 원국의 화토와 충극하였건 시작부터 끝까지 극하고 적대되니 하나도 성사된 일이 없었다.

사례 7

財	主	印	刦
丙	壬	庚	癸
午	子	申	亥
丙	丁	戊	己
辰	巳	午	未

본 명조는 금이 생하여 수가 왕성하니 목으로서 그 왕성한 기운을 설기시켜 오행을 유통시키는 것이 가장 마땅하나 시주 병오는 화의 양인지이고 일주 임자는 수의 양인지이니 천간은 극하고 지지는 충하여 서수환남하니 동화전북의 일례와 그 정형이 유사하다. 그러므로 사람됨이 완고하고 예의가 없었는데 초행 기 · 미 · 무 세운은 조열한 토가 원국에 금 인성으로 설기되지 못하니 도처에 적을 만들었고 가업은 나날이 기울었는데 오운으로 바뀌어서는 다른 사람의 아내를 강간하여 사람들에게 맞아 죽었으니 양인이 충을 만나 마침내 이러한 지경에 이르렀던 것이다.

사례 8

財	主	比	印
庚	丙	丙	乙
寅	午	戌	丑
庚	辛	壬	癸
辰	巳	午	未

본 명조는 술월에 태어난 병화일주로 지지가 삼합화국을 하였고 천간에는 을과 병이 투간하였으니 일간의 왕성함은 극에 달하여 있어 마땅히 왕성한 화기를 설기시키고 금을 생해주는 축토를 용으로 삼는다. 그러나 토신은 천간에 투출하지 않았고 경금은 화의 극제를 받으니 이것인 '울이다번(鬱而多煩)'에 해당되는 것이다. 초행 금운에는 원국에 축토가 있어 전화되니 조업이 풍후하였는데 남방 조토의 지지로 바뀌니 세 번이나 화재가 났고, 처는 네 번 죽었으며, 그 자식을 다섯이나 잃어 말년에는 의지할 곳이 없는 외로운 홀몸이 되었다.

사례 9

比	主	殺	官
丙	丙	壬	癸
申	子	戌	丑
丙	丁	戊	己
辰	巳	午	未

본 명조는 술월 병화일주로 지지에 자신 반합수국이 있고 천간에는 다투듯이 임계가 투간되어 있으니 관살혼잡으로 인성이 없어 수가 전화되지 못하여 일간은 약하다. 제거하고 남음이 맑지 못하여 술토에 통근한 비견 병화를 취하여 용신으로 삼아서 사람됨이 호색탐음하고 일을 함에 자잘하였다. 초행이 신유·경신으로 가니 빈한한 집안에서 태어났으나 남방 화토의 운으로 바뀌니 일주가 부조를 받았건 혹은 거관유살을 하였건 혹은 거살유관을 하였건 간에 벼슬길에 갈 수 있었으나 일생동안 교묘한 수단을 이용하여 개인적의 이득을 챙겼고 허풍을 떨며 아부를 일삼았다. 재물이 들어오면 미친 듯이 여자를 탐하며 노름에 몰두하고, 빈곤해지면 도처에 외상을 지니는 것을 편안하게 여겨 부끄러움을 알지 못하였으니 강산은 쉽게 바뀌어도 본성은 쉽게 바뀌지 않는 것으로 이는 관과 살이 함께 나타나 있고 수와 화가 서로 대치하는 까닭인 것이다.

사례 10

殺	主	食	食
丙	庚	壬	壬
子	辰	子	申
丁	丙	乙	甲
巳	辰	卯	寅

본 명조는 자월에 태어난 경금일주로 지지가 신자진 삼합수국을 하였고 천간에는 두 개의 임수가 투간되어 있으니 일간 경금은 비록 진토에 앉아 있으나 아울러 신금에 통근해 있으니 마땅히 왕성한 수세를 따르고 목으로 생발함이 마땅하나 원국에 목신이 무력하고 병화가 섞여 있어 식상은 칠살과 극하며 싸우므로 비록 매우 총명하였으나 천성이 속이기를 좋아하였는데 갑인 · 을묘운에 오행이 유통되어 재물과 사람을 모았다. 이후에 운이 화토의 지지로 전화되므로 왕수와의 직접적인 충돌이 발생되어 형벌로서 소진함이 많았고 재물과 사람도 흩어졌으니 '부정한 방법으로 얻은 재물은 쌓이지 않고 다시 나간다[29]'라고 한 것은 바로 이를 두고 한 말이다.

29) 『大學』 貨悖而入者 亦悖而出

사례 11

食	主	印	殺
庚	戊	丁	甲
申	戌	卯	子
辛	庚	己	戊
未	午	巳	辰

본 명조는 묘월 실지에 태어난 무토일주로 연천간 칠살은 재성 위에 앉아있고 시주에 식신은 천간지지 모두에 있으니 일간은 극벌과 도설의 교집으로 인하여 약하다고 말할 수 있어 마땅히 지지의 묘술합화가 투간한 월상 정인이 화살생신함을 용으로 삼고 술과 신중에 있는 무토로서 일주를 도와 대신 설기시키는 것을 기뻐한다. 원국에 천간은 각각이 통근하여 순서대로 생하고 지지의 묘와 술토는 합하여 그 살의 세력을 약화시켰다. 그리하여 수는 흔들지 않고, 목은 강하지 않으며, 화는 타오르지 않고, 토는 마르지 않으며, 금은 차갑지 않으니 오행이 모두 갖추어지고 기세가 유통되어 편고하지도 않고, 의지할 바도 없으니 사람됨의 학식이 해박하여 의를 중히 여기고, 재물을 가벼이 여기며, 정직하여 사리사욕을 추구함이 없었는데 대운이 화지로 가니 공명이 현달하였다.

사례 12

食 主 殺 財

戊 丙 壬 丁
子 午 寅 未

戊 己 庚 辛
戌 亥 子 丑

본 명조는 연월 천간이 정임합목을 하였고 지지에는 인오가 반합하였으니 목생화가 왕하여 토가 마르는데 시지의 자수는 습토로서 금을 생조함을 보지 못하였고 공연히 왕성한 화세를 범하여 혐오하고 있어 용신으로 삼기에는 불가능하다. 더욱이 행운이 서북으로 흐르니 동화전북이 되어 그 성질이 강렬하고 물질에 의거하여 처세하며 임의로 터무니없이 행동을 하는 것을 고치기 어렵다.

사례 13

財	主	食	財
戊	甲	丙	己
辰	子	寅	丑
庚	辛	壬	癸
申	酉	戌	亥

본 명조는 인월 건록지에 태어난 갑목일주로 천간에 두 개의 재성과 하나의 식신이 각각 통근 득지하고 있으니 도설이 지나치게 심하므로 마땅히 지지의 자진합수를 취하여 일주를 생조함을 용신으로 삼고 금의 고장지인 축토를 기뻐한다. 그러므로 원국에 화는 지나치게 타오르지 않고, 토는 마르지 않으며, 금은 강렬하지 않고, 수는 고갈되지 않으며, 목은 태과하지 않으니 싸움의 모양새가 없다. 행운이 서북 금수지로 흘러 희용을 얻으니 그 부귀함이 마땅한데 사람됨도 경솔하지 않고 또한 교만하여 의심하거나 각박하게 행동하지 않고, 겸손하며 예의 바르고 어질며 관대한 기풍을 지니고 있다.

사례 14

傷	主	印	比
己	丙	甲	丙
丑	午	午	戌
庚	己	戊	丁
子	亥	戌	酉

본 명조는 병화일주가 두 개의 양인과 하나의 고장지를 지니고 있고 아울러 연월천간에 갑과 병의 부조를 얻었으니 화의 기세가 맹렬하나 시주의 기축 습토가 그 기운을 수렴하고 있는데 행운이 서북 금수음습지로 가니 그 기세를 따라 전화되어 유통되는 고로 사람됨의 성정이 기뻐할 줄 알고 화합하며, 위엄 있으나 사납지 않고, 엄하나 날카롭지 않으니 명실공이 이익을 얻었다.

사례 15

食	主	印	殺
丙	甲	壬	庚
寅	午	午	辰
戊	丁	丙	乙
子	亥	戌	酉

본 명조는 갑일주로 午에 앉아 있고 오월 인시에 태어났는데 시상에는 다시 병화가 투출되어 있으니 세차게 타오르는 불로 목이 타고 있으나 연상 습토가 금을 생하는 것으로 왕성한 화세를 설기하고 수고에 통근한 월상 임수로 화살생신하니 오행이 유통되는데 서북 행운에 충극을 하는 병술을 제외한 나머지는 모두 음습의 지지이므로 사람됨이 중화되어 있다. 정해운에는 정임합목이 습지에 좌하니 정교를 시행하는 관리가 되었는데 강함과 부드러움이 조화되어 있고 인과 덕을 겸비한 자질을 지니고 있으며 백성을 교화하여 아름다운 풍속을 이루었으니 바람이 불면 풀이 쓰러지듯 덕으로서 백성을 교화하였다.

사례16

財	主	傷	財
乙	庚	癸	甲
酉	子	酉	申
己	戊	丁	丙
卯	寅	丑	子

본 명조는 유월 유시에 태어난 경금일주로 연지에는 녹신(祿神)을 보고 있어 그 왕함을 가히 알 수 있으니 마땅히 신자에 통근한 월상 상관으로 설기하고 그 왕성함으로 재를 생함을 용으로 삼으니 오행의 기세가 유통되었다. 행운이 동북의 지지로 흐르니 희용을 얻은바 사람됨이 인의를 겸비하였고 비록 부귀하였지만 선을 즐기고 베풀기를 좋아하는 것은 선천적으로 타고난 성격이다.

사례 17

食	主	印	劫
甲	壬	庚	癸
辰	申	申	亥
丙	丁	戊	己
辰	巳	午	未

본 명조는 금이 생하여 수가 왕성한데 진과 해에 통근한 시상 갑목을 얻어 그 강한 기운을 설기시키니 사람됨이 지혜가 뛰어나고, 인에 처하여 의를 행하는데 행운이 화지(火地)로 가니 재물 또한 많아져 명리(名利)를 모두 갖추게 되었다.

사례 18

傷 主 比 殺

己 丙 丙 壬
丑 寅 午 戌

壬 辛 庚 己
子 亥 戌 酉

본 명조는 병화가 맹렬한데 시주 기축을 얻어 습토로서 그 강렬한 성질을 설기시키고 행운이 서북 음습한 지지로 가니 정계에 입문하여 목민관으로서 명리를 날렸다. 비록 성격이 강직 굳건하였으나 사납거나 조급하지는 않았고 너그럽고 용서할 줄 알았던 성품을 지닌 것은 역시 오행이 유통됨에 이에 이를 수 있었던 것이다.

Ⅵ 질병론(疾病論)

1. 제현들의 질병간법에 대한 논의
2. 질병의 간법에 대한 사례

사람의 질병은 그 종류가 아주 많다. 환병(患病)의 원인을 병리적으로는 외부에서 침입하는 것으로 말미암거나 내부 생리조직에서 변이가 발생이거나 또는 생명을 유지하는 데 필요한 각종 원소가 부족함으로써 이른다고 할 수 있고, 명리적으로는 명조의 음양오행으로 말미암아 선천 명국과 후천세운의 상호배합이 부당함으로 인하여 이른다고 할 수 있다.

중국의학에서는 사람의 질병이 대부분 오장육부의 영혈(營血)[30]과 위기(衛氣)[31]가 마땅치 않아 말미암는다고 한다. 오장이라는 것은 간 · 심 · 비 · 폐 · 신이요, 육부라는 것은 담 · 소장 · 위 · 대장 · 방광 및 삼초(림프관)이다. 의리(醫理)와 명리에서는 모두 간과 담은 동방목, 심과 소장은 남방화, 비와 위는 중앙토, 폐와 대장은 서방금, 신과 방광은 북방수라 하는데 이는 일음일양으로 앞과 뒤의 관계이다. 표로 열거하면 다음과 같다.

천간	甲	乙	丙	丁	戊	己	庚	辛	壬	癸
장부	膽	肝	小腸	心	胃	脾	大腸	肺	膀胱	腎
음양 오행	陽木	陰木	陽火	陰火	陽土	陰土	陽金	陰金	陽水	陰水

인체의 오장육부는 오행의 생극비화(生剋比和)와 음양의 협동으로 인하여 생존발전하고 그 가운데서 한편으로 기운이 승하거나 한편으로 기운에 쇠하거나 혹은 음으로

30) ① 섭취된 음식물에서 변화된 영양 물질과 이로부터 생기는 혈액을 이르는 말.
② 한의학에서 영(營)과 혈(血)을 아울러 이르는 말.

31) 한의학에서 말하는 몸의 겉면에 흐르는 양기(陽氣). 땀구멍을 여닫는 기능으로 외부 환경에 잘 적응하게 하면서 몸을 보호하는 기능을 한다.

치우치거나 양으로 치우치는 것으로 인하여 병태가 발생하니 마땅히 설기하여 남는 것이 부족하면 보충하여 중화를 이루도록 하거나 혹은 그 기세에 순응하여 통하게 하여야 한다.

1. 제현들의 질병간법에 대한 논의

1) 만육오

「무릇 질병은 모두 오행의 불화에서 기인된 것이고, 즉 사람 몸의 오장이 화하지 못한 데서 질병이 생기는 것이다. 대개 오행은 오장육부에 통하고 아홉 개의 구멍과도 통해져 있나니 무릇 십간에 해당되는 병은 육부에 속하고 십이지에 해당되는 병은 오장에 속한다. 병정사오 남리(南離)는 주로 병이 위에 생기며 임계해자 북감(北坎)은 주로 병이 아래에 생기며 갑을인묘 동진(東震) 주로 병이 좌측에 생기며 경신신유 서태(西兌)는 주로 병이 우측에 생기며 무기진술축미 곤간(坤艮)은 주로 병이 비장과 위 및 중원(中脘)[32]에 생긴다.

각종 풍으로 인하여 어지럽고 눈의 광채가 흐리고 앞이 캄캄해지며 혈기가 막혀 고르지 못하고 젊은 나이에 머리털이 많이 빠져 대머리가 되며 핏대가 서고 손톱이 마르는 것은 모두 간가(肝家)에 속하며 갑을인묘의 목이 이지러짐을 받아서 주로 병이 생기는 연고이다. 피고름이 나고 부스럼과 옴으로 인하여 아프며, 말 못하는 고통은 심가(心家)에 속하며 병정사오의 화가 이지러짐을 받아 병이 발생하는 연고이다.

몸이 붓고 다리가 부으며 부황(浮黃)이 들고 입에서 냄새가 나며 잘 토하고 학질에 걸리며 명치가 더운 것은 다 비가(脾家)에 속하며 무기진술축미의 토가 이지러짐을 받아 주로 병이 생기는 연고이다. 코가 막히고 딸기코이며 말을 더듬고 우울해지며 기침을 하며 고함치는 것은 모두 폐가(肺家)에 속하며 경신신유의 금이 이지러진 데에 병의 연고가 있다. 오줌이 뿌옇고 냉대하의 만성 질염(膣炎)이 생기며 복통과 설

32) 한의학용어로 ① 임맥(任脈)에 속하는 혈(穴). 배꼽 위 네 치쯤 되는 곳으로 위가 있는 부위에 있다. ② 위 안의 한가운데를 의미한다.

사를 하고 소장이 탈장(脫腸)하는 것은 모두 신가(腎家)에 속하며 임계해자의 수가 이러짐에 주로 병이 생기는 연고이다.

갑을이 경신신유를 많이 보면 내로는 간과 쓸개가 놀라서 가슴이 두근거리며 폐병으로 고생하며 손과 발이 자주 마비되고 저리며 근육과 뼈가 아프다. 외로는 주로 머리와 눈이 현기증이 나며 어지럽고 풍(風)으로 입이 돌아가며 좌우에 중풍으로 넘어져 손상을 입으며 병정의 화를 많이 만나 물의 수화기제(水火旣濟)가 없는, 즉 가래가 막혀 숨이 차다. 피를 토하고 중풍으로 말을 못하고 피부가 건조하며 속에 열이 많아 입이 마르고 여인은 주로 혈기의 순환이 안 되며 임산부는 낙태가 되기 쉽고 소아는 급만성 경기를 일으켜 야간에 기침으로 아이가 울며 얼굴색이 푸르고 검게 된다.

병정이 임계해자의 수를 많이 보게 되면 내로는 주로 심장이 약하고 혀를 물고 넘어지는 간질병이 생기며 입이 아파 말하기 어려워지고 급만성 경기를 하며 말하는 것이 유창하지 못하며, 외로는 주로 조열(潮熱)[33]하여 발광을 하며 눈이 어둡고 자칫 실명하기 쉬우며 소장이 탈장하기 쉽고 피고름 상처와 소변이 세차지 못하고 찔끔거리며 부인들은 주로 월경이 나오지 않으며 경락의 맥박이 순조롭지 못하고 어린아이는 주로 마마와 옴에 잘 걸리며 얼굴색이 붉다.

무기가 갑을인묘의 목을 많이 보게 되면 안으로는 주로 비장과 위가 건강하지 못하고 잘 토하며 음식을 삼키기가 어렵다. 목이 메여 배속에 회충이 많게 된다. 설사를 하며 누렇게 부어오르고 음식을 가려서 먹으며 속이 메스꺼워 잘 토하고 밖으로는 우측 손에 병이 심각하며 습기로 인하여 병이 생기고 가슴과 배가 답답하고 더부룩하며 부인은 주로 음식을 먹어도 달지 않다. 위산이 많이 나와 허약해지며 항상 피곤해하며 하품을 자주하고 소아는 주로 위장병이나 무력증이 있으며 안에 열이 많아 침뱉기를 좋아하며 얼굴색은 누렇고 야위었다.

경신이 병정사오의 화를 많이 보게 되면 내로는 주로 치질에 걸리며 용변을 본 후 항문에서 피가 나오며 기관지가 약해 천식 및 해수(咳嗽)[34]에 걸려 숨이 차고 피를 토하며 도깨비한테 잘 홀리고 폐결핵에 걸리며, 외로는 주로 피부가 마르고 건조하

---

33) 일정한 간격을 두고 정기적으로 일어나는 신열.

34) 기침. 기도의 점막이 자극을 받아 갑자기 숨소리를 터트려내는 일.

며 폐염(肺炎)으로 코가 빨갛다. 나쁜 종기가 등에 발병하며 피고름이 힘없이 나온다. 부인들은 주로 기침을 하며 피를 쏟는다. 소아는 주로 피고름과 이질이 있고 얼굴색은 황백색이다.

임계가 무기진술축미의 토를 많이 보게 되면, 내로는 주로 유정(遺精)[35]하며 식은땀이 나고 잠자리 꿈속에서 귀녀(鬼女)와 성관계를 자주 맺게 되고 오줌이 시원찮게 나오고 진저리를 치며 이를 갈고 귀먹고 눈멀며 장티푸스나 감기 등에 많이 걸리고, 밖으로는 주로 풍치로 이가 아프고 음낭의 한쪽이 붓고 허리와 무릎이 아프며 시원스레 오줌이 안 나오고 토하고 설사하며 냉하고 오한(惡寒)을 싫어하며 여인은 냉대하의 만성질염[36]을 앓고 남에게 말 못할 나쁜 생각을 가지며 월경이 고르지 못하고 어린아이는 주로 귀속에 부스럼이 생기고 배가 아프다고 밤에 잠도 못 자게 볶아치며 얼굴색은 검다.」

또 말하기를 「사람의 출생은 부친으로부터 기운을 받고 모친의 태중에서 형상이 이루어진다. 오장이 평화로우면 질병이 없고, 오행이 극전하여 태과불급하면 병이 생긴다. 내경에 이르되 "동방이 실하면 서방이 허하고, 남방으로 설기하면 북방으로 보충하라." 하였는데 동방이 실한 자는 목이 지나치게 왕성한 것이고, 서방이 허약한 자는 금이 불급한 것이기 때문이며, 남방에 설기하는 자는 화가 지나친 것이고, 북방을 보충하는 자는 수가 불급한 것 때문이다. 이렇게 오행의 지나치게 많은 것과 모자라는 것은 모두 다 병이 된다. 만약 수는 오르면 화는 내려오며, 화가 내려오면 금은 맑아지고, 금이 맑아지면 목이 평해지고, 목이 평해지면 토를 극제하기 어려우니 오장이 각각 중화의 기운을 얻는다면 질병은 생겨나지 않는다.

사람의 사주에 내외상하의 오행이 화평한 자는 병이 없고, 혹 전극이 태과하거나 불급하게 되는 것을 보면 모두 다 질병이 되는 것이다. 음양서에서 말하기를 "금이 강하고 화가 강한데 그 방위가 자형이 되면(진오유해가 자형하여 생기는 병을 말함) 나무가 떨어져 근본으로 돌아가고, 물은 흘러서 동방을 따를 것이라" 한 것은 삼형을 논한 것으로 형하면 쇠잔하고 해롭게 되니 태과하여서 몸이 병드는 것을 말하는 것이다. 이것은 오오, 유유, 자묘, 묘자, 진진, 해해의 형을 설명하는 것으로 두 개의

35) 성행위 없이, 무의식중에 정액이 나오는 일.

36) 질(膣) 점막에 생기는 염증(炎症).

오가 서로 보게 되면 화가 왕성하게 되는 것이고, 두 개의 유가 서로 보게 되면 금이 왕성해지는 것이고, 자묘 혹은 두 개의 진, 두 개의 해가 서로 보는 것은 수목이 왕성해지는 것이니 만약 오행의 배합이 적당하지 않다면 병이 되는 것이다. 만약 불급함을 취하여도 병이 된다 할 것이니 필히 한편으로 치우쳐 잃음이 있기 때문이다.」

또 말하기를 「무릇 오행이 사절되면 질병을 이루게 되니, 수가 사절되었을 때는 신장의 기운과 허리 발이 약하고 설사를 몹시 하여 변을 보는데 불리한 질병에 걸리는 경우가 많다. 화가 사절되면 주로 장기가 막히고 놀라서 가슴이 두근거리며 잘 잊어버리는 건망증 등 정신이 불안한 질병에 걸리기 쉽다. 목이 사절되면 허풍이 많고 눈이 껄끄러우며 현기증이 나고 손톱이 마르고 초췌하며 기쁘고 노하는 것을 수시로 번복하고 음식을 가려먹는 질병에 걸리기 쉽다. 금이 사절되면 주로 기가 허하여 기관지 천식 기침이 있고 피부와 모발이 타고 건조하며 뼈마디가 아프며 눈물이 나고 대장이 약해서 설사를 하며 피똥을 누는 질병에 걸리기 쉽다. 토가 사절되면 주로 얼굴이 누렇고 먹는 것이 줄고 구역질이 나며 토하고 사지의 활동이 느리며 눕기를 좋아하고 낮잠을 즐겨 잔다. 공상, 망상 등 생각하는 것이 많고 귀가 먹으며 정기가 탁하여 건망증이 있으며 활동하는 것을 좋아하지 않는 질병에 걸리기 쉽다.

서로 상극하여 질병이 된 자 중 금과 화가 서로 극이 되어 생왕한 즉, 머리에 부스럼이 나고 수종다리가 되며 다리가 마비되고 사절된 즉, 폐결핵으로 피를 토하게 된다. 토와 목이 상극하는데 생왕된 즉, 주로 답답하고 피곤을 느끼며 어질어질하다. 중풍으로 인한 마비와 다리가 부으며 사절된 즉, 주로 먹은 것을 토하고 뱃속에 덩어리가 생기고 등창이 생겨 근이 박히고 쌓여서 통하지 못하는 질환이며 혹은 주로 중풍이다. 금과 목이 서로 극하는데 생왕된 즉 주로 사지의 골절이 완전치 못하고 주로 기가 허하며 정신이 허탈하며 폐병 및 반신불수로 고생한다. 수와 토가 서로 극을 하면 주로 비장이 습하여 설사를 하고 배 가운데가 더부룩하며 가래가 차서 기침을 하는 병에 걸리게 된다.

상생이 되어 병이 생기는 것은 목화가 상생하여 생왕하다면 오름이 성하여서 막히고 북돋게 되는 것이라 눈이 충혈되고 머리가 흔들리고 사절이 된다면 찬기운이 돌아서 광적이며 어지러운 병이 생긴다. 화토가 상생하여 생왕하다면 위장이 찬 것이요, 사절한다면 입술이 타는 듯하며 붉은 기운이 되며 열이 맺혀서 대변보기가 불리하다.

금수가 상생하여 생왕하다면 기운이 지체되며 사절된다면 매끄럽고 개인 것 같이 여길 것이며, 수목이 상생하여 생왕하다면 구토에다 위장이 허해지며 사절된다면 정신이 패하고 감기 몸살처럼 몸이 떨리며 학질 병이 생길 것이다. 금토가 상생하여 생왕하다면 허함이 많아서 살 근육이 없어 허함이 많고 사절된다면 창자가 울리어 누에고치 집을 짓는 것같이 여겨지리라. 무릇 수토목이 기운 없는 곳에 상봉하면 주로 창자에 기생충이 생기며 구토하는 병이 생긴다. 금수화가 기운 없는 땅을 상봉한다면 주로 이질병이 생기며 금은 주로 큰창자로 수화를 지키는 것이라 음양이 불화하게 된다. 무릇 수가 토를 만나면 주로 위장이 뒤집히는 병이 많이 생기며 토가 많아서 수기 없어 성글어지면 주로 배속부터 귀머거리가 된다. 대저 콩팥에 물이 흐르지 않는다면 위가 뒤집히는 것이라 기운이 잘 소통되지 않는다면 귀머거리가 되는 것이다.」

2) 촉신경(燭神經)

「일이 시에 의해서 극을 받는 것은 서로 마주하지 말아야 하는데 끝까지 병으로 몸이 꽁꽁 얽어 매여 간난신고(艱難辛苦) 하기 때문이다. 금목이 서로 극하면 뼈가 아파서 근심스럽고 수가 화기를 억누르면 눈의 시력이 떨어지고 금수가 사절되면 문둥병이 되고 토가 많은데 목의 소토(疎土)가 적으면 단전이 약하다. 토가 목의 극을 받으면 비위가 약하고 화가 강하여 금의 기운을 누르는 자는 혈리안(血裏眼)이 되고 수가 많은데 거듭 금을 만나면 물로 인한 액을 받을 것이고 물을 만나면 깊은 못에 빠질 것이다. 수가 적고 화가 많을 때는 응당 갈증이 많이 나고 화가 많고 토가 적으면 말이 미치광이처럼 두서가 없고 수도 깊고 화도 밝은데 수가 화의 밝음을 누르면 수명이 길지 않다. 금이 절지가 되는 것을 간절히 꺼리니 사지에 손상이 있을 것이요, 토가 많은데 화기(火氣)를 더하면 속이 타는 근심이 생기고 목이 만약 성할 때에는 다리를 절거나 막힘이 있을 것이니 다시 자세하게 병의 근원을 가려낼지어다.」

3) 기상편(氣象篇)

「두 눈에 눈동자가 없는 것은 화토가 계수를 달구어 말려 버리기 때문이고, 대장에 병이 있음은 병화가 경금을 극하여 손상시키기 때문이다.」

4) 금옥부(金玉賦)

「목이 금의 극을 만나면 주로 허리와 갈비에 병이 생기며 화가 수에 의해 상함을 받으면 주로 눈에 질병이 생긴다. 심장과 폐에 숨이 차는 것은 간에 금이 화의 극함을 본 때문이고, 비장과 위장의 손상됨은 대개 토와 수가 전극에 기인한 것이다. 지지에 수가 있고 간두에 화를 만나게 되면 반드시 마음속 깊은 곳에 병이 들게 되고 지지에 화가 있고 간두에 수를 만나게 되면 백내장으로 고생하게 된다. 불꽃이 이글거리고 타는 듯이 찌고 더우면 토가 눈부시게 되니 머리는 대머리가 되고 눈은 침침하게 된다. 윤하수가 순수하게 습하고 충만하면 도리어 신이 맑고 골격이 수려하다. 형혹(熒惑, 火星)이 왕기를 타서 이(離)나 손(巽)에 임하면 중풍이 들어서 말을 못하게 되며 태백(太白, 金星)이 굳어져서 태곤(兌坤)에 이합(利合)을 하게 되면 병기(兵器) 앞에서 떨어지는 혼백이 될 것이다.」

또 설명하기를 「심장이 병을 받으면 입에서 말을 잘 못하며, 간이 병을 받으면 눈으로 잘 보질 못하며, 비장이 병이 생기면 입으로 잘 먹질 못하며, 폐에 병이 생기면 코로 냄새를 맡지 못하며, 콩팥이 병이 생기면 귀로 잘 듣질 못하는 것은 각각 주하는 바를 따라서 허와 실을 증명하면 될 것이다. 금이 기신(忌神)이 되면 침놓는 것이 마땅치 않고, 화가 기신이면 쑥뜸 뜨는 것을 절대 꺼려하며, 토는 환약을 꺼리고, 목은 모름지기 가루약을 꺼린다. 금이 희용이면 서방에서 의사를 구하고, 목이 희용이면 동방에서 필요한 약을 구해 써야 된다. 수가 절지에 들어 병이 나면 침으로 다스리는 것이 마땅하고 또 약을 쓴다면 쇠와 돌 방면의 약으로 회생시키는 것이 마땅하고, 토가 허약해 병이 났으면 뜸을 뜨는 것이 좋은데 의사를 찾아 구하면 위험이 없을 것이다. 화가 기신이면 조제한 약을 달여 먹어야 치료가 가능하고, 수가 기신이면 환약이나 가루약을 꼭 쓰는 것이 마땅하다. 사람의 병은 많으나 질병의 이치는 두 가지가 아니니 망문문절(望聞問切)[37]은 의가의 묘용이고, 생극제화는 술사의 현미함이니 능히 근원을 참고하여 연구한다면 이 법의 표면적인 것과 근본적인 것이 분리되지 않고 이어질 것이다.」

37) 망문문절(望聞問切) : 四診으로 환자의 병세를 보고 듣고 묻고 맥을 짚어보는 것을 말함.

5) 계선편(繼善篇)

「약한 금이 화염지를 만나면 혈질을 의심할 나위가 없고, 약한 토가 목왕지향으로 가면 비위가 상하는 것이 정론(定論)이다. 근육이 아프고 뼈에 통증이 있는 것은 대개 목이 금으로 상한 것으로 인함이고, 눈이 어둡고 침침한 것은 반드시 화가 수의 극함을 만났기 때문이다.」

6) 병원부(病源賦)

「건강의 평안함은 화합에서 생기고, 질병은 형하고 상하는 것에서 일어난다. 오행쇠왕의 이치를 연구하면 만병에 표리의 상세함을 추측할 수 있다. 안으로는 오장과 감응하고, 밖으로는 사지에 속한다. 또 만일 목기가 절기를 못 만나 휴수되면 구레나룻과 머리털이 많지 않고, 화가 사절지에 임하면 두 눈동자가 흐리고 광채가 없으며, 화 가운데 토가 숨어 있고 수의 극제를 받으면 심신이 황홀하고, 목 아래에 금이 있는데(즉 목의 절지) 화의 구제함이 없으면 다리가 손상을 입게 된다. 갑을은 태(兌)에서 생하는데 임계를 만나면 술 때문에 죽게 되고, 병정은 감(坎)에서 길러지는데 경신을 만나면 개천이나 항구에서 죽게 된다. 물이 많아 나무가 뜨게 되면 설사병이 생김이 많고, 토가 거듭 있어 금이 묻히게 되면 항상 기운이 넘쳐 병이 되고, 모든 근육이 마비되고 근육이 씰룩거리는 풍은 왕한 을목이 쇠약한 신금을 만나기 때문이고, 부스럼 종기로 인하여 가렵고 아픈 것은 정화가 왕한데 계수의 극제가 약하기 때문이다. 종기가 많아 답답한 것은 기토가 태과하기 때문이고, 병에 찌들려 정서가 우울한 것은 대개 신금이 불급한 것 때문이다.

귀와 눈이 총명한 것은 계수가 왕성한 것이고, 오한으로 몸이 움츠러드는 것은 신경이 약하기 때문이다. 목이 토를 극하는데 구제함이 없으면 언챙이가 되고, 화가 금을 극하는데 구제하는 것이 적으면 벙어리가 되고, 화 가운데 토가 있으면 목덜미에 연주창[38]이 생긴다. 수 가운데 토가 있으면 뱃속에 회충이나 독으로 인한 부종을 앓는다. 용신이 극제를 받거나 형을 받으면 몽둥이로 맞아서 몸을 다치게 되고 위아래로 칠살을 만나 구제함이 없으면 목매달아 죽는다. 사주에 충이 거듭되어 흉이 많

---

38) 림프절의 결핵성 부종인 선병(腺病) 또는 갑상선종(甲狀腺腫)을 일컫는 다른 이름.

으면 타향에서 죽게 되고 오행이 쇠패하여 부족하면 전염병으로 몸을 상한다. 수가 패지에 들면 곱사가 되는데 황제와 기백의 방법을 함부로 쓰지 말아야 하며, 금이 형이 되면 등뼈가 거북이처럼 휘니 편작의 처방대로 해야 편안하게 펴질 수 있음이다. 경신은 서방에서 기세가 등등하니 목을 보게 되면 병인(兵刃, 무기)에 의해서 죽고, 갑을은 곤지(坤地)에서 절이 되는데 수가 없으면 골육이 흩어질 것이다. 신사 · 병신이 형을 만나면 팔뚝이 짧고 육손이가 돼서 태어난다. 기묘 · 무인이 적을 만나면 위가 약하고 항상 부스럼이나 종기가 생긴다. 을미 · 갑오가 금을 만나면 자라목처럼 짧고, 계묘 · 기축이 서로 형하면 허리와 무릎에 병이 생긴다. 갑신 · 을유 일주는 어릴 때 간장에 병이 많고, 신묘 · 경인 일주는 만년에 근육과 뼈에 과로로 병이 생기게 된다. 병화는 위로 솟는 불꽃이니 장부는 몸과 마음에서 오는 병을 꺼리고, 정화는 하습하니 여자는 피를 쏟는 것에 허약해진다. 금토가 인묘에 임하게 되면 폐에 숨이 차고 학질병에 걸리며, 무기가 약한 화를 만나면 비장에 숙괴(宿塊)로 인한 질환이 생긴다. 경신이 화의 상형을 보면 여인은 모름지기 냉대하나 만성질염으로 근심하게 되며, 병정이 모두 이향으로 흐르면 여인은 혈붕(血崩)을 조심해야 한다. 일시가 쇠패하면 큰 질환으로 병이 낫기 어렵고, 간지가 형해가 되면 작은 병이라도 잘 낳지 않는다. 기운을 얻게 되면 안화(安和)하고, 기운을 거스르게 되면 재앙으로 몸을 헤칠 것이다. 병증은 육맥(六脈)에서 분리될 수 없고, 생사는 오행의 이치를 넘지 못한다. 자세히 흥쇠를 살피면 만에 하나도 실수가 없을 것이다.」

7) 고가(古歌)[39]

① 「삼초는 방광의 윗부분에 붙어 있으며 포락과 신장은 같은 성질이다(갑담을간병소장정심무위기비향甲膽乙肝丙小腸丁心戊胃己脾鄉, 경시대장신속폐임계방광계신장庚是大腸辛屬肺壬係膀胱癸腎臟, 삼초역향임중기三焦亦向壬中寄, 포락동귀계수향包絡同歸癸水鄉)」

② 또 설명하기를 「갑은 머리, 을은 목덜미, 병은 어깨, 정은 심장, 무는 갈비, 기는

---

39) 가(歌) : 옛 선현들이 강조하거나 일반적으로 주장하는 의견, 부르짖다란 뜻이 있다.

배, 경은 배꼽, 신은 다리, 임은 정강이, 계는 발에 속한다.」 또 설명하기를 「자는 방광과 귀에 해당하고, 축은 배 및 비장의 방향이고, 인은 쓸개와 머리카락 및 양손에 해당하고, 묘는 열 손가락과 간에 속하며, 진은 피부와 어깨·가슴 종류이며, 사는 얼굴이나 이빨·목구멍, 아래로는 항문에 해당한다. 오는 정신 및 두 눈에 해당하고, 미는 위와 위의 속 및 등뼈에 해당하고, 신은 대장경락이나 폐에 속하며, 유는 정혈(精血)과 소장에 속하며, 술은 명문(命門)과 넓적다리 및 복사뼈이고, 해는 머리 및 음낭(陰囊)에 해당된다. 만약에 이 법에 의지하여 사람의 병을 추리한다면 기백의 의술을 본받아 우레와 같은 소문이 널리 퍼지리라.」

③ 또 설명하기를 「오는 머리고, 사미는 양어깨이고, 좌우 두 어깨는 진과 신이다. 묘유는 양쪽 갈비이고 인술은 넓적다리이다. 축해는 다리에 속하고 자는 생식기가 된다.」

④ 또 설명하기를 「고가에 이르기를 무기가 생시의 기가 온전치 못하고 월과 시에 상관을 보게 되면 반드시 머리와 얼굴이 쇠약해지며 피고름과 부스럼으로 소년 시에 고통을 받는다. 무기일생이 지지에 화국이 더하여 임한다면 기가 훈증(薰蒸)이 될 것이며 충형극파하면 잔질이 많을 것이며 대머리가 되는 것과 눈이 어두운 것을 어찌 감당할 수 있겠는가! 병정일간에 오행이 쇠약하고 칠살이 지지로 삼합을 하여 임하면 승합(升合)하여도 의식이 부족해 구하게 되고 귀먹고 잔병치레를 하며 얼굴에는 때가 낄 것이다. 임계가 중첩하여 서로를 밀치는데 시진에 재성을 보게 되면 설령 반점 같은 것이 없다 하더라도 주로 그 사람은 눈에 질병이 있을 것이다. 병정화가 왕하여 병이 된 것은 방비하기가 어려운데 사주가 휴를 만나 진사의 방향으로 가야하고, 목화상생이 이 진사의 방향에 이르면 말 못하고 미치광이가 되어서 고생을 하다가 죽는다.」

8) 진소암

「구서에 오행을 나누어 사람의 질병을 논했는데 꼭 이치에 맞지 않는 것은 아니지만 인체의 장부와 경락에 오행이 구전(俱全)한데 인명(人命)의 주중에서나 운중에서는 오행이 꼭 구전하지만은 않으니 반드시 어떤 오행으로 그 병을 단정한다는 것은 완전히 들어맞지는 않기 때문에 반드시 일주와 소용되는 격국을 봐서 명랑하고 튼튼하거나 중화하거나 평순하면 모두 병이 없는 명이고, 어둡고 약하거나 어지럽고 산란하거나 사나우면 모두 병이 있는 명이다.
또 그 신리(神理) · 기세(氣勢)의 태과 · 불급을 보며 겸해서 주중이나 운중의 오행을 같이 합해 보아 논해야 한다. 즉 목이 없으면 생목하거나 극목하거나 목이 생하거나 목이 극하는 신으로 목이 받는 병의 여부를 추론할 수 있으며 간지를 머리, 눈, 수족 등에 배합하는 류에 관해서는 모두 이러한 소식(消息)의 뜻에 합당해야 한다. 만약 반드시 남김없이 제병(諸病)을 그것에 비추어 말하면서 명의가 논한 것이라 하여 오행을 취하지 않는다면 의서에 있는 수십, 수백 종의 예를 명서에 늘어놔야 하는 근심이 있을 것이다.」

9) 『적천수(오행화자)』

「오행이 중화되면 일생 질병이 없고 혈기가 어지러우면 평생 병이 많다(오행화자일세무재 五行和者一世無災 혈기난자평생다질 血氣亂者平生多疾).」

① 유백온이 말하기를 「오행화(五行和)라는 것은 온전한 것뿐만 아니라 이지러지지 않은 것으로 생하면 극하지 아니해야 하며 단지 온전할 것은 온전함이 마땅하고, 이지러질 것은 이지러짐이 마땅하며, 생할 것은 생함이 마땅하고, 극할 것은 극함이 마땅한 것으로 일생에 질병이 없을 것이다. 혈기란(血氣亂)이라는 것은 화가 수를 이기는 것뿐만 아니라 수가 화를 극하는 종류이니 오행이 반역하면 상하가 통하지 않고 왕래가 순조롭지 못하니 난이라 이르므로 그 해당하는 사람은 질병이 많을 것이다.」

② 임철초가 말하기를 「오행은 천에서 오기가 되니 청 · 적 · 황 · 백 · 흑이 되고 지에 있으면 오행이 되니 목 · 화 · 토 · 금 · 수이다. 사람에 있어서는 오장이 되니 간 · 심 · 비 · 폐 · 신이 된다. 사람은 만물의 영장이니 오행을 전부 갖추고 있으며 겉의 두면(頭面)은 천의 오기(五氣)를 상징하며 속의 오장육부는 지의 오행을 상징하므로 하나의 소우주라 한다. 이로써 장부에 각각 오행의 음양이 배합되어 속해 있으니 하나의 장과 하나의 부가 배합되어 있는데 부는 다 양에 속하기 때문에 갑 · 병 · 무 · 경 · 임이 되고 장은 모두 음에 속하므로 을 · 정 · 기 · 신 · 계가 되데

혹 조화롭지 못하거나 태과 · 불급하게 되면 병이 있으니 풍 · 열 · 습 · 조 · 한의 증세가 있을 것이다.

반드시 오미의 조화를 얻으면 또한 가히 풀릴 수 있으니 오미는 산 · 고 · 감 · 신 · 함으로 신 것은 목에 속하며 많이 먹으면 힘줄이 상하고, 쓴 것은 화에 속하며 많이 먹으면 뼈가 상하며, 단것은 토에 속하여 많이 먹으면 피부와 살이 상하고, 매운 것은 금에 속하며 많이 먹으면 기운이 상하고, 짠 것은 수에 속하며 많이 먹으면 혈이 상하니 이것이 오미가 서로 극하는 것이다. 이렇기 때문에 "오행이 조화되면 일생 질병이 없다."는 말은 팔자가 특별한 것이 아니라 오행이 고른 것이다. 즉 장부의 오행이 화(和)한 것이다. 팔자 오행의 조화는 세운에서의 조화됨이고, 장부오행의 조화는 오미의 조화됨이다. 화자(和者)는 풀린다는 뜻이다. 만약 오행이 화하고 오미가 조화로우면 질병이 없는 것이다. 그러므로 오행의 조화는 생도 아니고 극도 아니며 완전하고 결(缺)한 것이 없어야 조화가 되는 것이다. 그 중요한 것은 그 왕신을 설기하는 것에 있으니 설기한다는 것은 남음이 있다는 것이고, 남는 왕신은 설기하고 부족한 약신은 생조해주는 이것을 이르러 조화라고 하는 것이다.

만약 왕신을 강제로 제하면 약한 것이 중적(衆敵)을 감당하지 못하여 그 왕신의 노여움을 사니 왕신을 덜어내지 못하고 오히려 약신만 상함을 받을 것이다. 이로써 왕신이 태과하면 마땅히 설기해야 되고, 태과하지 않은 것은 극하는 것이 마땅하며, 약신이 뿌리가 있으면 생조하는 것이 마땅하고, 뿌리가 없는 것은 오히려 극제하게 하는 것이 좋다. 팔자는 모름지기 유력한 용신을 얻어 제하고 화하고 마땅히 합한다면 그 사람은 일생 질병이 없을 것이요, 온전한 것뿐만 아니라 결하지 않은 것도 아름다운 것이며, 생하는 것은 극함이 없어야 조화되는 것이다.」

③ 또 말하기를 「혈기가 어지럽다고 하는 것은 오행이 서로 극하고 순조롭지 못한 것을 말한다. 오행에서 수를 혈이라 하는데, 사람의 몸에 있어서 맥을 논한다고 하는 것은 즉 혈을 말하는 것이다. 심포(心胞)가 혈을 주관하니 수족궐음경(手足厥陰經)[40])에 통하고, 심장은 정화에 속하고 방광은 임수에 속하는데, 정임이 합하니 심장이 아래의 신장에 작용하게 되는 것이고, 정임이 목으로 화하게 되면

40) 한의학 이론에서는 太陽陽明·少陽太陰厥陰·少陰의 六經(六氣)의 구별이 있다.

신기가 자연히 충족하게 되어 기제(旣濟)를 얻어 상생하니 혈맥이 유통되어 질병이 없게 되는 것이다. 그러니 팔자가 귀하려면 극을 받는 곳에서 생을 만나는 것이고, 거역하는 가운데에서도 순조롭게 되는 것이 좋다.

만약 좌우에서 서로 싸우고, 상하가 서로 극하고, 극하는 것이 좋은데 생하여 주고, 생하여 주는 것이 좋은데 극하여 주고, 화가 왕한데 수가 고갈되어 있으면 화가 목을 태워버리게 되고, 수가 왕하여 토가 진흙탕이 되면 수가 금을 가라앉게 하고, 토가 왕하여 목이 부러지게 되면 토가 화를 꺼지게 하고, 금은 왕한데 화가 허약하면 금이 토를 상하게 할 수 있고, 목이 왕하여 금이 부스러지면 목이 수를 스며들게 할 수 있는 것이다.」

이런 모든 것이 오행이 거꾸로 상극하는 이치이니 사주가 이렇게 되어 있는 사람은 반드시 재난의 병이 많을 것이다.

④ 서락오가 주에서 말하기를 「오행이 화합하면 귀하고 탁란(濁亂) · 편고(偏枯)하면 성품이 어그러지듯, 혈기가 혼란하면 질병이 동시에 발생한다. 나와 타인이 대기중에 있다면 물고기는 수중에 있어야 하는 것이다. 비유컨대 민물의 물고기를 바닷물에 두고, 얕은 물의 물고기를 깊은 물에 두면 막혀 번민하고 괴로워함을 자각하지 못하나 성정이 어그러지는 기미가 있을 것이고, 습관과 성정이 서로 어울리지 않은 즉 혈기가 혼란하여져 질병이 동시에 발생하는 것이다. 대저 혈육의 신체는 이렇게 해서 병이 생기게 된다.

대개 보통의 병은 약을 먹으면 낫게 되고, 약을 먹지 않아도 낫게 되니 비록 시간의 차이는 있지만 항상되는 병의 이치가 없는 고로 한난서습(寒暖暑濕)의 병이니 명운과는 관계가 없다. 명운에 의한 것으로 말미암는 병은 대개 정신은 활기가 없게 되고, 신체는 쇠약해지는데 이름도 없는 온갖 병이 동시에 발생하여 약과 침이 모두 통하지 않게 된다. 이것은 오행의 기운이 어그러져 생긴 병이므로 세속의 약과 침으로 치유할 수 있는 것이 아니다. 원래의 명조에서 주관하고 있는 기운이 운과 중화되면 길하고, 운에서 월령에 말미암는 대로 흐르면 기세가 순서에 의거하여 가게 된다. 행운에서 어그러짐에 처하면 본신이 저항하지 못하여 사망에 이르는 고로 사람이 녹이 없는 것이니 항상 운세와의 충격(衝激) 사이에서 보이게 된다.」

10) 『적천수(오장병흉)』

「기신이 오장에 들어 있으면 병이 흉하고, 객신(客臣)이 육경(六經)에 머물면 재화가 작다(기신입오장이병흉 忌神入五臟而病凶 객신유육경이재소 客神遊六經而災小.」

① 유백온이 주에서 말하기를 「주중에 기신이 있는바 제압되지 않고, 화하지도 않으며, 충하지도 않고, 흩어지지도 않으면 숨어 있는 바가 깊으니 오장이 상극하면 그 병이 흉한데 기신인 목이 토에 입하면 비장에 병이 있고, 기신인 화가 금에 입하면 폐에 병이 있고, 기신인 토가 수에 입하면 신장에 병이 있고, 기신인 금이 목에 입하면 간에 병이 있고, 기신인 수가 화에 입하면 심장에 병이 있다. 또한 허와 실을 보아야 하는데 가령 목이 토에 입하여도 토가 왕한 즉 비가 유여하여 병이 되니 진술축미의 계월(季月)에 발병할 것이고, 토가 쇠한 즉 비가 부족하여 병이 되니 춘동월에 발병하는 것이니 나머지도 다 비슷할 것이다.

객신은 기신에 비하면 가벼운데 그것을 소홀히 하게 되면, 즉 그것이 육도(六道)[41]를 돌아다니면 반드시 재앙이 있게 된다. 예를 들어 목이 토에 돌아다니면 위장에 병이 있게 되고, 화가 금에 돌아다니면 대장에 병이 있게 되고, 토가 수에 돌아다니면 방광에 병이 있게 되고, 금이 목에 돌아다니면 담낭에 병이 있게 되고, 수가 화에 돌아다니면 소장에 병이 있게 된다.」

② 임철초가 주에서 말하기를 「기신이 오장에 들어갔다고 하는 것은 음탁한 기운이 지지 안에 매장되어 있는 것을 말한다. 음탁한 기가 깊이 매장되어 있으면 억제하기 어렵고 화하기도 어려우니 그 병이 가장 흉한 것이다. 만약 그것이 희신이라면 일평생 재앙이 없으나 그것이 기신이라면 일평생 병이 많다. 토는 비위가 되는데, 비는 느슨한 것을 좋아하고 위는 온화한 것을 좋아하는데 기신인 목이 토 안에 들어가게 되면 느슨하지 못하여 병이 생기게 된다. 금은 대장과 폐가 되는

---

41) 불교에서 깨달음을 얻지 못한 무지한 중생이 윤회전생(輪廻轉生)하게 되는 6가지 세계 또는 경계를 말한다. 망자가 죽어서 가게 되는 곳 중에 가장 좋지 못한 곳인 삼악도(三惡道)는 지옥도(地獄道), 아귀도(餓鬼道), 축생도(畜生道)이며 삼선도(三善道)는 아수라도(阿修羅道) 또는 수라도, 인간도(人間道), 천상도(天上道)의 여섯 갈래로 갈라져 있다. 이것을 육도라고 하며 여기에 삼계인 욕계, 색계, 무색계가 더하여 삼계육도라고 부른다. 6도를 6취(趣)라고도 하는데, 마지막의 천상도와 인간도는 선취(善趣)이고, 앞의 세 가지 도는 악취(惡趣)가 된다. 또 보통 불경에서는 수라도를 제외한 5도로 나누기도 한다. 불교에서 중생은 집착과 선업, 악업으로 해탈하지 못하고 육도를 윤회하게 된다고 말한다. 과거에 인간이었던 자가 동물이나 벌레로 다시 태어나기도 하고, 벌레였던 것이 인간으로 태어나기도 한다. 중생은 번뇌와 업보에 따라 윤회전생하게 된다고 한다.

데, 폐는 거두어들여야 좋고 대장은 막힘이 없어야 좋은데 기신인 화가 금 안으로 들어가게 되면 폐의 기운이 위로 올라가게 되고 대장은 막히게 되니 병이 생기게 된다.

수는 방광과 신장이 되는데, 방광은 윤활하게 해야 좋고 신장은 견고해야 좋은데 기신인 토가 수 안으로 들어가게 되면 신장은 메마르고 방광은 건조해지니 병이 생기게 된다. 목은 간장과 담낭이 되는데, 간장은 조달을 잘해야 하고 담낭은 평안함을 좋아하는데 기신인 금이 목 안으로 들어가게 되면 간장이 급하게 되어 화를 생하고, 담낭은 차가워져서 병이 생기게 된다. 화는 소장과 심장이 되는데, 심장은 너그러워야 하고 소장은 거두어들이는 것을 잘 해야 하는데 기신인 수가 화 안으로 들어가게 되면 심장이 너그럽게 되지 못하고 소장은 느슨해지니 병이 생기게 된다.

그리고 또 중요한 것은 그 기가 왕한가 쇠한가도 살펴야 한다. 만약 토가 너무 왕하면 목이 토 안에 들어가지를 못하니 비위는 자연히 기가 너무 왕하여 남아돌아 생기는 병이 있을 것이고, 비장은 본래 습한 것을 싫어하고 위장은 본래 차가운 것을 싫어하는데, 만약 토가 습하면서 기가 남아돌게 되면 봄과 겨울에 병이 발생하게 되고 화가 건조하게 해주는 것을 싫어하고, 만약 토가 건조하고 기가 남아돌게 되면 여름과 가을에 병이 발생하게 되는데 수가 습하게 해주는 것을 싫어하고, 만약 토가 허약하다면 쇠약한 목도 토를 소통시켜 줄 수 있고, 만약 토가 습하면서 쇠약하다면 질병이 여름과 가을에 발생하게 되고, 만약 토가 건조하면서 쇠약하다면 질병이 겨울과 봄에 발생하게 된다.

대개 허약하고 습한 토가 여름과 가을의 건조한 것을 만나거나 허약하고 습한 토가 봄과 겨울의 습한 것을 만나게 되면 목이 뿌리를 내려서 더욱 무성하게 되니 토가 그 극을 받아 더욱 허약해지게 된다. 만약 허약하고 습한 토가 다시 허약하고 습한 때를 만나거나 허약하고 건조한 토가 다시 허약하고 건조한 때를 만나게 된다면 목은 반드시 허탈하게 떠 있어 뿌리를 내리지 못하니 토는 도리어 목이 극하는 것을 두려워하지 않게 된다. 나머지도 이에 의거하여 본다.」

③ 또 말하기를 「객신이 육경(六經)에 떠돌아다닌다고 하는 것은 허약한 양의 기운이 천간에 떠 있는 것을 말하는데, 양이 허약하게 투출되어 있으면 억제하기가 쉽고 화하기도 쉬우니 재앙은 반드시 적게 된다. 마치 병이 표면에 나타나 있는 것과

같아서 외부로부터 들어온 병은 발산을 하기 쉬워서 큰 병으로 되지 않는 것과 같은 고로 재앙이 적은 것이다.

병의 근원을 연구할 때도 여전히 오행 음양에 따라 장부를 나누는데, 오장을 논함에 있어서 절대로 천간을 객신이라고 해서 허하다고 논하지 말아야 하고, 또한 지지를 기신이라고 해서 실하다고 논하지 말아야 한다. 반드시 허한 가운데에서도 실함이 있고, 실한 것이 도리어 허로 되는 이치를 연구해야만 재앙인가 길상인가 하는 것이 확연히 증험되는 것이다.」

④ 서락오가 주에서 말하기를 「기신입어오장(忌神入於五臟)이라는 것은 병의 원인이 명에 있고, 객신유어육경(客神遊於六經)이라는 것은 병의 원인이 세운에 있는 것이다. 병이 세운에 있는 경우 세월이 바뀌면 병은 낫게 되므로 이르기를 재앙이 작다 하는 것이다. 병이 원국에 있으면 종신토록 이어지게 되니 잠시 세운의 중화를 얻으나 병의 근원이 제거되는 가망이 까닭 없으니 병이 흉하다고 하는 것이다. 비유컨대 신약하여 인으로 화살하는 격국에서는 인운이 가장 길하고, 비겁의 도움이 있으면 비록 발전은 없으나 강건함을 기약할 수 있고, 재운은 인성을 파괴하므로 흉하며, 식상은 설기를 하여 일원(日元)의 기운을 약하게 하거나 또는 제살하게 되면 병이 생기니 이러한 종류의 병은 반드시 운이 지나가기를 기다린 후에야 모름지기 병이 낫게 된다. 원국의 병은 기탁신고(氣濁神枯)와 비슷하니 병이 나을 가망이 없다.」

11) 『적천수(목불수수)』

「나무가 물을 빨아들이지 못하면 피에 병이 생기고, 토가 화의 기운을 받지 못하면 기가 상할 것이다(목불수수자혈매병 木不受水者血病 토불수화자기상 土不受火者氣傷).」

① 유백온이 주에서 말하기를 「수가 동으로 흐르는데 목이 충을 만나거나 혹은 허탈한 것은 모두 물을 빨아들이지 못해서이니 반드시 혈병에 걸릴 것이다. 대개 간은 목에 속하니 피를 받아들이지 못한 즉 병에 걸릴 것이다. 토가 충을 만나면 허탈해지는, 즉 화의 기운을 받지 못하면 반드시 기의 병이 들 것이다. 대개 비는 토에 속하여 화의 생조를 받아야 되는데 받아들이지 못하면 병이 된다.」

② 임철초가 주에서 말하기를「춘목이 물을 받아들이지 않음은 화를 기뻐하여 발영(發榮)하기 때문이고, 동목이 물을 받지 않음은 화를 좋아하여 해동시키고자 하는 것이고, 하목이 뿌리가 있어 물을 빨아들임은 화의 더운 기운을 보내고 땅의 조열함을 윤택하게 하기 위함이며, 추목이 땅을 얻어 물을 빨아들임은 금의 예리함을 설기하고 살의 완고함을 화하게 하기 위함이다. 봄과 겨울의 왕한 목은 쇠약하게 되어야만 수를 받아들이고, 여름과 가을의 휴수한 목은 왕하게 되어야만 수를 받아들인다. 이와 반대가 되면 수를 받아들이지 못하는데, 그러면 혈이 흐르지 못하게 되니 혈에 병이 생기게 된다.」

③ 또 말하기를「건조하고 실한 토가 화의 기를 받지 못하면 수로서 윤택하게 하는 것을 기뻐하고, 허하고 습한 토가 화의 기를 받지 못하면 수의 극함을 꺼리는 것이다. 동토가 뿌리가 있고 화의 기를 받으면 하늘의 한기를 해동시키고 땅의 습한 것을 제거시킨다. 가을 토가 득지하고 화의 기를 받으면 강금을 극제하여 토의 설기되는 것을 보충하는 것이다. 지나치게 조열하면 지가 윤택하지 않고, 지나치게 습하면 천이 불화하니 이로서 화를 받아들이지 않고 목을 허용하지 않는 것이다. 조열이 지나치면 반드시 기가 이지러지고, 한습이 지나치면 반드시 비가 허하여 받아들이지 않은 즉 병이 된다.」

④ 서락오가 주에서 말하기를「목불수수(木不受水)라는 것은 목이 수의 기운을 설기시키지 못한다는 것이고, 토불수화라는 것은 토가 화의 기운을 설기시키지 못한다는 것이다.」

12)『적천수(금수상관)』

「금수상관에 차가우면 냉하여 기침을 하고 더우면 기관지 천식에 걸린다. 화토인성에 더우면 풍담에 걸리고 건조하면 피부병에 걸린다. 담은 목화가 많아 생기는 것이고 독은 화금이 통하지 않아 생긴다. 금수가 메마르고 상하게 되면 신경이 허약하고 수목이 왕하면 비위가 설기된다(금수상관한즉냉수열즉담화 金水傷官寒則冷嗽熱則痰火 화토인수열즉풍담조즉쾌양 火土印綬熱則風痰燥則快痒 논담다목화생독울화금 論痰多木火生毒鬱火金 금수고상이신경허金水枯傷而腎經虛 수목상승이비위설 水木相勝而脾胃泄).」

① 유백온이 주에서 말하기를「무릇 이러한 모든 오행의 불화해서 오는 병은 다 그 병을 알면 그 사람을 알 수 있으니 가히 그 길하고 흉함을 판단할 수 있다. 예를 들면 목의 병은 어떠한가? 또 목은 일주의 어떤 신으로 보는가? 만약 목이 재성이 토의 병이 발하는 즉 그 재의 왕쇠를 판단할 수 있으며 처가 내조를 잘하고 못하고 알 수 있으며 그 부친의 흥쇠를 알 수 있는 것은 반드시 증험되지는 않지만 인정할 만한 것이다. 그런데 육친의 일과 더불어 가히 부합되지 않는 경우는 병을 보고 흉화를 면하게 했기 때문이다.」

② 임철초가 주에서 말하기를「금수상관에 있어서 너무 차갑게 되면 그 기운이 매섭고 냉하여 진기가 쇠약해지니 반드시 그 사람은 찬 기침을 하게 된다. 너무 더우면 수가 화를 이기지 못하게 되니 화는 반드시 금을 극하게 되는데 수가 화를 이기지 못한다고 하는 것은 심장과 신장이 서로 교류가 되지 않는 것을 말하고, 화가 금을 극할 수 있다고 하는 것은 폐가 손상을 입게 되는 것을 말한다. 그러므로 겨울에 허약한 화가 위로 타오르면 기관지 천식에 걸리는 것이다. 화토인성에 있어서 지나치게 더우면 목이 왕한 화를 따라가게 되니 왕한 화가 목을 태울 것이고, 목은 풍을 대표하니 그 사람은 기관지 천식에 걸리게 된다. 너무 건조하면 화가 타오르고 토는 갈라 터지는데 토가 촉촉하게 되면 혈맥이 유통되고 영양이 조절될 것이고, 피부는 토에 속하는데 토는 따뜻한 것을 좋아하니 따뜻하게 되면 즉 윤택해지게 된다. 그러므로 너무 건조하게 되면 피부가 가렵고, 너무 습하다면 종기가 생기게 된다. 여름의 토는 습하게 해야 하고 겨울의 토는 건조해야 사람은 병이 없고 만물은 살아나게 되는데, 한마디로 화가 많으면 가래가 생기고 수가 많으면 기침이 생기게 된다.

목화가 많으면 담이 있다고 하는 것은 화가 왕한데 목이 있게 되면 목은 화의 기세에 따라가니 즉 금이 목을 극하지 못하게 되고, 수가 화를 이기지 못하게 되면 화는 반드시 금을 극하게 되어 폐가 상하게 된다. 그러면 아래로 신수를 생하지 못하게 되고, 목이 또 신수를 설기하니 반드시 신수가 건조해져 음이 허약하고 화가 타오르게 되니 담증이 발생하게 되는 것이다. 독이 생기고 화금이 통하지 않는 것은 화가 맹렬하여 수가 고갈되니 화는 반드시 목을 태우게 되고 목이 불에 타버리면 토는 반드시 타서 건조하게 되는데, 토가 건조하면 금을 부스러지게 하니 금이 속에서 엉키게 된다. 그러므로 부서진 금이 화를 만나니 폐기가 위로 거꾸로 올라가게 되고 폐기가 위로 거꾸로 오르니 간과 신장이 쇠약해짐으로 혈맥이 흐르지 못하게 되는데, 더불어 칠정까지 우울해지니 독이 발생하게 되는 것이다. 토가 건조하면 금을 생하지 못하고, 화가 맹렬하면 자연히 수가 고갈되니 신경이 반드시 허약하게 된다. 토가 허약하면 수를 억제하지 못하고, 목이 왕하면 자연히 토를 극할 수 있으니 비위가 반드시 상하게 된다.

무릇 오행이 불화하여 발생한 질병을 자세히 연구한다면 반드시 잘 맞는다. 그러나 이것 또한 사람의 일과 서로 통하는 바가 있으니 오로지 한 가지 논리에 집착을 해서는 안 된다. 만약 병이 잘 부합되지 않을 때에는 그 사람의 육친의 길흉과 하는 일이 잘되고, 안 되는가를 연구해보면 반드시 맞는 것이 있게 된다. 예를 들어 일주가 금이고 목이 재성일 때, 사주에 화가 왕하다면 일주가 재성을 감당하지 못하니 반드시 화를 생하여 살을 도와주게 됨으로 도리어 일주의 기신이 된다. 혹시 수가 있다고 해도 수가 목을 생하여 주게 되니 금의 기가 더욱 허약해지게 된다. 금은 대장과 폐를 대표하는데 폐가 상하고 대장은 막히게 되니 아래로는 신수를 생하지 못하게 되고, 목은 수를 설기해서 화를 생하여 주니 반드시 그 사람은 신장과 폐가 함께 상하는 병이 발생하게 된다. 그러나 이와 같은 병에 걸리지 않는 사람이 있다면 반드시 재물손실이 대단하여 의식이 넉넉하지 못한 상황에 그 허물이 나타나게 된다. 그리고 또한 이러한 병도 없으면서 재물도 많은 사람이 있는데, 이런 사람은 처가 반드시 추악하거나 자식이 불효자이니 그 중에 하나는 반드시 맞게 되어있다. 그중에도 처가 현명하고 자식도 효자이며 병도 없고 또 재물도 많은 사람이 있는데, 이런 사람은 행운의 흐름이 토금으로 되어 있기 때문이다. 그 외에도 사주에는 금수와 목화의 힘이 균형을 이루고 있으나 폐와 신장에 병이 있는 사람도 있고, 혹은 많은 재물을 손실 보았거나 혹은 처가 추악하고 자식들도 어리석거나 하는 사람도 있는데, 이것은 행운이 모두 목화로 흘러서 금수가 손상을 받고 있기 때문이다. 그러니 자세하고 상세하게 살펴봐야지 하나만 집착하여 보아서는 안 된다.」

③ 서락오가 주에서 말하기를「금수상관에 화가 없으면 지나치게 추워 기침을 하게 되고, 화가 왕하면 수기가 막히고 덥게 되어 가래가 생긴다. 토일주에 화가 인성일 경우 화가 뜨거우면 중풍을 일으키는 담병이 있게 되고, 토가 건조하면 피부

질환이 있게 된다. 목화의 병은 담화(담으로 인하여 생기는 병이나 심한 가래)로 나타나고, 화금의 병은 창독(瘡毒; 부스럼의 독기)으로 나타나며, 금수의 병은 신경(腎經; 신장경락)으로 나타나고, 수목의 병은 비위에 나타나니 이는 오행이 서로 이김을 따르는 것으로 그 질환이 말미암아 이르는 것을 추측하여야 한다.」

2. 질병의 간법에 대한 사례

사례 1

比 主 劫 殺

丙 丙 丁 壬
申 寅 未 午

辛 庚 己 戊
亥 戌 酉 申

본 명조는 미월 병화일주로 미월은 화의 여기가 있고, 지지에 인오 화국을 보고 있으며 천간에 병정이 투출되어 있는데다가 더욱이 인과 미중의 목신이 화를 생조하고 있으니 화가 강함을 쉽게 알 수 있다. 연상의 임살은 정겁에 의하여 합거당하고, 신중에 소장되어 있는 경재는 무리 지은 비견의 협공을 받으니 신중임수를 취하여 병화를 극제하고 경금을 존재케 하는 것으로 용신을 삼는 고로 마땅히 금수를 기뻐하고, 목화를 꺼리는 것으로 논한다. 그러나 원국 지지에 인신이 상충하니 금수가 모두 상하여 기운이 무력한데 초행 무신 · 기유는 토금의 지지로 (무기는) 왕신을 설화하고, 수성은 신유금에 의하여 생조받으니 건강하고 병이 없었으나 경술로 넘어가자

대운 천간 경금은 원국 시상 병화의 극을 바로 받고, 대운 지지 술과 원국의 인오가 합하여 화국을 이루니 화는 위로 성하고, 수는 밑으로 허해져 금을 구제하지 못하게 되는 즉 먼저 신장이 이지러지고, 다시 폐질이 생겨 사망하게 되었다.

사례 2

比 主 印 印

甲 甲 壬 壬
子 申 子 辰

戊 丁 丙 乙
午 巳 辰 卯

본 명조는 자월 갑목일주로 지지에 신자진 삼합수국이 있고 천간에는 두 개의 인성이 투출하였으며 시에도 자수가 있으니 마땅히 종강격으로 논한다. 초행이 동방(갑인. 을묘)으로 가 왕한 수를 설기시키고 일주를 부조하니 그 기뻐하는 바가 순(順)하여 흔한 사회의 지위를 얻었다. 전국에 수는 넘치고 화는 결여되어 있으니 아래로는 성한데 위로는 허한 고로 사람됨이 고지식하고 둔하며 말은 적지만, 지혜가 풍부하고 계략이 많았다. 그러나 심장이 쇠약하여 자극이 오면 머리가 아찔해지고 심장박동이 빨라지며 손이 떨리는 것을 자신도 감당하지 못하였다. 운이 남방 사운으로 바뀌니 왕신을 격노하게 하여 모든 일이 여의치 않게 되었고 항상되는 마음의 번민(煩悶)을 말로 표현할 수 없었는데 무오운에 원국의 월간지와 천극지충하여 왕신이 격노하게 되니 마침내 마음을 달리하여 물에 뛰어들어 자살하였다.

사례 3

官	主	財	官
丙	辛	甲	丙
申	卯	午	午
戊	丁	丙	乙
戌	酉	申	未

본 명조는 오월 신금일주로 전국에 목화가 강왕하나 시지에 신이 있어서 종화격이 되지 못하므로 신중경금으로 일주를 돕는 것을 용으로 삼고, 아울러 신중의 습토로 일주를 생함을 기뻐한다. 초행 을미에는 부모가 모두 사망하여 외롭고 가난할 뿐만 아니라 의지할 곳도 없었다. 병신운에는 병이 신에 좌(坐)하였지만 이에 신은 임수의 장생지이니 고생 끝에 가정을 이루었다. 정유운에 왕성한 화가 신을 극하니 마침내 폐병이 걸렸지만 병을 무릅쓰고 살 방도를 찾았다. 무술운계사년에 천간은 무계합하여 화로 변하고, 지지는 사 · 오 · 술 등이 한마음으로 모여 화지를 이루니 마침내 폐병으로 사망하게 되었다.

사례 4

比	主	印	殺
甲	甲	癸	庚
戌	午	未	寅
丁	丙	乙	甲
亥	戌	酉	申

본 명조는 미월에 태어난 갑목일주로 지지에 인오술 삼합화국이 있고 천간에는 살·인·비가 나타나 있어 목화가 강왕하므로 마땅히 금수를 희용으로 삼는다. 원국에서 살인상생하니 초행 신유운에는 총명함이 절정에 이르렀으나 원국에 살과 인이 뿌리가 없으니 병술운으로 넘어가자 금수가 모두 상해폐와 신장에 병이 들어 사망하였다.

사례 5

印	主	比	傷
丁	戊	戊	辛
巳	戌	戌	未
癸	甲	乙	丙
巳	午	未	申

본 명조는 술월 무토일주로 지지 전체가 화토요, 월과 시에 비견과 인성이 투간하였으니 일간은 아주 강하다. 연상 신금 상관으로 왕함을 설기하는 것을 용으로 삼으나 지지 전체가 조토(燥土)이므로 수로서 호위함이 없어 비록 신왕이라 하더라도 도리어 신체가 허약하고 병이 많았는데 초행 정유 · 병신운에 신금이 대운 병 · 정의 극과 합을 당하니 담증(가래)이 나타나 폐병에 이르렀는데 큰 해를 입지 않은 것은 정유운에서 용신이 득지했기 때문이다. 을미 · 갑오운에 목화가 성하여 토가 조열하여지니 폐병이 낫지 않고 전신의 피부가 가려운 질병까지 생겼다. 계사운에 무계가 합하여 화로 변하고 사는 신금의 절지가 되니 폐병으로 죽게 되었다.

사례 6

比	主	財	財
丁	丁	庚	辛
未	丑	子	卯
癸	甲	乙	丙
巳	午	未	申

본 명조는 자월 정화일주이니 실시하였고, 전국이 식·재·살로 극설이 교가하니 마땅히 미토에 통근하고 있는 시상정화를 용으로 삼고, 인성의 생부를 기뻐한다. 대운이 목화의 지지로 가니 공명현달 하였으나 계사운으로 바뀌자 심장이 쇠약한 증상이 나타났고, 신축년에 지지가 사유축 삼합금국을 이루니 심장에 병이 발생하였는데 병원에 입원하여 수개월을 보내다가 임인년에 대운과 아울러 원국의 시상 정화 용신을 극하니 마침내 심장병으로 세상을 떠났다. 이는 호적 선생[42]의 명조이다.

---

42) 호적(胡適, 후스, 1891~1962) 중국 근현대 철학자이자 교육가, 문학가로 유명한 학자로, 중국 자유주의를 대표하는 지식인이다. 호적은 항상 지도자는 잘못을 지적해주는 쟁우(諍友)가 필요한데, 군사위원장인 장제스가 정사에 관여하는 것을 월권이라고 비판했다. 결국 죽는 날까지 장제스의 쟁우로 역할을 해주었던 것이다. 그런데 호적 개인으로 봐도 매우 흥미로는 사람이다. 특히 그의 부인 장둥슈는 전족(纏足)을 한 문맹(文盲), 다시 말해 신여성이 아니라 전통시대 중국 여인 그대로였는데 아주 사이좋은 부부였다. 나중에 미국에 가서도 장둥슈의 요리 솜씨를 통해 많은 미국인들과 교류하였다. 그런 와중에도 부인에 대한 그의 사랑, 아니 '삼종사덕(三從四德)'이라 하여 일종의 존경을 표했다. 소위 '자유라는 것은 용인(容忍)'이라는 호적 특유의 관점이 공사 구분 없이 말해졌음은 물론이다.

사례 7

印 主 殺 財

庚 壬 戊 癸
戌 寅 午 丑

甲 乙 丙 丁
寅 卯 辰 巳

본 명조는 오월 임수일주이니 실시하였고 지지는 인오술 삼합화국이 되었는데다가 천간에 무토가 계수 겁재와 극합하였으니 마땅히 시간의 축고에 통근한 시상 경금 인성을 용으로 삼는다. 그러나 전국에 화가 왕성하고 금이 쇠약한데다가 습토 또한 강한 화를 만나 멀리 떨어져 있으니 배합이 무정하다. 초운 정사에는 신체가 허약하고 병이 많았는데 죽지 않은 사가 경금의 장생지지이므로 오히려 약간이 생기를 유지시켰기 때문이다. 병진운은 병이 수고에 앉아 있으나 진은 오히려 수를 돕는 고로 역시 무사히 넘길 수 있었다. 을묘운 갑술년에 원국의 시상 경금이 을에 합거당하고 지지는 묘술합화하니 갑목 역시 능이 화를 생하므로 폐와 신장의 병 때문에 죽게 되었다.

사례8

官	主	比	印
壬	丁	丁	乙
寅	酉	亥	丑
辛	壬	癸	甲
巳	午	未	申

본 명조는 해월 정화 일주이므로 실시하였고 전국에 금수가 목화보다 강하니 마땅히 목인성을 용으로 취하고 비겁을 기뻐한다. 임오운에 정임이 합하고 오화는 금을 극하니 용신이 가장 크게 활약을 하게 되는 고로 개국을 하여 국부가 되었다. 신사운 을축년에 사주 원국의 을목은 신금의 극을 받고 지지는 사유축 삼합금국을 이루니 용신인 을목이 이지러져 마침내 간암을 치료하지 못하여 세상을 떠나게 되었다. 청나라를 타도하고 중화민국을 수립한 중국의 혁명가 손문[43]의 사주다.

---

43) 손문(孫文, 1866~1925), 중국의 혁명적 민주주의자. 자(字)는 일선(逸仙), 호(號)는 중산(中山). 홍콩에서 의학을 공부하였다. 반청혁명을 목표로 하여 1894년 흥중회(興中會)를, 1905년 중국혁명동맹회(中國革命同盟會)를 설립했고, 1911년 신해혁명(辛亥革命)에서 임시대통령에 추대되어 다음해 중화민국의 성립과 동시에 대통령에 취임하였지만, 원세개(袁世凱)에게 부득이 양보하고 사임하였다. 그 후에 여러 번 망명생활을 하다 일본에서 지내기도 하였다. 1917년에는 광동군정부를 만들어 대원수에 취임. 1918년 상해에서 중국 국민당을 만들어 1924년 북벌군을 일으켰으나 다음해 북경에서 사망하였다. 그의 사상은 객관적으로는 부르주아적 민주주의자였지만 스스로는 사회주의자라 자칭했으며, 혁명적 민주주의, 자본주의의 길을 거치지 않는 사회개혁, 그리고 막연하지만 토지개혁도 목표로 했다. 그의 '삼민주의(三民主義)'는 민족(民族)주의, 민권(民權)주의, 민생(民生)주의인데, 1905년에 그 기본구상이 이루어지고 1924년에 완성되었다. 1917년의 러시아 혁명의 영향을 받는 동시에, 1924년 소련, 중국공산당의 원조 아래 연소(聯蘇), 용공(容共), 노농원조(勞農援助)의 삼대 정책을 세워 제1차 국공합작(國共合作)을 실현하였다. 삼민주의도 최초의 구상에서 '신(新)삼민주의'에로의 경과를 거치고 있다. 철학적 입장은 유물론적이지만, 중국의 뿌리박힌 유교사상 때문에 사회에 대하여서는 관념론의 영역을 벗어나지 못하였다.

사례 9

劫	主	比	傷
丁	丙	丙	己
酉	寅	子	卯
庚	辛	壬	癸
午	未	申	酉

본 명조는 자월 유시에 태어난 병화일주로 비록 실시하였으나 전국에 목생화가 왕성하여 금수가 도리어 미치지 못하게 된 고로 마땅히 금수를 기뻐하고 목화를 꺼리는 것으로 논한다. 행운이 금수의 지지로 가니 천하에 이름을 떨치다가 경오운 병자년에 세운과 천극지충하니 금수는 패하고 화토는 승리하므로 뇌출혈로 세상을 떠났다.

사례 10

印 主 劫 殺

甲 丙 丁 壬
午 申 未 寅

辛 庚 己 戊
亥 戌 酉 申

본 명조는 미월에 태어난 병화일주로 미월은 화의 여기가 남아 있고 연월천간이 정임합목하였으며 시주에 다시 갑오을 보았으니 전국에 목화가 강왕하므로 일지 신중의 금수의 조절에 의지하는 바나 그 힘이 지극히 미약하다. 초운은 토금의 지지로 가니 오히려 큰 장애가 없었으나 술운으로 바뀌자 지지가 인오술 삼합화국을 이루어 금은 패하고 수는 꺾이니 마침내 신장병과 폐병으로 인하여 피를 토하다가 죽었다.

사례 11

劫	主	食	財
乙	甲	丙	己
丑	子	寅	酉
辛	壬	癸	甲
酉	戌	亥	子

본 명조는 인월 건록지에 태어난 갑목일주이나 인은 유의 극을 받고 있으니 파손되었고 지지 자축은 합하여 토로 변하였으니 인성 역시 힘이 잃은 고로 건록격이나 강하지 않으니 마땅히 을목 겁재가 일주를 부조함을 용으로 삼는다. 초행은 수목의 지지로 가니 의식이 풍족하였으나 서방금운으로 바뀌자 가업을 탕진하고 토굴로 들어가 도사가 되었으나 유운에 목은 금의 극을 받으니 두통과 사지가 뒤틀리는 병(풍탄瘋癱)으로 죽었다.

Ⅶ

조명론(造命論, 추길피흉법)

1. 일반인이 말하는 명리
2. 제현의 의논
3. 추길피흉의 각종 방법

1. 일반인이 말하는 명리

일반적으로 명리를 숙명론이라고 한다. '숙명'은 불가의 설로서 부처가 세인에게 전생을 이른 것으로 모든 생명 있는 것은 혹 천상이나 사람이나 아귀(餓鬼)[44]나 축생(畜生)[45]으로 태어나는 돌고 도는 윤회(輪廻)[46]를 일러 숙명이라 한다. 그러나 수행을 쌓고 계율을 지키는 공덕을 따르면 부처가 되어 삼악도(三惡道; 지옥, 축생, 아귀)에 떨어지지

---

44) ① 염치없이 먹을 것을 탐하는 사람이나 매우 탐욕스러운 사람을 비유적으로 이르는 말.
② (기본의미) [불교] 생전에 탐욕이나 질투가 많아 육도(六道) 중 하나인 아귀도(餓鬼道)에 이르게 된 죽은 사람의 영혼. 몸이 앙상하게 마르고 목구멍이 바늘구멍 같아 음식을 먹을 수 없어서 늘 굶주린다고 한다.

45) ① [불교] 삼악도(三惡道) 또는 육도(六道)의 하나로, 중생이 죄를 지어 죽은 뒤 짐승이 되어 괴로움을 받는다는 길.
② 사람답지 못한 사람을 짐승 같다는 뜻으로 욕하여 이르는 말.
③ (기본의미) 사람이 기르는 모든 짐승.

46) 생명이 있는 것은 여섯 가지의 세상에 번갈아 태어나고 죽어간다는 것으로 이를 육도윤회(六道輪廻)라고 한다. 육도 중 첫째는 지옥도(地獄道)로서 가장 고통이 심한 세상이다. 지옥에 태어난 이들은 심한 육체적 고통을 받는다. 둘째는 아귀도(餓鬼道)이다. 지옥보다는 육체적인 고통을 덜 받으나 반면에 굶주림의 고통을 심하게 받는다. 셋째는 축생도(畜生道)로서, 네 발 달린 짐승을 비롯하여 새, 고기, 벌레, 뱀까지도 모두 포함된다. 넷째는 아수라도(阿修羅道)이다. 노여움이 가득 찬 세상으로서, 남의 잘못을 철저하게 따지고 들추고 규탄하는 사람은 이 세계에 태어나게 된다. 다섯째는 인간이 사는 인도(人道)이고, 여섯째는 행복이 두루 갖추어진 하늘 세계의 천도(天道)이다. 곧 인간은 현세에서 저지른 업에 따라 죽은 뒤에 다시 여섯 세계 중의 한 곳에서 내세를 누리며, 다시 그 내세에 사는 동안 저지른 업에 따라 내내세에 태어나는 윤회를 계속하는 것이다. 그러나 이 윤회의 여섯 세상에는 절대적인 영원이란 없다. 수명이 다하고 업이 다하면 지옥에서 다시 인간도로, 천국에서 아귀도로 몸을 바꾸어서 태어난다. 곧 육도의 세계에서 유한의 생을 번갈아 유지한다는 것이 불교의 윤회관이다. 이 윤회는 철저하게 스스로 지은 대로 받는다는 자업자득에 기초를 두고 있다. 스스로 착한 일을 하였으면 착한 결과를 받고, 악한 일을 하였으면 악한 결과를 받는(善因善果惡因惡果) 자기책임적인 것이다. 자기가 지은 바를 회피할 수도 없고 누가 대신 받을 수도 없다. 오직 자기가 지은 업의 결과에 따라서 다른 세계로의 향상(向上)과 향하(向下)가 가능할 뿐이므로, 언제나 새로운 세계를 창조할 수 있는 자율적인 의지와 실천이 강조되는 것이다. 이러한 윤회는 윤리도덕적인 측면, 즉 권선징악적인 차원에서 특히 강조되어 왔다. 그러나 불교에서는 권선징악을 넘어선 해탈의 차원에서 이 윤회설이 강조되었다. 윤회한다는 것은 결국 괴로움이므로 영원히 윤회에서 벗어나는 열반이나 극락의 왕생 등을 보다 중요시하였던 것이다. 따라서 이 한 생에서 다음 생이 어떻게 전개되는가 하는 데 대한 관심보다, 현실의 삶에서 한 생각 한 생각을 깊이 다스려서 언제나 고요한 열반의 세계나 불국토(佛國土)에 있는 것과 같은 상태를 유지하고 점검하도록 하는 데 치중하였다. 그리고 현재의 마음이 번뇌로 가득 차 있는 것이 곧 지옥이고, 탐욕으로 가득 차 있는 것이 아귀이며, 어리석음으로 가득 차 있는 것이 축생이라고 보는 등, 이 순간의 마음가짐에 따라서 끊임없이 육도를 윤회한다고 보았다.

않게 되니 이는 종교상의 승인으로 후천에 선천을 보충하여 채운 것이다.

명리는 종교가 아니니 절대로 귀신을 가차하여 인명 생존발전의 정형(情形)을 설명하는 것이 아니고, 종교와 혼합되어 이야기될 필요가 없으니 오직 사실상에 약간의 종교 이론 또한 그 순수하고 바른 철학에 기초하고 있으니 전적으로 귀신의 일로 이야기되는 것은 옳지 않기 때문에 마땅히 맑게 하여 상당한 것을 구분한다 하더라도 모조리 버리는 것은 불가하다.

명을 말하는 자는 마땅히 교육가, 도덕가, 종교가, 의사 같이 각종의 불합리한 현상을 그 대상으로 삼아 확실히 연구하여 생리든, 심리든지 간에 모두 모름지기 교정이나 치료의 방법을 강구하여 절대로 자생자멸하는 것을 받아들여서는 안 된다.

조명이라는 것은 세상에서 길함을 쫓고 흉함을 피하는 것을 이르는 바이다. 그것은 후천의 범주에 속하는 전부를 논하는 것인바 그 입론(立論)의 기초는 후천으로서 선천을 고칠 수 있는가이다.

방법은 후천 환경에서의 자기 개선에 있으니 내재적으로 말하면 대략 생리와 심리 두 종류로 나눌 수 있고, 외부적으로 말하면 무릇 방위 · 파천 · 기거 · 행위 · 음식 · 약물 · 혼인 · 명호 · 친우 · 동료 · 안색 · 직업 혹은 사업 및 오행의 속성 등에 모두 속하는 것이다.

2. 제현의 의론

1) 공자(孔子)

「옛 성인과 군자는 널리 배워서 탁월한 경륜을 터득했지만, 때를 만나지 못한 사람들이 허다했으니, 나(공자) 역시 예외가 아니다. 현명치 못함은 타고난 재주에 말미암은것이지만 행하거나 행하지 않음은 사람에 달려 있는 것이고, 기회를 잡고 기회를 잡지 못하는 것은 시운에 달려 있으며, 태어나고 죽는 것은 천명에 달려 있는 것이다. 그 재주가 있어도 그 시기를 만나지 못하면 비록 재주를 사용하지 못하게 되나 그 시기를 만나면 젊어지게 되니 어찌 어려울 것이 있겠는가!」

「사람에게는 세 죽음이 있으니, 비명에 죽는 것이 아니고, 자기 처신이 스스로 취한 것이다. 자는 것이 때에 맞지 않고, 먹는 것이 적절하지 않고, 일함과 쉼이 과도한 자는 질병이 함께 이런 자를 죽일 것이고, 아래 자리에 처하여 위로 감히 야욕을 구하고, 욕심이 한이 없고 구함이 끝이 없는 자는 형벌이 함께 이런 자를 죽일 것이고, 소수로 다수를 범하고 약한 세력으로 강한 세력을 업신여기고, 분노함이 타당하지 않고, 거동함에 제 힘을 헤아리지 못한 자는 무력이 이런 자를 함께 죽일 것이니 이 세 가지는 비명에 죽는 경우인데, 사람이 스스로 취한 것이다.」

2) 순열(荀悅)

「혹 물어 묻기를 성(性)을 기를 수 있습니까? 대답하기를 성을 기르는 것은 중화를 잡고, 생을 지키는 것일 따름이다. 애친, 애덕, 애력, 애신하는 것을 일러 색(嗇)이라 한다. 만약 그렇지 않으면 마땅하지 않고 과하면 담박하지 않다. 그러므로 군자는 그 기를 계절에 맞게 조절하고 풀어서 옹폐(壅閉)하고 체저(滯底)하는 바가 있게 하여서는 안 된다. 혼란하여 절도가 없으면 질병이 생기므로 희노애락사려(喜怒哀樂思慮)는 반드시 그 중화를 얻어야 하는데 이 때문에 신을 기른다는 것이다. 한훤영허소식(寒暄盈虛消息)은 반드시 그 중화를 얻어야 하는데 이 때문에 신을 기르는 것이다. 기를 잘 다스리는 것은 우임금이 치수하는 것과 같다. 만약 도인술(導引術)을 통하여 기를 쌓고 역장(歷臟)하여 안으로 관조하는데 과하면 중화를 잃게 되니 가히 질병을 다스릴 수 있는 것은 모두 성을 기르는 것이지 성스러운 기술은 아니다. 대저 구부리는 것은 펼치기 위함이고, 쌓는 것은 비우기 위함이며, 안으로 하는 것은 밖으로 하기 위함이다. 기는 베풀면서도 막음이 마땅해야 하고, 체는 조절하면서도 교정함이 마땅해야 하며, 신은 평평하면서도 억누르는 것이 마땅해야 하는데 그리하면 반드시 화를 잃을 것이 있겠는가! 대저 성을 잘 기르는 것은 일반적인 기술이 있는 것이 아니라 그 중화를 얻을 따름이다.」

또 말하기를 「어진 사람은 오래 사는가? 어떻게 이를 수 있겠는가? 말하기를 어진 자는 안으로는 성을 손상하지 않고, 밖으로는 물을 손상하지 않으며, 위로는 하늘(자연규율)을 어기지 않고, 아래(인간사회의 생활규범)로는 사람을 어기지 않는다. 정(正)에 처하고 중(中)에 거하면 몸과 정신이 화합하므로 허물의 징조가 이르지 않고 경사스러움이 모이는 것이니 이러한 것이 장수의 방법인 것이다.」

3) 왕충(王充)

「명은 길흉의 주체이고, 자연의 도이며, 우연히 만나는 수로서, 타기(他氣)나 사물이 압도하고 영향을 주어 이로 하여금 그러하게 하는 것이 아니다」

또 말하기를 「사람의 벼슬길이 멈추어 나아가지 않는 경우가 있고, 품행절개가 훼손되어 완전하지 않는 경우가 있고, 죄과가 누적되어 면제받지 않는 경우가 있고, 명성이 암매(闇昧)하여 밝지 않은 경우가 있다. 그것은 재주가 낮아서도 아니고 행실이 어그러져서도 아니다. 또한 지식이 흐리멍덩해서도 아니고 계책이 어리석어서도 아니다. 외래적인 화액을 우연히 만나서 누해(累害; 허물되고 손해되다)되었기 때문이다. 다만 사람의 행위만 그런 것이 아니라 모든 만물이 모두 그러하다. 살아있고 움직이는 종류는 다 누해당한다. 누해는 외부에서 오고 내부로부터 말미암지 않는다. 대저 누해가 생기는 바에서 근본하지 않고 헛되이 누해당한 사람한테 책임을 돌리는 것은, 지혜가 이치에 밝지 않고 암색(闇塞)[47]한 것이다.」 또 말하기를 「무릇 사람이 좋은 우연을 만나고 누해를 만나는 것은 모두 명 때문이다. 사생 · 수요의 명도 있고, 또한 귀천 · 빈부의명도 있다. 왕공에서 서민에 이르기까지와 성현에서 하우(下愚)에 이르기까지, 모든 수목(首目)[48]이 있는 종류나 피를 가지고 있는 종속(種屬)은, 명이 있지 않은 것이 없다. 명이 마땅히 빈천해야 하면, 비록 부귀할지라도 오히려 화환을 겪게 되고, 명이 마땅히 부귀해야 하면, 비록 빈천할지라도 오히려 복선을 만난다. 그러므로 명이 귀하면 천한 지위에서 스스로 발달하고, 명이 천하면 부유한 지위에서 스스로 위태롭게 된다. 대저 부귀는 신공이 있는 것과 같고, 빈천은 귀화(鬼禍)가 있는 것과 같다. 명이 귀한 사람은 다른 사람과 똑같이 배워도 홀로 발달하고, 함께 벼슬하여도 홀로 승천(陞遷)한다. 명이 부유한 사람은 다른 사람과 함께 구하여도 홀로 획득하고, 함께 행위하여도 홀로 성공한다. 빈천은 이와 반대로, 발달하기 어렵고, 승천하기 어렵고, 획득하기 어렵고, 성공하기 어렵다. 허물을 얻고 죄를 받으며, 질병을 얻고 재산을 잃으며, 부귀를 상실하는 것이 빈천한 것이다.」

---

47) 닫히고 막힘.

48) 머리와 눈.

명은 진실로 정함이 있으나, 누해는 많이 외부로부터 온다. 만약 그 반드시 오는 기세를 먼저 알 수 있다면, 미리 배제하고 곡진(曲盡)하게 성전(成全)[49]할 것이니, 조금도 해제(解除)가 안 된다고는 할 수 없다.

4) 장남(張楠)

「남녀 합혼의 학설은 원래 여재의 멸만경(滅蠻經)에서 나온 것으로 남녀의 생년으로 숫자를 멋대로 세워 배합하고 이름하기를 합혼이라 하는 것이니 생기 · 천의(天醫) · 복덕을 멋대로 세워서 상혼(上婚; 좋은 결혼)이라 하고, 절체(絕體) · 유혼(遊魂) · 귀혼(歸魂)은 중혼이라 하며, 오귀(五鬼) · 절명(絕命)은 하혼이라 하는데 그 오류가 심하다!(연해자평에 기록된 바에 자세히 보인다) 어찌 단지 남녀 두 사람의 연명만으로 월과 일시를 버리고 능히 사람의 혼인을 논할 수 있겠는가? 만약 이치대로라면 천하의 혼인을 하려는 자는 모두 상중 두 개의 결혼을 선택하여 짝할 것이고, 하혼을 선택하는 자는 버릴 것이다.
그 책은 매우 쉽고 어렵지 않으니 천하의 남편을 잃은 여자와 배우자를 잃은 남자가 없어야 마땅한데 대저 어찌하여 후세에도 다시 고아와 과부의 근심이 있겠는가? 연분은 비록 전생의 정해진 바에서 왔다는 것 또한 혼인하는 자가 명확하지 않은 것에서 유래한 것이다. 그러나 부부의 연을 맺으려 하는 예는 인도(人道)의 실마리로 또한 삼가지 않을 수 없음이다.
그렇다면 그 이치는 마땅히 어떠해야 하는가? 다만 남명을 보아 비견과 겁재가 중한 자는 반드시 여명에서 상관과 식신이 중한 자를 선택하여 짝해야 한다. 만약 여명에서 상관과 식신이 중한 자는 반드시 비견이나 겁재가 있는 남자를 선택하여 짝해야 한다. 이것이 바로 합혼의 바른 이치이니 어찌 여재의 상중하 삼혼의 근거 없는 학설과 근거 없는 이치로 사람을 혼배(婚配)를 논할 수 있겠는가? 여재의 그릇된 설은 믿을 수 없을 뿐더러 또한 분명하지 않다.」
또 말하기를 「남녀 합혼의 설은 유래가 길다. 신랑이 부인을 택함에 있어 팔자에 부 · 자 이성을 귀하게 보는 것은 대개 남편이 흥하고 자식이 잘되는 것으로 그 복이

---

49) 남을 도와서 일을 이루게 하다.

반드시 넉넉하기 때문이다. 신부가 남편을 택함에 있어 팔자에 중화의 기운을 얻음을 귀하게 여기는 것은 대개 한쪽으로 치우치지 않아야 그 수명이 반드시 길기 때문이다. 골수파(骨髓破)·철소추(鐵掃帚)·육해(六害)·팔패(八敗)·낭적(狼籍)·비천(飛天)·대패(大敗)·고과(孤寡) 등의 살에 이르러서는 다만 사람의 생년지로 월지 한 글자에 억지로 배합한 것이니 더욱 그릇되고 허망한 것이다.

대저 연월일시의 간지 팔자와 오행 생극으로 사람의 길흉을 논하는 것은 오히려 근심할 필요가 없으나 어찌 일시 등의 여섯 글자를 버려 단지 연월 두 자로만 논하여서 길흉을 판단할 수 있겠는가? 그것은 마치 진재(進財)·퇴재(退財)·망문환(望門鰥)·망문과(望門寡)·부다액(夫多厄) 등의 가지가지의 명목은 단지 생년납음이 소속된 금목수화토에 월지 한 글자를 억지로 배합하는 것으로 곧 어떤 살이라도 황당무계하여 조리가 없고 더욱이 깊이 분별하여 쓸 바가 없는 것이다.」

5) 원수산(袁樹珊)

「신랑은 신부를 택함에 부·자 두 성을 귀하게 여기고, 신부는 신랑을 택함에 중화의 기운을 중하게 여긴다는 이 두 마디는 합혼의 요법이다. 그러나 부성을 보아도 정관과 칠살이 섞여 있어서는 안 되고, 자성을 보아도 식신과 상관이 섞여 있어서는 안 되니 만약 관이 있고 살은 없거나 살은 있고 관이 없어 일주가 평정된 자는 진실로 관살을 부성으로 삼음이고, 관살이 성하여 일주는 쇠약해진 자는 마땅히 식상을 부성으로 삼을 것이며, 관살이 결여되었거나 혹은 관살이 쇠약하여 일주가 성한 자는 마땅히 재성으로 부성을 삼아야 한다.

만약 식신과 상관이 약하지 않고 일주도 기운이 있는 자는 진실로 식상을 자식으로 삼으나 식상이 성하여 일주가 쇠약한 자는 마땅히 효인(梟印)으로 자성을 삼아야 하고, 식상이 결여되었거나 혹은 식상이 쇠약한 자는 마땅히 비겁을 자성으로 삼아야 한다. 참오착종(參伍錯綜)하여 보면 그 법은 하나가 아니니 어찌 상관을 보았다하여 남편을 방해한다라고 할 수 있을 것이며 또한 어찌 효인을 보았다고 자식을 극한다라고 할 수 있겠는가?

중화의 기운에 이르러서는 더욱이 어려운 것이 변별함인데 능히 변별한다는 것은 그 뜻이 아주 좁으므로 선택하는 것이 자못 어렵지만 반드시 명운을 총체적으로 본다면 유감이 없을 것이다. 만약 팔자를 볼 때 오행에 결함이 없고 재관인식의 기세가 평균하면 중화의 기운을 얻었다고 말할 수 있으나 내가 두려워하는 것은 수명이 비록 높더라도 평순함을 잃음을 면치 못하면 결단코 칭찬하기 어려우니 이러한 명조를 묻는다면 지아비를 택함에 어찌 취하라 할 수 있겠는가!

대저 일주가 쇠약한 자는 미치지 못하는 것이고, 일주가 왕성한 자는 지나친 것이니 모두 중화의 기운을 잃은 것이리라! 그러나 일주가 쇠약하더라도 비겁이나 인수의 대운을 얻은 자는 미치지 못하는 것으로 논하지 않으니 마땅히 중화의 기운을 얻었다고 말할 수 있을 것이다.

사람의 명운은 대부분이 이러한 종류이니 그 (명조가) 청순한 사람은 부귀장수하고, 그 두 번째는 역시 명리(名利)가 겸하여 넉넉하며, 그 세 번째도 역시 가정이 편안할 것이다. 지아비를 택함에 이러한 명조를 얻으면 어찌 큰복이 없겠는가! 비견과 겁재가 중한 남명에 이르러서는 상관과 식신이 중한 여명과 짝지어주어야 하고, 상관과 식신이 중한 여명은 비견과 겁재가 중한 남명과 짝지어주어야 하는 것은 이치에 부합함이 같으나 오행을 살펴보면 매번 많은 것이 부딪치니 남명과 여명의 오행이 같지 않아 그증감을 곰곰이 살펴 따져야하는 것으로 이러한 결정만을 따르면 어긋나게 되는 것이다.

가령 목이 왕성하여 금이 마땅한 남명은 강금으로 보조해줄 수 있는 여명을 얻으면 더욱 아름다울 것이고, 토가 많아 금을 생해주는 여자를 얻어도 역시 아름다울 것이며, 화가 많은 여자를 얻는 것은 비교적 차선이고, 수가 많아 목을 생해주는 여자를 얻는 것은 취할 바가 없으리라!

또한 가령 금이 강하여 화를 기뻐하는 여명은 강한 화로서 보조해줄 수 있는 남명을 얻으면 아주 아름다울 것이고, 목이 많아 화를 생조해줄 수 있는 남명을 만나도 역시 아름다울 것이며, 수가 많은 남명은 비교적 차선이고, 금토가 많은 남명은 취할 바가 없으리라! 나머지도 이와 같다. 만약 삼원구궁(三元九宫)으로 따져 상중하혼을 보거나 골수파·철소추 등의 제반되어지는 악살로 설명하는 것은 이치와 뜻이 털끝도 없는 것이니 만 가지도 믿을 만하지 않다.」

6) 이숙환(李叔還)

「신랑이 부인을 선택함에 부와 자 두 성을 보는 것을 귀하게 여기고 신부는 남편을 선택함에 중화의 기운을 얻는 것을 귀하게 여긴다. 이 두 마디는 진실로 배우자를 선택하는 중요 법칙이다. 그러나 명리에서 중요한 것은 생조극설(生助克泄)의 이치에 있는데 여명의 부성을 보는 것이 어찌 반드시 정관 · 칠살이어야 하고, 자성을 보는 것이 어찌 반드시 상관 · 식신이어야 하는가? 만약 팔자가 화평할 경우 유관무살이나 혹은 유살무관이면 자연히 관살이 부성이 되지만 혹 일주가 약한데 국중에 관살이 왕성한 경우는 관살이 병신이 되니 즉 또한 마땅히 상관 · 식신으로 부성을 삼아야 한다. 만약 일주가 강왕한데 국중에 관살이 쇠약한 경우나 혹 관살이 결여되어 있을 경우를 말한다. 그러나 마땅히 재로서 부성을 삼아야 한다.

만약 일주가 건왕하고 주중에 상관 · 식신이 유기하면 자연히 식상으로 자성을 삼지만 만약 일주가 약한데 국중에 식상이 중한 경우에는 이 식상이 병신이므로 즉 마땅히 편인으로 자성을 삼아야 한다. 혹시 일주가 쇠한데 국중에 식상 또한 쇠하거나 혹 식상이 결여되어 있는 경우는 바로 또한 마땅히 비겁으로 자성을 삼아야 한다.

또한 구서에 이르기를 여명에서 상관을 보면 남편을 방해하게 되고, 식신을 보면 자식을 방해하게 된다는 설은 더욱이 구속받아서는 안 된다. 남명에서 처궁을 보는데 어찌 반드시 재성이어야 하고, 자식을 보는데 어찌 반드시 관살이어야 하는가? 만약 일주가 중화되고 주중에 비겁이 적으며 재성이 유기하면 진실로 재성을 처로 삼을 수 있지만 만약 일주가 강한데 주중에 비겁이 중하고 재성이 쇠하거나 혹은 재성이 결여된 경우에는 바로 또한 마땅히 식상으로 생재하는 신을 삼아야 한다.

만약 일주가 쇠한데 주중에 비겁이 없고 재성이 왕하여 그 기세가 재다신약을 이루면 또한 인성으로 일원을 돕는 신을 삼는다. 만약 일주가 강한데 주중에 인성이 있고 비겁도 있으면서도 관살이 득력하면 자연히 관살로서 자식을 삼지만 만약 일주가 약한데 주중에 인비가 적고 관살이 왕하여 그 기세가 신경관살중한 것을 이루면 또한 마땅히 식상으로 자성을 삼는다. 무릇 이러한 착종하여 참구(參究)하는 방법은 한 가지가 아니니 어찌 재성을 처로 삼고 관살을 자식으로 삼는 방법을 고집할 수 있겠는가? 또한 상관을 보면 아내를 손상하고, 식신을 보면 자식을 손상한다는 학설은 어떠한가?

오직 구서에 있기를 일지를 처로 삼고 시를 자식으로 삼는 학설은 매우 합리적일 뿐이다. 길신이 일지에 거하면 처가 해로하고 어질지만 흉신이 일지에 거하면 처를 마땅히 일찍 잃거나 혹은 화목하지 않게 된다. 가령 길신이 시에 거하면 자식이 번성하고 조력을 받으나 흉신이 시에 거하면 자식이 별 볼일 없거나 불효한다. 시험해보면 또한 증험될 것이다. 그러나 이것은 겨우 하나의 명조로서 말한 것이다. 만약 남명의 처궁이 길함에 좌하거나 재성이 득세하면 진실로 아내의 조력을 얻고 또한 해로할 수 있다.

하지만 혹 여명의 부성에 대한 배합의 기세가 흉하거나 또는 주로 극부하는 명조일 경우, 또한 만약 여명에서 부성의 기세가 아름다우면 주로 해로하지만 남명의 처궁이 흉함에 좌하거나 또는 주로 극처의 명조일 경우에는 모두 길흉이 상반되니 영향이 같지 않을 것인데 어찌 명리가 맞지 않는다고 원망하지 않을 수 없겠는가? 그러므로 이러한 종류의 배합으로 인하여 스스로 남명은 마땅히 부성이 아름다운 부명(婦命)을 택하고, 여명은 반드시 처궁이 아름다운 부명(夫命)을 택한다는 설을 고집하지 않을 수 없다.

더욱이 마땅치 않은 것은 식상이 중한 것은 비겁이 많은 것과 배합하고, 비겁이 많은 것은 식상이 중한 것과 배합한다는 이치의 우매함이다. 혹시 이러한 명조에서 식상이 화인데 상대의 명조에서도 역시 비겁이 화일 경우 어찌 맹렬하게 되어 서로 지지고 볶게 되지 않는다고 할 수 있겠는가? 이것은 마땅히 개인 명국의 오행생극제화의 이치를 취하여 조절함이 마땅하니 바야흐로 현대과학과 명리의 원칙에 부합한다 할 수 있겠다. 만약 목이 왕성하고 금이 적어 금토를 기뻐하는 남명이 있다면 금토가 왕성한 여명과 짝지어주어야 하고, 만약 토가 왕성하고 수가 적어 금수를 기뻐하는 여명은 금수가 왕성한 남명과 짝지어준다면 상호가 융통하고, 조절되어 반드시 부처의 화합이 아름답고 부귀길수하리라!

혹시 금이 약하고 화가 많아 금수를 기뻐하는 남명을 화가 왕성하고 금이 적은 여명과 짝지어주거나 또는 토가 약하고 목이 강하여 금토를 기뻐하는 여명을 목이 왕성하고 토가 미약한 남명과 짝지어주면 조절의 공이 없어 흉을 돕게 되므로 우환이 되고 반드시 가정에도 변고가 많을 뿐만 아니라 순탄치 못하고 곤궁할 것이다. 일찍이 보건대 아내를 극하는 것에 해당되는 명조도 뜻밖에 해로하거나 자식을 극하는 명조라도 자식이 성공하는 것은 그 배우자의 명조를 조사해보면 그 남자와 여자의 명조에서 오행이 조절되어 마땅함을 얻어 고쳐지므로 흉함이 도리어 길함으로 변하는 것이다.

또한 지아비를 극하는 명조에 해당하거나 아내를 극하는 명조에 해당하는 사람도 서로가 극제하면 마침내 극하지 않게 되는 것이다. 그리고 마땅히 자식이 많은 명조라도 뜻밖에 많이 낳고 많이 죽는 경우는 배우자의 명조에 의함이니 자식을 극하는 것이 극렬하기 때문이다. 이와 같은 것뿐만 아니라 오히려 남명에서 마땅히 흥하는 운에 도달하여도 흥하지 못하고, 마땅히 운이 발달하는 운에서도 발달하지 못하는 것은 그 배우자의 명조에 기인한 것으로 까닭에 배우자와 운명의 관계는 대단히 크니 어찌 소홀히 할 수 있겠는가?」

「명조가 비록 같으나 천시와 지리 혹은 인사가 같지 않은 즉 그 명운에 차이가 있는 것이다. 천시라는 것은 천문과 기후이고, 지리(地利)라는 것은 지리와 환경이며, 인사라는 것은 세덕과 인과이다. 대개 무릇 명국에 화가 많아 수를 기뻐할 경우 겨울에 태어난 사람이나 혹은 가을에 태어나 월령을 얻어 금이 많은 사람이나 혹은 비록 여름에 태어났을지라도 출생시점에 하늘에서 큰비가 내린 사람은 모두 천시의 가지런함을 얻은 것이니 능히 부귀길수할 것이다. 만약 겨울에 태어나지 않았거나 찌는 듯한 여름에 태어난 사람이나 혹은 봄에 태어나 월령을 얻어 목이 많은 사람이나 혹은 비록 겨울에 태어났을지라도 사오시에 태어난 사람이나 혹은 가뭄이 극심한 시점에 태어난 사람은 모두 천시를 배반한 것이니 빈천곤고할 것이다.

가령 명국에 화가 왕하고 수가 결여되었지만 북방에서 태어난 사람이나 혹은 비록 남방에서 태어났지만 강이나 바닷가에서 태어난 사람이나 혹은 섬이나 배 안에서 태어난 사람은 지리(地利)가 마땅하니 역시 부귀길수할 것이다. 혹 북쪽에서 태어나지 못하고 남쪽에서 태어난 사람이나 비록 북쪽에서 태어났지만 산림이나 사막에 거주하는 사람이나 금속 제련이나 도자기 가마에 거주하는 사람은 모두 지리를 배반하였으므로 노고빈천할 것이다.

만약 팔자의 뿌리가 가벼워 국이 어그러져 종화(從化)가 이루어지지 않거나 신왕한데 의지할 바가 없거나 육신의 기운이 없는 것은 책에서 이르기를 "가난하지 않으면 요절한다."는 명조이니 부귀한 집안에서 태어나면 요절하고, 빈천한 집안에서 태어나면 명은 이어가니 이는 대개 명이 박하여 복이 허무한 명조로서 요절하지 않으면 일생이 빈천곤고할 것이다. 그러므로 천시와 지리를 제외하고도 모름지기 출생한 집안을 보아야 하는 것이다.
또한 어떤 사람의 인과로서 그 명운에 영향을 주는 경우, 예를 들면 어떤 사람이 일찍이 운이 좋을 때 인과를 믿지 않고 명이 있음을 알지 못하여 재능과 식견이 타인을 뛰어넘음을 스스로 자랑하였는데 그 힘이 능히 명을 업신여기고 마음 내키는 대로 나쁜 짓을 하여 의롭지 못한 행동이 많았는데 당시 명운에 통달하였다 하여 반성함이 없었다.
운이 역행하기에 이르자 악과를 스스로 받음에 사면초가에 이르렀고 평탄치 않은 일이 자주 있다가 드디어 존재할 수 없게 되었으니 만약 그와 같은 명조의 사람이 있었을 경우 일찍이 명을 알고 좋은 운일 때에도 좋은 인과를 널리 베풀면 좋지 않은 운에서는 비록 어려움을 겪게 되나 역시 선과를 받게 되니 부정적인 것이 변하여 상서로움을 이루고 전쟁 등의 참화를 당해 가족이 흩어져 떠돎에 이르지 않을 것이다. 그 결과를 서로 비교해보면 큰 차이가 있으니 대개 천도는 반드시 돌아오는 것으로 인과의 확실한 이치가 조금도 착오가 없으니 인사를 관통하여 신중하지 않을 수 있겠는가」

7) 기효람(紀曉嵐)

열미초당필기(閱微草堂筆記)에서 말하기를「사람의 간지에 따라 그 운명을 알아맞히는 경우 맞아떨어지는 경우도 있지만 전혀 맞아떨어지지 않는 경우도 있다. 경우에 따라서 반 정도는 효과가 있지만 반 정도는 효과가 없다. 내가 일찍이 보고들은 것에 따르면 사람의 팔자간지로 그 빈부귀천을 따지는 것이 가장 정확하다. 그것은 약간의 차이만 있을 뿐 대체로 위에서 이야기한 경우와 비슷하다.
무석(無錫)사람 추소산(鄒小山)의 부인(타인의 아내를 높여 부르는 말)과 안주(安州)사람 진밀산(陳密山)의 부인은 생년월일시의 간지가 똑같다. 추소산은 예부시랑(禮部侍郎)이 되었고, 진밀산은 귀주(貴州)의 포정사(布政使)가 되었으니, 모두 이품의 벼슬이다. 벼슬자리로 따지면 포정사가 예부시랑을 따라갈 수 없지만, 봉급으로 따지면 예부시랑이 포정사를 따라갈 수 없다. 이렇게 따지면 두 집안은 거의 차이가 없다고 할 수 있다. (다시 두 부인의 경우만을 따지면) 두 부인은 모두 천수를 누렸다. 진부인이 약간 일찍 죽었지만, 그녀는 만년이 되도록 건강하고 안락하게 살았다. 반면 추부인 부부는 백발이 되도록 서로를 공경하며 해로하였다.

그러나 만년에 아들을 잃는 아픔을 겪었고 가세도 날로 쇠하였다. 이를 볼 때 출생지가 남북으로 달라 일어난 일일뿐, 시는 이미 정해져 있는 것이 아닌가? 나의 여섯째 조카와 노복의 아들 유운붕(劉雲鵬)은 담 하나 사이로 태어났다. 이들은 창 하나를 사이에 두고 서로 마주보면서 동시에 울음을 터뜨리며 태어났다. 이들은 시각뿐만 아니라 일분일초의 차이도 없었다.

그러나 조카는 열 여섯 살 때 죽은 반면, 유운붕은 지금까지도 살아 있다. 이 어찌 인생의 녹봉과 목숨이 미리 정해져 있다고 하지 않을 수 있겠는가! 조카는 부유한 집안에서 태어나 응석받이로 자라다가 열여섯에 일찍 생을 마쳤다. 그러나 유운붕은 가난한 노비의 집에서 태어나 변변치 않은 음식을 먹고 자랐고, 녹은 많지 않았다. 차고 이지러지고 자라고 사라지는 영허소식(盈虛消息) 이치가 이와 같다. 천명을 아는 사람이 더욱 더 상세하게 해석해주길 바란다.」

8) 추등총화(秋燈叢話)

「강희(康熙) 신유년(辛酉年) 주사(冑司)가 가족을 이끌고 도읍으로 들어오는데 배가 항구에 정박하고 있을 때 아이가 태어났다. 집안 사람들은 해안가를 왕래하다가 철공을 하는 집에서도 한 아이가 태어났다는 것을 들었다. 그 출생 시간을 물으니 서로가 같았다. 돌아가서 주사에게 고하니 "철애(鐵厓)"라고 이름하였다. 20여 년 후 문정공(文靖公) 주사는 이미 청금(淸禁)의 관직에 올랐는데 남쪽으로 가려고 다시 옛 땅을 지나가다 옛 일을 살펴보려 친히 옛날 철공소를 방문하니 한 소년이 도끼를 다룸에 열심이었다. 물어보니 신유 모일생이었다.

공은 돌아가서 잠을 이루지 못하고 생각한 끝에 드디어 깨달아 다른 사람에게 말하기를 "이 사주는 화만이 지나치게 성한데 애석하게도 수의 극제가 적다. 다행이 배 안에서 태어났으므로 수기를 얻어 그 모자란 점을 보충할 수 있지만 만약 쇠붙이를 녹여 물건을 만드는 곳에서 태어났다면 화로써 화를 다스려야 하기 때문에 전연 조절됨이 소용없었을 것이리라!」

9) 경심재수필(耕心齋隨筆)

「어제 담조암 선생과 업명의 이치를 말하였는데, 선생은 성명(星命)의 이치가 뜻밖에도 난해한 것으로 생각하고, 막막하나 기묘하게 적중한다고 말하였다. 내가 물어 말하였다. 듣기를 문근공은 하나의 명비(命批)[50]가 있다는데 다 징험한 것이 있습니까? 선생이 말하였다. 그렇습니다. 먼저 문근공이 겨우 3세에 선왕인 아버지가 바야흐로 외지의 글방에서 공부하는데, 1년 녹봉이 겨우 십여천(十餘千)만 들어올 뿐이었다. 마침 성명을 잘하는 친구가 있어서, 문근공을 위해 일명을 비평해주기를 부탁하였다. 이 종이는 지금 오히려 보존되어 있으나, 떨어진 시간이 비평할 때와 이미 백년이 되었다! 그 말은 모년에 진학할 것이고, 거인을 뽑는 시험에 합격할 것이고, 진사를 뽑는 시험에 합격할 것이라고 하였는데, 모두 징험하였다.

오직 한림학사를 점지(點指)한 것만 비평이 지현(知縣)[51]을 얻었는데, 이것이 잘못이다. 그러나 똑같은 7품이다.

그 후 모년은 응당 절강성에 있어야 하고, 모년은 응당 협서성에 있어야 한다는 것도 또한 기묘하게 징험하였다. 또한 68세에는 응당 벼슬을 그만두고 고향으로 돌아가야 할 것이라는 것도 또한 징험하였다. 72세에는 응당 수명이 끝날 것이라고 말하였다.

또한 비평에 말하였다. 만약 음덕이 있으면 마땅히 수명을 일기(一紀)[52]를 연장할 것입니다. 그 후 72세에 과연 큰 병에 걸려 거의 일어나지 못하였으나 금방 나았고, 과연 84세에 돌아가셨는데 또한 기묘하게 징험하였다. 이 때문에 인과서(因果書)에 기록된 음덕은 수명을 일기 연장한다는 학설은 믿을 수 있다는 것을 알았다. 옛날에 들은 바 진교언 선생이 말하기를 존인(아버지)이 우명중승(右銘中丞)에 고하여 말하였다. 풍후(馮煦)[53]는 응당 수명을 일기 연장한다. 73세에 마침 큰 병에 걸렸는데

---

50) 명운 비평.

51) 벼슬이름.

52) 12년이라는 설도 있고 60년이라는 설도 있는데, 여기에서는 12년을 가리킴.

과연 나왔다. 세상을 떠난 해와의 거리가 흡사 12년이었다. 나는 성명과 대수(代數)는 똑같은 일리(一理)라고 말한다. 저것(대수)은 부호 등의 글자로 수를 대신하나, 이것(성명)은 간지로 인사를 대신한다. 수는 10글자뿐이나 스스로 서로 승제(곱셈과 나눗셈)하여 끝없이 한없는 변수에 이른다.

인사는 원래 근본적으로 복잡한데, 또한 다시 스스로 서로 수를 곱하여 끝없이 한없는 변상(變相)을 이룬다. 또한 소극생멸(消極生滅)을 벗어나지 않고 화복과 길흉을 보여준다. 성가(星家)는 간지의 각 글자로 처재자관을 나누어 대신하고 또한 한 가지 일을 각각 대신한다. 오행이 서로 생극하는 이치가 되고, 영욕 성쇠 사생 화복의 수를 얻는다. 내지는 지방의 분야도 또한 간지 분배 중 가운데에 있다. 이를 따라 구하면 확실히 절도에 부합한다. 그러나 일자와 대수의 일을 연구함으로써, 만약 대수 일자가 일수의 명백과 확정을 대신하지 않는다면, 또한 인사의 생극 소극은 다시 변환(變幻)과 관련되고 또한 산명술에서 매우 먼 것이다.

그러므로 실수를 피하지 못할 때가 있다. 그러나 두뇌가 냉정한 성상가(星相家)에게 있어서는 마침내 10가운데 8~9는 추산할 수 있다. 대개 성학(星學)은 과학과 같기 때문이다. 무릇 그 방법으로 포산(布算)하는 것을 살펴보면 그 얻는 순서와 공식은 모두 똑같다. 나에게는 친구가 여러 명 있는데, 모두 이 도에 정통하고 기묘하게 적중한다고 말을 많이 한다. 모두 스스로 책을 열람하고 그 방법을 정통하였으나 스승을 따른 적은 아직 없다. 그 방법을 따름으로써 그 수를 얻을 수 있는 것이 과학이 아닌가! 나는 일찍이 업명설(業命說)을 편찬하였고 말하기를, 명정은 근거가 있고 심력이 명운을 개조한다는 것도 또한 근거가 있다.

그리고 원요범(袁了凡)이 조명설의 확절(確切)함과 정당(精當)함을 정립하였는데, 가령 조암 선생이 말한 음덕이 수명을 일기 연장한다고 말한 두 가지 일은, 예언이 다 징험한 경우이다. 고인의 필기가 말하는 바가 이와 같은 일로 분류하면 거짓말하는 것이 아님을 알 수 있다. 더욱이 원요범 선생의 명운을 개조한다는 학설을 믿을 수 있도록 증명한 것이다. 이로써 추론해보면, 사품이 변하여 일품이 되고 지현(知縣)이 변하여 학림학사가 되는 것은, 어찌 음덕이 명운을 개조하는 것임을 알지 못하였겠는가?

---

53) 은혜를 베품.

나는 처음에는 성명(星命)을 믿지 않았는데, 무릇 보통 사람이 성명을 의심하는 사람과 나는 다 똑같이 의심하였다. 뒤에 옛날에 선군의 팔자가 기묘하게 징험하고, 규락제군(奎樂制軍) 팔자가 기묘하게 징험하고, 기타 가지가지가 징험하는 것으로 증명함으로써, 비로소 그 진확(眞確)이 근거 있음을 알았다. 근래에 불학을 연구하는데, 업명은 자기가 지은 것에서 오는 것이니, 오직 본원이 있는 곳을 향해야 옳다는 것을 알았다. 명운은 개조될 수 있으니, 존심(存心)[54]과 제작(制作)[55]을 더욱 구차하게 해서는 안 된다는 것을 알았다.」

3. 추길피흉의 각종 방법

1) 방위와 명운의 관계

출생지점으로서 중앙을 삼는 것이니 이러한 중앙지점을 취하면 기타 방위가 정하여지는데 북반구에서는 동방은 목에 속하고, 서방은 금에 속하고, 북방은 수에 속하고, 남방은 화에 속하고, 출생지 주위 백리[56] 안은 토에 속한다(남반구는 반대가 된다). 팔자에 목화를 기뻐하고 금수를 꺼리는 자는 마땅히 동남이 크게 이롭고, 서북이 불리하다고 논해야 하니 일생의 사업도 출생지의 동남 방향을 향해 구하면 이익이 있을 것이나 서북방을 구하면 비록 좋은 운을 만난다 하더라도 역시 발전하기 쉽지 않을 것이고, 무너지는 운을 만나면 수습하기가 불가능할 것이다.
팔자에 금수를 기뻐하고 화토를 꺼리는 자는 마땅히 서북이 크게 이롭고, 중남이 불리하다고 논해야 하는데 이러한 종류의 사람은 고향에서 발달하기가 대단히 어렵고 출생지에서 남방을 향해 구하면 명리(名利)가 더욱 어렵게 되지만 출생지에서 서북을 향해 구하면 발전하게 되고, 좋은 운을 만나면 금상첨화이며, 무너지는 운을 만나도 역시 가지가 꺾이고 입이 떨어지는 정도에 불과할 따름이다.

---

54) 마음 두는 것.

55) 업을 짓는 것.

56) 사방 백리의 땅. 한 고을을 가리켜 말함.

수목을 기뻐하고, 토금을 꺼리는 자는 마땅히 동북이 크게 이롭고, 중서가 불리하다고 논한다.
토금을 기뻐하고, 목화를 꺼리는 자는 마땅히 중서가 크게 이롭고, 동남이 불리하다고 논한다.
화토를 기뻐하고, 수목을 꺼리는 자는 마땅히 중남이 크게 이롭고, 동북이 불리하다고 논한다.

통상 팔자는 오행의 관계로 논하는데 용신이 있고, 희신이 있고, 기신이 있고, 구신(仇神)이 있고, 한신(閒神)이 있다. 용신을 보조하는 것이 희신이므로 희용을 합쳐서 통칭 '희'라 하고, 기신을 생조하는 것은 구신이므로 기구(忌仇)를 합쳐서 통칭 '기(忌)'라 한다. 오행에서 희신, 용신, 기신, 구신을 제외한 나머지 일행(一行)을 한신이라고 칭한다.
목을 용신으로 삼을 경우 목을 생하는 수는 희신이 되고, 용신을 극제하는 금은 기신이 되며, 기신을 생조하는 토는 구신이 되는바 남게 되는 화가 한신인 것이다.
인명(人命)이 한신이 주체가 되는 방위에 거주할 경우 그 인명에 대한 영향은 팔자에 용신이 있고 희신은 없어 마땅히 꺼리는 방향을 논하는 것을 제외한 나머지는 큰 영향이 없으니 겨우 모름지기 그 설기로 인하여 용신이 약해졌는지 아닌지를 주의해야 할 따름이다.

2) 지리환경과 명운의 관계

인생의 공간환경은 지리환경과 사회환경이 있다. 전자는 자연 관계에 속하고, 후자는 인사 관계에 속한다.
지리환경으로 말하면 전술한 방위를 제외하고는 오히려 나무에 가까운지, 물에 의지하는지, 흙에 붙어 있는지, 불과 이웃하는지, 금에 의지하는지, 추운지, 습한지, 건조한지, 뜨거운지 그밖에 또 대륙성인지 해양성인지 등과 같이 기상이 다름을 말하는 것이다.
출생의 정형으로 말하면 가령 팔자에서 수를 기뻐할 때 배나 물가에서, 혹은 비가 올 때 태어났을 경우 명운은 반드시 비교적 원국보다 아름답게 정해지는 바가 있을 것이고, 담장 주변이나 혹은 땅 위에서 태어났을 경우 명운은 반드시 비교적 원국보다 떨어져 정해지는 바가 있을 것이다.
출생 이후의 경우로 말하면 무릇 팔자에서 금수를 기뻐하는 자는 비교적 음습한 지대나 해양성의 구역에서 사는 것이 좋고, 비교적 조열한 지대나 대륙성의 구역에서 사는 것은 좋지 않다.
원국의 희용을 돕게 되는 것이 적합하게 될 경우에는 마땅히 길함이 증가하고, 흉함은 감소하는 것으로 논해야 하나 원국의 희용을 극제하거나 도설하는 것이 적합하게 될 경우에는 마땅히 길함은 감소하고, 흉함은 증가하는 것으로 논해야 한다.

3) 음식 약물과 명운의 관계

음식은 사람이 가르치거나 배우지 않아도 본능적인 것으로 생존을 위하여 없어서는 안 될 조건이다. 화염토조(火炎土燥)한 명이 꺼리는 것은 즉 열이 많은 당류(糖類)와 개고기 등이니 조열함을 더욱 심하게 하여 상부는 왕성하고 하부는 허약한 체질로 만든다.
금한수냉한 명에서 꺼리는 것은 즉 성질이 찬 음식물이니 많이 먹으면 음습을 더욱 심하게 하여 상부는 왕성하고 하부는 허약한 체질로 만들고 짠 음식물을 많이 먹으면 염기는 수로 변하기 때문에 안 된다.
이와는 반대로 팔자가 지나치게 조열하면 오히려 찬 성질의 음식을 꺼리고 또한 지나치게 음습하면 열이 많은 식품을 꺼린다. 그 원인을 연구해보면 사람의 명은 작은 천지와 같기 때문에 수화가 서로 구제되어야 지나치거나 부족함으로 인한 폐단이 없다. 그렇지 않으면 너무 건조하거나 습하여 생리적으로 편치 않고 심리적으로도 긴장하고 초조하거나 우울하고 즐겁지 않게 된다.
명을 논하는 자는 의사의 신분을 겸하지 않은 이상 위법이 되고 법률상 책임이 따르기 때문에 당연히 약을 처방해줄 수 없다. 그러나 순수한 명리에 따르는 음식물의 선택을 지도하고 주의를 주는 것은 위법적 행위가 아니다.
「간으로 간을 보하고, 심장으로 심을 보하는 것이다.」
전체적으로 명리학에서 강구하는 음식물이나 의약적인 문제는 모두가 일종의 예방작용이다. 후천적인 방법으로 선천적인 결함을 구제하고자 하는 것으로서 생리적이나 심리적으로 좋은 방향으로 가는 길이다.

4) 세덕인과(世德因果)와 명운의 관계

불교에서 말하는 숙명은 삼세인과설(三世因果說)과 배합된 것으로 '과거세'에서 선인(善因)을 가꾼 사람은 '현재세'에서 반드시 선과(善果)를 받고, '현재세'에서 선인을 가꾼 사람은 '미래세'에서 반드시 선과를 받는 반면, '과거세'에서 악인을 뿌린 사람은 '현재세'에서 반드시 악과를 받고, '현재세'에서 악인을 뿌린 사람은 '미래세'에서 반드시 악과를 받는다고 여기는 것으로 이러한 것을 소위 '삼세인과보응률(三世因果報應律)'[57]이라 한다. 그 함의를 생각해보면 진실로 명정(命定)의 의미가 있으므로 종과득과(種瓜得瓜)나 종두득두(種豆得豆)가 되나 인류의 지혜는 총명하여 오히려 자연의 모습을 바꾸는 것이 가능하니 명이 비록 정해져 있다 해도 확실하게 정하여져 있는 것은 아니므로 단지 중요한 것은 마음을 지켜 선을 향하고 복의 밭에 선함의 씨앗을 뿌리면 화환도 면할 수 있을 것이고, 아울러 삼세보응으로 제한되어지지 않을 것이다.

명리학은 비록 종교의 범주는 아니나 '삼세인과보응률'을 그 시간의 한계로서 축소한 것이고, 현재세를 보기에도 인과의 관계가 되니 "인생의 전반부에 선인을 뿌렸다면 후반부에는 선과를 얻고, 전반부에 악인을 뿌렸다면 후반부에는 악과를 얻는다."라고 설명할 수 있으며, 또한 "어제 선인을 뿌렸다면 지금부터는 선과를 얻고, 오늘 선인을 뿌렸다면 이후에는 선과를 얻게 된다."라고 설명할 수 있으니 인류가 금수와 다른 까닭은 자연을 이용하고, 자연을 통제하는 것에 있으므로 선함으로 총명한 지혜를 스스로 운용하면 명은 비록 정해져 있다 하더라도 정해진 것이 아닌 게 되니 일반인이 강조하는 '인정승천(人定勝天)'[58]은 아울러 빈말이 아니고, 유가에서 "선을 쌓는 집안은 반드시 경사가 남을 것이요, 선을 쌓지 않은 집안은 반드시 재앙이 남을 것이다"[59]라 하는 것은 이를 이르는 말일 것이다.

현대 범죄심리학에서 말하는 '이사회심리(異社會心理)'는 정상적인 사회와 비정상적인 사회가 마음속에 오랫동안 존재하는 것인데, 즉 나쁜 것을 보고 듣는 것이 익숙

57) 전생에 지은 선악에 따라 현재의 행과 불행이 있고, 현세에서의 선악의 결과에 따라 내세에서 행과 불행이 있는 일.

58) 사람은 하늘을 이길 수 있다는 의미로 선천적으로 태어난 사람의 명도 후천적인 노력에 의해서 바꿀 수 있다는 것으로 해석된다.

59) 『주역』 「문언전」 積善之家必有餘慶 積不善之家必有餘殃.

해지고 오래되면 일종의 부적합한 것도 사회적 생활관습이 된다. 그러나 일단 정상 사회에 진입하면 적응을 하지 못하고 자칫하면 죄를 범한다.

이 외에 유전학 상에서도 또한 인류의 지혜가 총명하거나 어리석고 품행이 나쁘거나 하는 것은 모두 후대 자손에게 영향을 미칠 수 있다고 설명한다. 따라서 종교나 철학을 논하지 않고 도덕과 여러 방면으로 보아도 세덕은 인간의 길흉화복에 영향을 주는 것으로 비록 쇠약하고 늙고 병들어 죽는 것은 피할 방법이 없으나 선함의 종자를 복의 밭에 뿌린 자가 재앙과 고통이 줄어드는 것은 고정된 사실이다.

조상이 덕을 쌓으면 자기가 음덕[60]을 받고 자기가 덕을 쌓으면 지금 이후의 생활이 바뀌고 겸하여 후세 자손에게 음덕이 돌아간다. 그러므로 명을 논할 때 반드시 세덕을 자세히 겸해야 명격의 고저가 분명해지고 그와 함께 권선[61]이 된다.

5) 의복 가실(家室) 배치의 안색(顔色)과 명운의 관계

오행 중 목은 청색에 속하고, 화는 홍색에 속하고 토는 황색에 속하고, 금은 백색에 속하고, 수는 흑색에 속한다.

명국에서 목을 꺼리는 자는 마땅히 청색 의복을 입는 것을 피해야 한다.

명국에서 화를 꺼리는 자는 마땅히 홍색 의복을 입는 것을 피해야 한다.

명국에서 토를 꺼리는 자는 마땅히 황색 의복을 입는 것을 피해야 한다.

명국에서 금을 꺼리는 자는 마땅히 백색 의복을 입는 것을 피해야 한다.

명국에서 수를 꺼리는 자는 마땅히 흑색 의복을 입는 것을 피해야 한다.

명국에서 목을 기뻐하는 자는 청색 의복을 입어야 한다.

명국에서 화를 기뻐하는 자는 홍색 의복을 입어야 한다.

명국에서 토를 기뻐하는 자는 황색 의복을 입어야 한다.

명국에서 금을 기뻐하는 자는 백색 의복을 입어야 한다.

명국에서 수를 기뻐하는 자는 흑색 의복을 입어야 한다.

---

60) ① 조상의 덕. ② 의지할 만한 대상의 보호나 혜택.

61) ① 착한 일을 하도록 권장함. ② [불교] 절을 짓거나 불사를 위하여 신자들에게 보시(布施)를 청함.

명국에서 목화를 기뻐하고, 금수를 꺼리면 청색과 홍색 혹은 청홍 혼합색의 의복을 입어야 하고, 마땅히 백색과 흑색 혹은 흑백 혼합의 의복은 피해야 한다.
가옥이나 사무실은 사람들이 일상적으로 거주하므로 비교적 장구(長久)한 처소인데 그 배치의 안색(顏色) 역시 사람의 명운 및 정서에 영향을 준다. 고로 가옥과 사무실에 바르는 것이나 가구의 도색을 명리적으로 말하면 모두 마땅히 명국에서 기뻐하는 배치로 배합함이 마땅하다.

6) 가택방위와 명운의 관계

명국에서 목화를 기뻐하는 자는 마땅히 서북에 좌坐하고, 동남으로 향한 가옥에 거주해야 하는데 평상시 서북향의 창문은 항상 열려 있는 것이 마땅치 않고, 동남향의 창문은 항상 열려 있어야 한다.
명국에서 금수를 기뻐하는 자는 마땅히 동남에 좌하고 서북으로 향한 가옥에 거주해야 하는데 평상시 동남향의 창문은 항상 열려 있는 것이 마땅치 않고, 서북향의 창문은 항상 열려 있어야 한다.
명국에 수목을 기뻐하는 자는 마땅히 서남에 좌하고 동북을 향한 가옥에 거주해야 하는데 평상시 서남향의 창문은 항상 열려 있는 것이 마땅치 않고, 동북을 향해 있는 창문은 항상 열려 있어야 한다.
명국에 화토를 기뻐하는 자는 마땅히 북향에 좌하고 남쪽을 향한 가옥에 거주해야 하는데 평상시 북향의 창문은 항상 열려 있는 것이 마땅치 않고, 남향의 창문은 항상 열려 있어야 한다.
명국에 토금을 기뻐하는 자는 마땅히 동쪽에 좌하고 서쪽을 향하거나 혹은 인좌신향(寅坐申向)이나 미좌축향(未坐丑向)의 가옥에 거주해야 하는데 그 창문의 의기(宜忌)는 역시 그 좌향(坐向)으로 정해진 바를 따라야 한다.
그러나 일반인이 거주하는 가옥은 조상의 유산을 계승한 것으로 그 방향은 이미 고정되어 있어 변화시켜 고치지 못하니 가령 내부에는 방이 아주 많고 방문 방향 역시 서로 같지 않은 즉 마땅히 그 유리한 방향의 방을 택하여 침실로 사용해야 한다.
만약 소유한 방의 방향이 모두 불리하고 대문 혹은 대문이나 창문 또한 불리하면 마땅히 "비록 있으나 늘 닫아두어야 한다."

빌려 쓰는 방은 선택의 기회가 있으니 유리한 방향을 택하는 것이 가장 좋고 거주함이 마땅하니 시에 말하기를 "지저귀는 꾀꼬리가 언덕 모퉁이에 머물렀네." 하였고, 이에 공자가 말하기를 "머무름에 있어 그 머무를 바를 아나니 가히 사람이면서 새만 같지 못할 수 있겠는가."라고 하였으니 거주지를 택함에 중요성을 이에서도 가히 볼 수 있다.

7) 직업 · 사업과 명운의 관계

명리학설에서의 직업 · 사업과 명운의 관계는 마땅히 명국희기의 오행속성 및 성정에 따라 선택하여야 한다.

중용에서 말하기를 "하늘이 명한 것을 성(性)이라 하고, 성에 따르는 것을 도(道)라 하며, 도를 닦는 것을 교(敎)라 한다."[62]라고 하였으므로 솔성(率性)[63]이 아주 중요한 것임을 알 수 있다.

명을 논하면 그 사람의 성격을 알 수 있고 그에 응하는 좋아하는 것을 취하고 선택하여 적당한 직업과 사업을 선택할 수 있다. 따라서 성취도는 일은 절반만 해도 공은 배로 나타나고 그와 함께 거둘 수 있는 것은 지능을 남용하여 나쁜 일을 하는 것을 방지한다.

일간이 강하고 상관으로 정화를 설기하는 자는 문학, 서화, 조각 등의 예술 사업이나 직업에 종사하면 마땅하고, 살인상생인 자는 군에 관계되는 일이나 외과의사가 마땅하고, 관인쌍청이나 재관상보를 쓰는 자는 정치나 법률이 마땅하고, 식상생재는 상업이나 금융 · 재정이 마땅하다.

고개자(孤介者)[64]는 관 · 공직이나 공상사업(工商事業)에 마땅치 않고, 의사 · 변호사 · 회계사 · 교사 등의 자유직업이 마땅하다. 강강자(剛强者)[65]는 군인이나 경찰 혹

---

62) 『중용』 天命之謂性 率性之謂道 修道之謂敎

63) ① 천도(天道)에 순응하고, 나아가 천도를 자유자재로 활용하는 것. 『중용』에서는 "천명지위성 솔성지위도 수도지위교(天命之謂性率性之謂道修道之謂敎)"라고 하여 솔성에 대해 말하고 있다. 솔성은 곧 천지의 명한 바에 순응하고 따르는 것을 의미한다.
② 원불교에서 솔성은 모든 사람에게 본래 갖추어진 일원상의 진리 곧 불성(본성)을 회복하여 그것을 일상생활 속에서 잘 활용해 가는 것이다. 일원상의 진리와 같이 원만구족하고 지공무사한 본래성품을 잘 사용하는 것.

64) 성격이 굳세고 세속인과 잘 어울리지 않는 자.

은 직업 운동선수가 마땅하고 성격이 나약한 자는 농업·공업·예술 등의 한 가지 기술을 길러야 한다.

맹목적인 직업 선택을 하면 뜻을 펴기도 어렵고 고개자는 중이 되고 강강자는 도살을 일삼거나 심하면 못된 건달이나 잡배로 빠지고 나약한 자는 노숙자나 종이 되거나 몸을 파는 여자가 된다.

명국에서 좋아하는 오행을 취하는 이론으로 보면 금수를 좋아하는 자는 금수에 관련되는 사업이나 직업이 마땅하므로 금속 기자재를 경영하거나 금융사업 혹은 제빙, 냉장, 어로, 항해 등에 종사해야 한다.

목화를 좋아하는 자는 목화에 관계되는 사업이나 직업에 종사해야 마땅하므로 목재, 석탄, 가구 등의 일에 종사해야 한다.

화토를 좋아하는 자는 화토에 관계되는 사업이나 직업에 종사해야 마땅하므로 벽돌, 기와 혹은 시멘트 제조 등의 일에 종사해야 한다.

토금을 좋아하는 자는 토금에 관계되는 사업이나 직업이 마땅하므로 금광, 동광, 철광 등의 일에 종사해야 한다.

위천리가 말하기를 사업에 관하여서는 상관상진·유살유인(有殺有刃)의 경우의 사업은 군사 장비가 마땅하고 식상생재·신재양정(身財兩停)인 경우는 무역이 마땅하다. 식신으로 수기(秀氣)를 토하고 혹은 문창(文昌)을 차고 있으면 문학이 마땅하다. 정관이 순수하거나 관인상생이면 정치가 마땅하다. 신왕에 재가 약하면 공사(工事)가 마땅하다.

비겁이 무리를 이루고 있으면 자유직업이나 맨손으로 이익을 차는 것이 마땅하다. 재관이 함께 있고 좋으면 재정이 마땅하다. 재관이 유력하고 일주가 튼튼하면 자립해도 되고 신왕한데 의지할 오행이 없거나 신약한데 도와주는 오행이 없으면 사람을 따르고 모시는 것이 마땅하고 사업을 하는 팔자에 합이 적거나 충이 적으면 오로지 한 가지 사업이 마땅하다. 충이 많거나 합이 많으면 직업의 변화가 많고 바쁘고 이루는 일이 없다.

오행 중에 수를 필요로 하고 역마가 있으면 유동사업이나 외근직무가 좋고 오행 중에 화나 금을 필요로 하면 공장 기계 등의 일이 좋고 오행 중에 목이나 토를 필요로

---

65) 성격이 다부지고 강직한 자.

하면 농업, 임업, 재배 등의 고정적인 실업이 좋다.
오행편고의 명은 하는 일에 풍파와 기복이 심하니 이 일로 이익을 얻어도 다른 일로 손해를 본다.
오행이 정균(停匀)[66]한 명은 대체로 사업이 평온하나 어디에서도 모두 그러하다.
팔자에 병이 중하고 약이 경하면 많은 일에 대부분을 자신이 찾아 움직여야 하는데 전력을 다해도 결과가 좋지 않고 팔자의 병약이 서로 가지런하면 일의 대부분이 저절로 생기고 별로 힘들이지 않고 이루어진다.

8) 혼인과 명운의 관계

공자가 말하기를 "식과 색은 인간의 본성이다." 하였고, 맹자가 말하기를 "음식과 남녀에는 인간의 큰 욕망이 있다." 하였는데 옛 성현이나 옛 현자들이 정한 예절은 남녀 간의 정상관계의 규범에 의함이므로 역시 일종의 '솔성'과 '수도'[67]의 공부를 벗어나지 않는다.

(1) 마땅히 양쪽 명조의 팔자오행 상호간에 이득이 됨을 구해야 한다.

남녀의 팔자 오행이 편고하면 대부분 극제와 생부로서 중화 또는 설화하여 유통되기를 바라는 것을 용으로 삼는데 두 명조가 합혼 시에는 아울러 그 희기가 일치하는 것을 구해서는 안 되고 마땅히 그 오행 상호간에 이익이 됨을 구해야 한다. 비유컨대 남자의 명조에 금수가 성하여 화로 금을 극함을 용으로 삼고, 목으로 수를 설기시켜 화를 생함을 기뻐할 경우에는 목화가 성하여 금수를 희용으로 삼는 여자의 명조를 택하여 처로 삼아야 하는바 이와 같은 오행이 서로 간에 이익이 되면 부처가 제미(濟美)[68] 되고, 서로 간에 이익을 얻음이 뚜렷하다.

(2) 마땅히 양쪽 명조 팔자의 희용의 간지가 서로 충극하여 구제됨이 없는 것은 피해야 한다.

---

66) 균형, 조화, 중화를 이룬 것을 말한다.

67) 번뇌의 속박을 벗어나고 수양을 쌓는 단계.

68) 아름다운 일을 이룬다는 뜻으로, 조상의 유업을 이어 이를 성취함을 비유적으로 이른 말.

(3) 남자가 부인을 택함에는 마땅히 지아비와 자식을 이롭게 하고 세운이 평탄한 사람을 골라야 하고, 여자가 지아비를 택함에는 마땅히 처와 자식을 이롭게 하고 세운이 평탄한 사람을 골라야 한다.

9) 성명과 명운의 관계

성명은 원래 씨족의 연원 및 호칭이 사용됨을 표시한 것으로 인간의 생활관계에서 종신토록 분리되지 않으므로 아주 중요하다.

성명과 운명의 관계는 그 영향력이 견고하나 글자에 기대고 획수에 기대는 것은 절대적인 영향력이 없는 것이니 대개 문자 조성으로 말하면 세계 각국의 문자는 다 같지 않음이고, 글자체로 말하면 중국과 외국의 문자는 모두 해서 · 초서 · 행서 · 간체자가 있어 자형과 자획이 이미 고정되어 있지 않으니 실재로는 공동 적용의 법칙을 찾는 것이 매우 어렵다.

인명에 대한 성명의 영향 또한 전술한 기거, 음식, 혼인 등의 정형과 함께 같은 후천환경의 일부분이니 그 영향력이 있다. 개인의 인명에 대한 성명의 영향은 첫째 성명의 성음(聲音)이고, 둘째 성명의 함의(涵意)이다.

10) 명국과 운도(運途)의 길흉에서 마땅히 가져야 하는 태도

명도 좋고 운도 좋으면 은혜를 베풀고 좋은 일을 하고 부지런하고 경거망동하지 않아야 한다. 깊은 물 가운데나 얇은 얼음 위에 서 있는 마음가짐을 해야 하고 결코 믿는 데가 있다고 해서 두려움을 몰라서는 안 된다. 그리고 터무니없이 이기심을 부리면 안 된다. 옛말에 「결점을 감싸주고 장점을 칭찬하면 천하가 좋아진다.」[69]는 말을 모름지기 두 번 세 번 되새겨야 한다.

명이 좋아도 운이 무너지면 뜻밖의 재난을 만나지 않지만 일이 뜻대로 되지 않으므로 인간의 냉정과 온정을 깊이 느끼는 때이므로 반드시 견뎌내야 한다. 마음을 단단하게 먹고 하늘을 원망하거나 모난 행동을 하지 말고 매사를 방어하고 지켜내고 여유 있게 행동하면 시간이 흐르면서 상황이 변한다. 즉 운이 변하는 해에 좋은 시기

---

69) 『한비자(韓非子)』「내저설(內儲說)」君子不蔽人之美 不言人之惡.

가 다시 온다. 혹은 다시 오지 않더라도 마음이 편하므로 서운한 것이 없다.

본명 자체가 무너진 자는 빈천하거나 요절하는 자가 많은데 어려서부터 상하거나 요절한 자를 제외하고는 역시 세운의 흐름에서 운이 좋을 때가 있고 운이 무너질 때가 있으므로 여러 상황으로 변한다. 본명이 무너진 자는 부귀를 구하기 어려우니 자신의 역량에 맞지 않게 터무니없이 욕심을 내면 욕심을 낼수록 손해가 난다.

본명이 무너지고 운이 좋은 경우는 근본이 튼튼하지 못하기 때문에 발전에 한계가 있다. 분수에 맞지 않게 하고 무리수를 두면 안 된다.

명이 무너지고 운까지 무너지면 도처에 괴로운 일만 있고 만사가 막히므로 모든 것에 대한 평정심을 갖고 참아야 한다. 매사를 접할 때 양보를 원칙으로 해야 하고 빈천할망정 군자의 도를 잃으면 안 된다. 구제할 방법이 결코 없다고 할 수 없지만 돌발적인 재난이 닥치면 속수무책이다.

참고문헌

1. 原典

『管子』(『百子全書』 卷3, 浙江人民出版社)

『白虎通德論』(『百子全書』 卷6, 浙江人民出版社)

『尙書』(『十三經』 上, 國際文化出版公司, 1995)

『孫子』(『百子全書』 卷2, 浙江人民出版社)

『呂氏春秋』(『百子全書』 卷5, 浙江人民出版社)

『禮記』(『十三經』 上, 國際文化出版公司, 1995)

『春秋左傳』(『十三經』 下, 國際文化出版公司, 1995)

2. 單行本

高懷民 著, 崇實大東洋哲學硏究室 譯, 『中國古代易學史』, 서울: 崇實大學校出版部, 1990.

郭沫若 著, 조성을 역, 『중국고대사상사』, 서울: 도서출판까치, 1991.

溝口雄三 외 2人 編著, 김석근 외 2인 옮김, 『中國思想文化事典』, 서울: 민족문화문고, 2003.

김관도 · 유청봉 엮음, 김수동 외 2인 옮김, 『중국문화의 시스템론적 해석』, 서울: 천지, 1994.

金忠烈, 『中國哲學史』, 서울: 예문서원, 1994.

김병훈 지음, 『율려와 동양사상』, 서울: 예문서원, 2004.

蕭吉著, 김수길 · 윤상철 공역, 『오행대의 상 · 하』, 서울: 대유학당, 2008.

梁啓超 外 6人 著, 김홍경 編譯, 『陰陽五行說의 연구』, 부산: 신지서원, 1993.

南基顯 解譯, 『春秋繁露』, 광주: 자유문고, 2005.

Deepak Chopra 지음, 이균형 옮김, 『사람은 왜 늙는가』, 서울: 한겨레출판(주), 2010.

만민영, 『삼명통회』, 대북: 무릉출판유한공사, 2010.

반고 著, 신정근 譯註, 『백호통의』, 서울: 소명출판, 2005.

馮寓 著, 김갑수 옮김, 『동양의 자연과 인간 이해』, 서울: 논형, 2008.

서락오 지음, 김학목 · 이진훈 · 김규승 · 오청식 역, 『자평수언 2』, 서울: 도서출판 어은, 2016.

徐復觀 著, 유일환 옮김, 『中國人性論史』, 서울: 을유문화사, 1995.

서울대학교 동양사학연구실, 『古代中國의 理解』 4, 서울: ㈜지식산업사, 1998.

成百曉 著, 『周易傳義 上 · 下』, 서울: 傳統文化硏究會, 2010.

孫鐵 著, 이화진 옮김, 『中國史散策』, 서울: 도서출판 일빛, 2011.

송영배 지음, 『중국사회사상사』, 서울: 사회평론, 1998.

申天浩 편저, 『음양五行의 槪念』, 서울: 명문당, 2009.

심효첨 지음, 김낙범 주, 『자평진전』, 서울: 문원북, 2020.

안건훈 지음, 『자유의지와 결정론』, 서울: 집문당, 2006.

왕충 지음, 이주행 옮김, 『論衡』, 서울: 소나무, 1996.

위천리 지음, 최기우 역, 『세운해법』, 의왕: 역학출판사, 2007.

유안 지음, 김성환 編譯, 『회남자』, 파주: (주)살림출판사, 2010.

유택화 지음, 노승현 옮김, 『중국고대 정치사상』, 서울: 예문서원, 1994.

육창수 외 4인 지음, 『음양오행설』, 서울: 도서출판 일신상사, 2008.

이성환 · 김기현 지음, 『주역의 과학과 道』, 서울: 정신세계사, 2009.

이세열 解譯, 『漢書藝文志』, 안양: 자유문고, 1995.

이은성 지음, 『曆法의 原理分析』, 서울: 정음사, 1985.

李澤厚 著, 정병석 옮김, 『중국고대사상사론』, 파주: 한길사, 2010.

林甘泉 외 2인 著, 최덕경 외 1인 譯, 『춘추전국사회의 성격논의』, 대구: 중문출판사, 1991.

任鐵樵 增註, 袁樹珊 撰輯, 芮光海 譯, 『滴天隨闡微(上 · 下)』, 서울: 도서출판 指南, 2008.

장종원 지음, 『동양문화와 현대인의 삶』, 고양: 서현사, 2020.

정해임 지음, 『율려와 주역』, 부산: 도서출판 소강, 2011.

James Lovelock 지음, 홍욱희 옮김, 『가이아 – 살아있는 생명체로서의 지구』, 서울: 도서출판 갈라파고스, 2014.

조셉 니담 저, 이석호 역, 『중국의 과학과 문명』2, 서울: 을유문화사, 1995.

조헌영(윤구병 주해), 『통속한의학 원론』, 서울: 학원사, 2008.

주희 지음, 김진근 옮김, 『易學啓蒙』, 파주: 청계출판사, 2008.

蔡元定 著, 李厚瑩 譯註, 『律呂新書』, 대전: 도서출판 問津, 2011.

Kitty Ferguson 지음, 이충호 옮김, 『스티븐 호킹』, 서울: 해나무, 2013.

토머스 S. 쿤 지음, 김명자 옮김, 『과학혁명의 구조』, 서울: 까치글방, 2013.

폴 테일러 지음, 김영진 옮김, 『윤리학의 기본원리』, 서울: 서광사, 2008.

顧文炳, 『음양新論』, 沈陽: 遼寧教育出版社, 1993.

鄺芷人, 『음양五行及其體系』, 臺北: 文津出版社, 1992.

宮哲兵, 『晩周辨證法史 研究』, 上海: 古籍出版社, 1986.

侯外廬 主編, 『中國思想通史』 1-2, 北京: 人民出版社, 1992.

萬民英, 『三命通會』, 臺北: 武陵出版有限公司, 2010.
伏古勒爾 著, 李珩 譯, 『天文學簡史』, 廣西: 廣西師範大學出版社, 2003.
謝松齡, 『天人象-음양五行學說史導論』, 山東: 山東文藝出版社, 1989.
徐復觀 著, 『中國人性論史』, 臺北: 臺灣商務印書館, 1969.
徐復觀先生紀念論文集編輯委員會, 『文史硏究論集』, 臺北: 學生書局, 1986.
王永詳 著, 『董仲舒評傳』, 南京: 南京大學出版社, 1995.
寥中, 『五行精紀』, 臺北: 武陵出版有限公司, 2009.
劉國忠, 『五行大義硏究』, 沈陽: 遼寧敎育出版社, 1999.
劉金財, 『正宗子平』, 臺北: 進元書局, 2008.
陸致極, 『中國命理學史論』, 上海:上海人民出版社, 2008.
殷南根 著, 『음양新論』, 沈陽: 遼寧敎育出版社, 1993.
李申, 『道敎本論』, 上海: 上海文化出版社, 2001.
李澤厚, 『中國古代思想史論』, 北京: 人民出版社, 1986.
張永堂 主編, 『術數藝文論叢』 四, 臺北: 新文豊出版公司, 2010.
朱伯崑, 『中國哲學史』 第一 · 二 · 三 · 四卷, 北京: 華夏出版社, 1995.
中國哲學史編 寫組, 『中國哲學史』 上 · 下, 北京: 人民出版社, 2012.
肖蓮부 · 李錦全 主編, 『中國哲學史』 上卷, 北京: 人民出版社, 1991.
韓昇 · 劉建英 共譯, 『九品官人法硏究』, 北京: 中華書局, 2008.
向晋衛, 『白虎通義思想的歷史硏究』, 北京: 人民出版社, 2007.
溝口雄三 外 2人 編著, 『中國思想文化事典』, 東京: 東京大學出版會, 2001.
宮崎市定, 『九品官人法硏究』, 東京: 岩波書店, 1992.
稻葉一郎 著, 『中國史學史の硏究』, 京都: 京都大學學術出版會, 2006.
尾形勇 著, 『中國古代の 家と 國家』, 東京: 岩波書店, 1979
中村璋八, 『五行大義の基礎的硏究』, 東京: 明德出版社, 1976.
________, 『五行大義校註』, 東京: 汲古書院, 1984.

3. 論文類

高明士, 「劉邦的斬蛇起義與李淵的絳白旗」, 『慶北史學』21, 경북사학회, 1998.
김 기, 「음양五行說의 朱子學的 適用樣相에 關한 硏究」, 성균관대 박사논문, 2012.
김상일, 「음양오행론과 러셀의 역설」, 『계간 과학사상』 28, 서울: 범양사, 1999.

金伸炯, 「『黃帝內經』의 天文 · 曆法에 關한 研究」, 경희대 박사논문, 2006.

김용옥, 「음양오행을 과학이랄 수 있는가?」, 『계간 과학사상』 봄 · 여름호, 1993.

김일권, 「고대 중국과 한국의 천문사상 연구」, 서울대 박사논문, 1999.

金在成, 「『滴天髓』疾病論의 命醫同源四象에 관한 研究」, 원광대 박사논문, 2011.

김학목, 「干支와 음양五行의 結合時代」, 『철학논집』 25, 한국중세철학회, 2011.

金翰奎, 「賈誼의 政治思想」,『歷史學報』 63, 三進印刷公社, 1974.

金亨運, 「『주역』의 天文曆法思想 研究」, 원광대 박사논문, 2003.

文載坤, 「음양五行論의 展開에 관한 研究」, 『철학연구』 14, 고려대학교 철학연구소, 1989.

朴東仁, 「董仲舒 儒術獨尊의 정치철학적 의미」, 고려대 박사논문, 2010.

朴王用, 「五行學說에 對한 研究」, 경희대 박사논문, 1997.

朴正潤, 「음양五行說의 성립과 그 理論的 배경」, 고려대 석사논문, 2001.

蘇光燮, 「五行의 數理物理學的 모형」, 『한방성인병학회지』 4, 과학사상연구회, 1994.

尹在碩, 「中國 古代家族史 研究의 現況과 展望」, 『中國史研究』 13, 中國史學會, 2001.

尹暢烈, 「干支와 運氣에 關한 研究」, 경희대 박사논문, 1987.

______, 「음양오행론의 발생과 그 응용」, 『大韓韓醫學原典學會志』 19-4, 대한한의학원전학회, 2006.

尹太鉉, 「京房 易의 研究」, 동국대 박사논문, 1999.

李成珪, 「前漢列侯의 性格」, 『東亞文化』 14, 서울대학교 동아문화연구소, 1977.

이정재, 「음양五行論의 형성과 이의 응용 연구」, 『한국의 민속과 문화』 7, 경희대학교 민속학연구소, 2003.

李鍾鎭, 「古代 律呂思想의 黃鍾律에 관한 美學的 探究」, 성균관대 박사논문, 2012.

張文立, 「鄒衍與秦政」, 『慶北史學』 21, 경북사학회, 1998.

장종원, 「소길의 『오행대의』에 나타난 오행설 연구」, 원광대 박사논문, 2014.

전형일, 「董仲舒의 음양論 研究」, 원광대 박사논문, 2014.

丁海任, 「律呂의 易學的 研究」, 경북대 박사논문, 2006.

정화순, 「律呂와 음양理論」, 『東洋哲學研究』 26, 東洋哲學研會, 2001.

朱伯昆, 「周易의 特質과 그 現代的 價值」, 『周易研究』 3, 한국주역학회, 1999.

최세륜, 「漢魏才性理論的演變及其深化」 『중국어문학논집』 35, 중국어문학연구회, 2005.

최진묵, 「漢代 數術學 研究 : 漢代人의 天·地·人 理解와 그 活用」, 서울대 박사논문, 2002.

顧頡剛, 「五德終始說下的政治和歷史」, 『淸華學報』 6, 1930.

______, 「鄒衍及其後繼者的世界觀」, 『中國古代史論叢』1, 福建人民出版社, 1981.

廣東中醫學院報道組, 「在中醫敎學中講授음양五行學說的體會」, 『新中醫』, 1972.

金景芳, 「西周在哲學上的兩大貢獻-『周易』 음양說和 「洪範」五行說」, 『哲學研究』, 1979.

金德建, 「鄒衍所說 "五勝三至" 釋義」, 『新中華』復刊 5, 1947.

______, 「論鄒衍的著述和學說」, 『司馬遷所見書考』, 上海人民出版社, 1963.

金守臣, 「略論祖國醫學的五行學說-兼與陳建中同志商權」, 『新醫藥學雜志』, 1975.

譚戒甫, 「思孟'五行'考」, 『文哲季刊』 2, 1933.

______, 「論思孟五行的演變」, 『中國哲學』4, 三聯書店, 1980.

唐錫仁 · 黃德志, 「試論我國早期음양五行說與地理的關系」, 『天津師院學報』, 1980.

唐玉虬, 「與章次公論음양五行克」, 『新中醫藥』 7, 1956.

童書業, 「五行說起源的討論-評顧頡剛先生 『五德終始說下的政治和歷史』」, 『古史辨』5, 1935.

杜國庠, 「음양五行思想和易傳思想」, 『杜國庠文集』, 人民出版社, 1962.

杜守素, 「惑世五民的음양五行說的樞紐」, 『大學』6, 1947.

馬勇, 「鄒衍與음양五行學說」, 『社會科學研究』, 1985.

牟宗三, 「論음양家與科學」, 『理想與文化』 創刊號, 1942.

龐樸, 「五行思想三題」, 『山東大學學報』, 1964.

______, 「思孟五行新考」, 『文史』 7, 中華書局, 1979.

謝扶雅, 「田駢與鄒衍」, 『嶺南學報』 3, 1934.

聶崇岐, 「五行氣氛籠罩下的中國」, 『大中』1, 1946.

施誠, 「幾點商權意見(五行學說的評述』有感」, 『新醫藥學雜志』, 1976.

施昌東 · 潘富恩, 「'五德終始'說究意是進步還是反動的」, 『復旦學報』, 1979.

新疆石河子醫專中醫敎研組: 「摒棄五行學說無損中醫理論化臨床實踐」, 『新醫 藥學雜志』, 1976.

沈永有 · 胡繩生, 「從五行說中的'金'談我國古代科技對哲學的影響」, 『江淮論壇』, 1981.

梁啓超, 「음양五行說之來歷」, 『東方雜志』 20, 1923.

楊升南, 「『尙書』 「甘誓」 '五行'說質疑」, 『中國史研究』, 1980.

楊超, 「先秦음양五行說」, 『文史哲』, 1956.

楊向奎, 「五行說的起源及其演變」, 『文史哲』, 1955.

嚴玉林 · 顧頡剛, 「五行學說的科學內涵-談中醫五行學說的存廢」, 『吉林醫大學報』, 1978.

呂思勉, 「辯梁任公음양五行說之來歷」, 『東方雜志』 20, 1923.

余雲岫, 「醫家五行說始于鄒衍」, 『醫史雜志』, 1951.

黎子耀, 「음양五行思想與『周易』」, 『杭州大學學報』, 1979.

______, 「關于'음양五行思想與『周易』'的補充說明」, 『杭州大學學報』, 1980.

吳越文等, 「試論음양五行學說的批判和繼承問題」, 『新中醫』,1972.

王明輝, 「用辯證唯物論和歷史唯物論的方法研究和評價中醫五行說」, 『新醫藥學雜志』, 1976.

王煥鑣, 「漢代五行者之異同」, 『史地學報』 2, 1924.

于希謙, 「對『是唯物主義, 還是唯心主義』的幾點商權意見」, 『新醫藥學雜志』, 1977.

熊鐵基, 「淺談음양五行」, 『文史知識』, 1986.

位堂, 「漢卦簽雜識(附影片, 簽十二支刻干支五行)」, 『晨報 · 思辨』, 1936, 2.28.

劉冠軍, 「從控制論看中醫五行學說-也談中醫五行學說的存廢」, 『浙江醫中醫學院學報』, 1978.

劉起釪, 「釋『尙書』「甘誓」的'五行'與'三正'」, 中華書局, 『文史』7, 1979.

劉崇晏, 「論『素問』中的 음양 · 五行和 氣」, 『上海中醫藥雜誌』, 1957.

劉長林, 「『內徑』的五行學說與系統論」, 『社會科學輯刊』, 1980.

劉正才, 「對待祖國醫學遺産必須堅持一分爲二-讀『五行學說的形而上學論必須批判』有感」, 『新醫藥學雜志』, 1976.

劉操南, 「五大行星命名不本于지지而本于觀測說-評'음양五行思想與『周易』'」, 『杭州大學學報』, 1980.

劉衡如, 「中國醫藥和음양五行說的起源」, 『中醫雜志』, 1956.

李德永, 「'五行'探源」, 『中國哲學』 4, 三聯書店, 1980.

李伯聰, 「五行學說討論中存在棄見分岐的兩個問題」, 『新醫藥學雜志』, 1977.

李本道, 「五德終始西漢主勝東漢主生考」, 『中國學報』, 1912.

李聰甫, 「讀『對五行學說的形而上學論必須批判』後」, 『新醫藥學雜志』, 1976.

李希賢, 「我國古代醫家之음양五行學說」, 『新中醫藥』, 1957.

柴中元, 「五行學說對臨床實踐有-定指導價值」, 『新醫藥學雜志』, 1976.

岑仲勉, 「五行起自何時」, 『西周文史論叢』, 商務印書館, 1958.

章次公, 「從太炎先生『論中醫與五行說』談起」, 『新中醫學』7, 1956.

張鐵山, 「祖國醫學的五行說應豫摒棄」, 『新醫藥學雜志』, 1976.

程憬, 「음양家與古史」, 『新社會科學』 1, 1935.

齊思和, 「五行說之起源」, 『師大月刊』 22, 1935.

趙載光, 「戰國時代음양五行理論的發展和演變」, 『四川師範學院學報』, 1991.

______, 「從卜辭的四方神名看五行的演化」, 『湘潭大學學報』, 1991.

鍾肇鵬, 「先秦五行說的起源和發展」, 『中國哲學史硏究』, 1981.

左益寰, 「음양五行家的先驅者伯陽父(伯陽父·史伯是-人而不是兩人)」, 『復旦學報』, 1980.

朱森溥, 「試論음양五行家鄒衍及其學說」, 『貴州社會科學』, 1980.
周立升, 「五行觀念在春秋時的沿革」, 『山東大學學報』, 1989.
陳國興, 「是唯物主義, 還是唯心主義-論中醫學的五行學說」, 『新醫藥學雜志』, 1976.
陳夢家, 「五行之起源」, 『燕京學報』, 1938.
陳槃, 「寫在『五德終始說下的政治和歷史』之後」, 『古史辨』 5, 樸社, 1935.
______, 「論早期讖緯及鄒衍學說之關係」, 『歷史語言研究所集刊』 20, 1948.
陳堯, 「試用唯物辯證法觀點分析中醫五行學說」, 『新醫藥學雜志』, 1976.
陳位凝, 「西漢之五行與天人感應說」, 『新民』 1, 1935.
詹劍峰, 「駁'原始五行說'是樸素的唯物論」, 『中國哲學』 4, 三聯書店, 1980.
______, 「「洪範」裏的五行是構成萬有的五種基本元素嗎?-與金景芳先生商權」, 『華中師院學報』, 1980.
鄒仃崖, 「從『素問』來探討五行學說」, 『江蘇中醫』, 1957.
何夏華, 「關于五行學說的幾個問題」, 『醫學與哲學』, 1981.
化學系結構測試組, 「從음양五行說自然觀看我國古代儒法兩家的鬪爭」, 『南京大學學報』(自然科學版), 1975.
嵇文甫, 「음양家的社會基礎」, 『新中華』 6, 1948.
曉若, 「음양五行與中國哲學」, 『淸華週刊』 41, 1934.

4. 기타

顧景琰, 「'陰陽五行' 是什麽?」, 『解放日報』, 1959, 8.21.
顧頡剛, 「跋錢穆評『五德終始說下的政治和歷史』」, 『大公報』·文學副刊, 1931, 4.20.
熊舜時, 「陰陽五行學說與祖國醫學」, 『光明日報』, 1960, 11.4.
李力研, 「追溯東西方科技發展的不同脈絡 - 五行說與四元素說之差異辨析」, 『北京科技報』, 1989, 2.4.
錢穆, 「評顧頡剛『五德終始說下的政治和歷史』」, 『大公報』, 1931, 4.13.
鍾聲, 「讀『음양五行學說與祖國醫學』: 文後-與熊舜時同志商權」, 『光明日報』, 1961, 4.14.
陳健偉, 「鄒衍的 "終始五德" 說的政治意義」, 『光明日報』, 1957, 10.13.

찾아보기

ㅅ

ㅇ

저자소개

장종원

문학박사 · 경영학박사,
전 부산일보 경영기획부장,
전 동의대학교 경영학과 시간강사,
전 원광디지털대학교 동양학과 시간강사,
전 원광대학교 동양학 대학원 시간강사,
전 부경대학교 수해양산업교육과 겸임교수,
현재 동명대학교 동양문화학과 교수

저술(#책과 논문 구분)

중국 공자 이전의 미학사상에 대한 인식 연구(2022)
중국 선진미학 발생의 역사적 배경 연구(2022)
중국 미학사상과 미육의 발전과정 탐색 연구(2022)
중국 전통 교육철학 범주론의 시사점 탐색(2020)
중국 전통 교육과정 및 교육방법 분석을 통한 시사점 탐색(2020)
역량중심 인재상 수립에 기반한 미래 핵심역량 탐색(2020)
중국 고대 학술의 교육내용 및 시사점 탐색(2020)
중국 고대교육의 지식과 인식에 대한 관점 비교 연구(2020)
중국 고대 인성론과 교육의 관계에 대한 연구(2020)
덕육중심의 중국 고대 교육체계에 대한 연구(2020)
중국 고대 윤리사상 인과 중용에 대한 연구 (2019)
중국 춘추전국시대의 윤리사상 논쟁에 관한 연구(2018)
중국 고대 인성론의 주요 범주와 교육적 영향(2016)
중국 고대인성론 발생의 역사적 배경과 고대인성론 비교연구(2015)
동양문화와 현대인의 삶(2020)
노장사상과 인성(2020)
노자와 장자(2019)
도의 대종사(2019)

현대명리학의 이해

2023년 02월 20일 1판 1쇄 인쇄
2023년 02월 25일 1판 1쇄 발행

지은이 장종원
펴낸이 조재성
펴낸곳 서현사

등록 2002년 8월 14일 제 03-01392호
주소 경기도 고양시 일산동구 중앙로 1055번지 레이크하임 206호
전화 031-919-6643
팩스 031-912-6643

ISBN 979-11-88986-49-1 93150

정가 18,000원